会计专业技术中级资格考试辅导用书

经济法

斯尔教育 组编

2022

基础进阶 | 课程配套讲义

Jingji Fa

只做好题

民主与建设出版社
·北京·

©民主与建设出版社，2022

图书在版编目（CIP）数据

只做好题·经济法 / 斯尔教育组编. — 北京：民主与建设出版社，2022.1
会计专业技术中级资格考试辅导用书
ISBN 978-7-5139-3737-5

Ⅰ.①只… Ⅱ.①斯… Ⅲ.①经济法—中国—资格考试—自学参考资料 Ⅳ.①F23②D922.29

中国版本图书馆CIP数据核字(2022)第016720号

只做好题·经济法

ZHIZUO HAOTI · JINGJIFA

组　　编	斯尔教育
责任编辑	刘　芳
封面设计	师鑫祺
出版发行	民主与建设出版社有限责任公司
电　　话	（010）59417747　59419778
社　　址	北京市海淀区西三环中路10号望海楼E座7层
邮　　编	100142
印　　刷	北京盛通印刷股份有限公司
版　　次	2022年1月第1版
印　　次	2022年1月第1次印刷
开　　本	889mm×1194mm　1/16
印　　张	12
字　　数	307千字
书　　号	ISBN 978-7-5139-3737-5
定　　价	25.00元

注：如有印、装质量问题，请与出版社联系。

使用指南

拿到这本《只做好题》的同学们，先为自己的勇气鼓个掌吧。参加中级会计职称考试的你们，多数人都已经离开学校好久了吧，如此还能够放下悠闲的生活抑或忙碌的工作为自己充电，着实令人敬佩！那么，用好这本书让自己事半功倍，是我们共同的期待。

首先，我来介绍一下本书的设置。

本书分为两个大的部分，一为逐章节习题部分，二为专题部分。

逐章节习题部分多为客观题，旨在让初接触经济法的你们熟悉考题类型、出题角度和思路，尽快进入做题状态，将课程知识运用于习题之中，进而扎实所学内容之基础。而专题部分，多为历年考试的主观题内容，我们将其聚集起来，以类型题的方式设置，使你们能够对某一类题目进行"聚焦式训练"，以形成反射性的做题思维，如此方能在考场上做到有的放矢、游刃有余。

其次，关于如何使用这本《只做好题·经济法》，需要你们做到以下几点：

第一，跟着课程进度做题。

有很多人准备把所有课程都听完再做题，可能潜意识下你们也是赞同这种做法的，但是，我想告诫你们的是，千万不要这么做！一定要跟着课程进度做题，这样才能在学习后续知识的时候唤醒前面所学，进一步形成知识体系。

第二，榨干每一道题。

如何榨干每一道题呢？那就要对每一道题涉及的知识点都学会、学懂，我们在本书中尽可能将每个选项都做了对与错的解释，相信超详细的解析能够帮助你们深刻、透彻地理解相关知识点。

第三，运用专业术语做题。

在经济法这一科目中，需要运用专业术语答题，所以熟悉法律语境、运用法律语言是非常必要的，这就要求备考的你们要将使用法律术语融入日常学习的过程中，如此在考试时才能顺畅、准确地完成作答。

第四，反复做每一道题。

学习要打牢基础，这个结果是一点一滴的过程积累起来的，需要在每时每刻都反复学习、反复练习、反复复习才能做到的，所以，一定要把"反复"这个动作刻进骨子里！

最后，说了这么多，如果你们只是看过就算，那么亏的更多的是你们自己，毕竟没有人能够替你们去考试，但是能够做到以上四点，相信我，考试通关肯定是水到渠成的！

目录

第一章　总　论　1

第二章　合同法律制度　23

第三章　物权法律制度　49

第四章　公司法律制度　59

第五章　证券法律制度　83

第六章　合伙企业法律制度　99

第七章　保险法律制度　113

第八章　票据法律制度　121

第九章　其他法律制度　131

专题一　物权、合同法律制度　147

专题二　公司法律制度　161

专题三　合伙企业法律制度　175

专题四　票据法律制度　179

第一章 总 论

一、单项选择题

1.1 根据民事诉讼法律制度的规定，下列人员中，不适用回避制度的是（　　）。
A.书记员　　　　　　B.翻译人　　　　　　C.鉴定人　　　　　　D.证人

1.2 根据民事诉讼法律制度的规定，不属于一审终审的案件是（　　）。
A.适用特别程序的案件　　　　　　B.适用小额诉讼程序审理的案件
C.最高法院所作的一审判决　　　　D.适用一审普通程序审理的案件

1.3 根据行政复议法律制度的规定，一般情况下，行政复议的申请期限为（　　）。
A.15日　　　　　　B.30日　　　　　　C.45日　　　　　　D.60日

1.4 根据民事法律制度的规定，下列各项中，属于民事法律行为的是（　　）。
A.陈某拾得一个钱包　　　　　　B.李某种植果树
C.杨某与某商场签订买卖机器的合同　　D.王某盗窃他人财物

1.5 根据民事法律制度的规定，下列各项中，属于民事法律行为的是（　　）。
A.刘某将崔某踢成重伤　　　　　　B.金某食用一个鸡腿
C.郭某、陈某、胡某形成股东会决议　　D.于某讲授课程

1.6 王某和赵某为担保借款签订了一份抵押合同。根据法律行为的分类，签订该抵押合同属于（　　）。
A.单方法律行为　　B.从法律行为　　C.非要式法律行为　　D.实践法律行为

1.7 11周岁的张某未事先征得法定代理人的同意，将其价值3 000元的学习机赠送给同学李某。该赠与的效力为（　　）。
A.可撤销　　　　　B.有效　　　　　C.无效　　　　　D.效力待定

1.8 根据民事法律制度的规定，下列法律行为中，属于附条件法律行为的是（　　）。
A.李某承诺2021年10月1日赠与周某一台电脑
B.钱某承诺在其去世后将生前收藏的一幅名画赠与刘某
C.孙某和王某订立赠与合同，约定合同自签订之日起两个月后生效
D.赵某承诺如果郑某考上研究生，则赠与郑某一部手机

1.9 根据民事法律制度的规定,以下有关可撤销法律行为的说法中,错误的是（　　）。
A.重大误解的当事人自知道或者应当知道撤销事由之日起六个月内可以行使撤销权
B.当事人受胁迫,自胁迫行为终止之日起一年内可以行使撤销权
C.当事人知道撤销事由后明确表示放弃撤销权的,撤销权消灭
D.当事人自民事法律行为发生之日起五年内没有行使撤销权的,撤销权消灭

1.10 根据民事法律制度的规定,在当事人没有约定的情况下,下列行为中,可以由他人代理完成的是（　　）。
A.订立遗嘱　　　　B.登记结婚　　　　C.租赁房屋　　　　D.收养子女

1.11 下列各项中,属于《仲裁法》适用范围的是（　　）。
A.融资租赁合同纠纷
B.农业集体经济组织内部的农业承包合同纠纷
C.离婚纠纷
D.行政争议

1.12 根据民事诉讼法律制度的规定,下列民事纠纷中,当事人不得约定纠纷管辖法院的是（　　）。
A.收养协议纠纷　　B.赠与合同纠纷　　C.物权变动纠纷　　D.商标权纠纷

1.13 当事人之间不存在管辖协议时,下列关于民事诉讼地域管辖的表述中,不符合民事诉讼法律制度规定的是（　　）。
A.因合同纠纷引起的诉讼,由被告住所地或者合同履行地人民法院管辖
B.因航空事故请求损害赔偿提起的诉讼,由航空器登记地人民法院管辖
C.因船舶碰撞或其他海损纠纷,由碰撞发生地、碰撞船舶最先到达地、加害船舶被扣留地及被告住所地的人民法院管辖
D.因票据纠纷引起的诉讼,由票据支付地或者被告住所地人民法院管辖

1.14 根据民事法律制度的规定,下列关于诉讼时效的表述中,不正确的是（　　）。
A.当事人不可以约定延长或者缩短诉讼时效期间
B.诉讼时效期间届满后,当事人自愿履行义务的,不受诉讼时效的限制
C.当事人未按照规定提出诉讼时效抗辩,却以诉讼时效期间届满为由申请再审的,人民法院不予支持
D.当事人未提出诉讼时效抗辩,人民法院可以主动适用诉讼时效的规定进行裁判

1.15 根据民事法律制度的规定,向人民法院请求保护民事权利的普通诉讼时效期间为（　　）。
A.2年　　　　　　B.10年　　　　　　C.3年　　　　　　D.20年

1.16 根据民事法律制度的规定，下列有关诉讼时效制度的表述中，错误的是（　　）。
A.普通诉讼时效期间自权利人知道或者应当知道权利受到损害以及义务人之日计算
B.未成年人遭受性侵害的损害赔偿请求权的诉讼时效期间，自受害人受到侵害之日起计算
C.当事人约定同一债务分期履行的，诉讼时效期间自最后一期履行期限届满之日起计算
D.自权利受到损害之日起超过20年的，人民法院不予保护；有特殊情况的，人民法院可以根据权利人的申请决定延长

1.17 根据行政诉讼法律制度的规定，股份制企业的股东大会、股东会、董事会等认为行政机关作出的行政行为侵犯企业经营自主权的，可以以（　　）名义提起诉讼。
A.股东大会　　　　B.董事会　　　　C.股东会　　　　D.企业

1.18 根据民事诉讼法律制度的规定，下列当事人申请再审的情形中，人民法院可以受理的是（　　）。
A.再审申请被驳回后再次提出申请的
B.对再审判决提出申请的
C.对再审裁定提出申请的
D.在调解书发生法律效力后6个月内提出申请的

1.19 根据民事诉讼法律制度的规定，下列关于适用简易程序审理民事案件具体方式的表述中，不符合民事诉讼法律制度规定的是（　　）。
A.双方当事人可以就开庭方式向人民法院提出申请
B.人民法院可以电话传唤双方当事人
C.审理案件时由审判员独任审判
D.已经按普通程序审理的案件在开庭后可以转为简易程序审理

1.20 根据民事诉讼法律制度的规定，当事人不服地方人民法院第一审裁定的，有权在裁定书送达之日起一定期限内向上一级人民法院提起上诉，该期限是（　　）。
A.10日　　　　　　B.15日　　　　　　C.20日　　　　　　D.30日

1.21 根据民事法律制度的规定，下列民事法律行为中，属于附期限法律行为的是（　　）。
A.赵某与家政人员林某约定：若林某负责护理的赵某爷爷去世，家政服务合同终止
B.李某与王某签订3年期限的房屋租赁合同约定：若李某儿子3年内从国外回来定居，租赁合同终止
C.郑某与其朋友蔡某约定：若蔡某1年内应聘到甲大学工作，郑某将其在甲大学附近的房屋出借给蔡某使用2年
D.张某与其外甥孙某于2021年9月约定：若孙某2022年考上研究生，张某将把自己的名牌自行车赠与孙某

1.22 根据行政诉讼法律制度的规定，适用简易程序审理的行政案件，由审判员一人独任审理，并应当在立案之日起（　　）内审结。
A.15日　　　　　B.30日　　　　　C.45日　　　　　D.60日

1.23 吴某与考上重点中学的12岁外甥孙某约定，将其收藏的一幅名画赠与孙某。根据民事法律制度的规定，下列关于吴某与孙某之间赠与合同效力的表述中，正确的是（　　）。
A.合同效力待定，因为吴某可以随时撤销赠与
B.合同无效，因为孙某为限制民事行为能力人
C.合同有效，因为限制民事行为能力人孙某可以签订纯获利益的合同
D.合同效力待定，孙某的法定代理人有权在1个月内追认

1.24 15岁的小林参加中学生科技创意大赛，其作品"厨房定时器"获得组委会奖励。张某对此非常感兴趣，现场支付给小林5万元，买下该作品的制作方法。根据民事法律制度的规定，下列关于该合同效力的表述中，正确的是（　　）。
A.该合同可撤销，因小林是限制民事行为能力人
B.该合同无效，因小林是限制民事行为能力人
C.该合同有效，因该合同对小林而言是纯获利益的
D.该合同效力待定，因需要由小林的法定代理人决定是否追认

1.25 根据民事法律制度的规定，当事人一方受胁迫实施民事法律行为，依法行使撤销权的，应自胁迫行为终止之日起一定期限内行使。该期限为（　　）。
A.1年　　　　　B.3年　　　　　C.90日　　　　　D.5年

1.26 根据民事法律制度的规定，按照法律行为之间的依存关系分类，法律行为可以分为（　　）。
A.单方法律行为和多方法律行为　　　　B.有偿法律行为和无偿法律行为
C.要式法律行为和非要式法律行为　　　D.主法律行为和从法律行为

1.27 根据民事法律制度的规定，下列各项中，不属于委托代理终止的法定情形是（　　）。
A.代理期间届满　　　　　　　　　　B.代理人辞去委托
C.被代理人恢复完全民事行为能力　　D.被代理人取消委托

1.28 根据民事法律制度的规定，下列关于代理的表述中，正确的是（　　）。
A.传递信息属于代理行为
B.代理行为的法律后果归代理人
C.代理行为必须是代理人以自己的名义实施的法律行为
D.代理人和第三人串通，损害被代理人的利益的，由代理人和第三人负连带责任

1.29 根据仲裁法律制度的规定，下列各项中，属于《仲裁法》适用范围的是（   ）。
A.自然人之间因继承财产发生的纠纷
B.农户之间因土地承包经营发生的纠纷
C.纳税企业与税务机关之间因纳税发生的争议
D.公司之间因买卖合同发生的纠纷

1.30 根据仲裁法律制度的规定，下列关于仲裁协议效力的表述中，不符合仲裁法律制度规定的是（   ）。
A.因买卖合同解除导致其中的仲裁协议无效
B.一方当事人受胁迫而订立的仲裁协议无效
C.限制民事行为能力人订立的仲裁协议无效
D.约定仲裁事项为继承纠纷的仲裁协议无效

1.31 根据仲裁法律制度的规定，当事人有证据证明仲裁裁决具有应撤销情形的，可以申请撤销仲裁裁决。下列各项中，不属于仲裁裁决法定撤销情形的是（   ）。
A.仲裁裁决根据的证据是伪造的
B.没有仲裁协议的
C.仲裁庭裁决前未先行调解的
D.裁决的事项仲裁委员会无权仲裁的

1.32 根据行政复议法律制度的规定，下列各项中，不属于行政复议参加人的是（   ）。
A.行政复议机关   B.第三人   C.申请人   D.被申请人

1.33 根据行政诉讼法律制度的规定，行政机关拒绝履行判决、裁定、调解书的，第一审人民法院可以采取的措施，说法不正确的是（   ）。
A.通知银行从该行政机关的账户内划拨应归还的罚款或应当给付的款额
B.在规定期限内不履行的，从期满之日起，对该行政机关负责人按日处100元至200元的罚款
C.将行政机关拒绝履行的情况予以公告
D.向监察机关或者该行政机关的上一级行政机关提出司法建议

1.34 根据民事诉讼法律制度的规定，下列说法错误的是（   ）。
A.第二审民事法律程序做出的判决或裁定是终审的判决或裁定
B.只有第一审案件的当事人可以提出上诉
C.当事人通过第一审人民法院提交上诉状
D.当事人对重审案件的判决和裁定不可以上诉

1.35 根据行政诉讼法律制度的规定，下列有关行政诉讼起诉期限，说法不正确的是（　　）。
A.除法律另有规定外，公民、法人或者其他组织应当自知道作出行政行为之日起3个月内提出
B.因不动产提起诉讼的案件自行政行为作出之日起超过20年，人民法院不予受理
C.公民、法人或者其他组织因不可抗力耽误起诉期限的，被耽误的时间不计算在起诉期限内
D.其他案件自行政行为作出之日起超过5年提起诉讼的，人民法院不予受理

1.36 根据民事法律制度的规定，在一定期间内，债权人因不可抗力不能行使请求权的，诉讼时效中止，该期间为（　　）。
A.诉讼时效期间的最后6个月
B.诉讼时效期间的最后9个月
C.诉讼时效期间届满后6个月
D.诉讼时效期间届满后9个月

1.37 根据民事法律制度的规定，下列请求权中，适用诉讼时效的是（　　）。
A.王某要求戊公司支付加工费用
B.甲公司请求乙公司停止侵害
C.张某请求丙银行支付存款本金
D.丁公司要求股东李某缴付出资

1.38 根据民事法律制度的规定，下列关于诉讼时效期间届满后法律后果的表述中，正确的是（　　）。
A.当事人在诉讼时效期间届满后起诉的，人民法院不予受理
B.诉讼时效期间届满，义务人自愿履行了义务后，可以以诉讼时效期间届满为由主张恢复原状
C.诉讼时效期间届满后，当事人自愿履行义务的，不受诉讼时效的限制
D.诉讼时效期间届满后，权利人的实体权利消灭

二、多项选择题

1.39 根据民事法律制度的规定，下列人员中，属于完全民事行为能力人的有（　　）。
A.李某是"啃老族"，时年30周岁，身体健康，但一直靠父母的养老金过活
B.朱某今年17周岁，在小商品市场摆摊为生，以自己的劳动收入为主要生活来源
C.王大爷今年80周岁，突发心梗，经抢救后成为植物人
D.小"童星"张某今年6周岁，多次参演电视剧，平均每月收入3万元

1.40 根据民事法律制度的规定，以下行为属于可撤销法律行为的有（　　）。
A.5周岁的李某将其书包赠送给张某
B.金某胁迫陈某将其拥有的古董花瓶卖给自己
C.郑某欺骗钱某，使其误认郑某的镀金手表为纯金制造并以高价购买
D.13周岁的崔某接受老师赠送的水杯

1.41 2021年春节过后，小王就满14岁了。除夕夜，奶奶给了小王5 000元压岁钱。大年初一，小王去给舅舅拜年时看见路边有一个乞丐，就给了乞丐5元钱。回来的路上，小王看见商店里陈列着一个妈妈很喜欢的皮包，价值2 000元。于是，小王走进店里向店主购买这个皮包。下列关于小王行为效力的表述中，正确的有（　　）。
A.小王收到压岁钱的行为效力待定　　B.小王给乞丐钱的行为有效
C.小王购买皮包的行为效力待定　　D.小王购买皮包的行为有效

1.42 赵某欺骗李某，将自己的镀金表说成是纯金表，李某信以为真，花高价向赵某购买了该镀金表。根据民事法律制度的规定，以下表述不正确的有（　　）。
A.赵某可以请求法院撤销该买卖合同
B.李某和赵某的上述行为自始无效
C.李某和赵某的上述行为属于可撤销法律行为
D.李某和赵某可以协商撤销该买卖合同

1.43 根据民事法律制度的规定，下列关于撤销权消灭情形的表述中，正确的有（　　）。
A.当事人自民事法律行为发生之日起5年内没有行使撤销权的，撤销权消灭
B.当事人自应当知道撤销事由之日起1个月内没有行使撤销权的，撤销权消灭
C.当事人受胁迫，自胁迫行为终止之日起1年内没有行使撤销权的，撤销权消灭
D.重大误解的当事人自知道或者应当知道撤销事由之日起90日内没有行使撤销权的，撤销权消灭

1.44 根据民事法律制度的规定，下列选项中，属于委托代理终止的法定情形有（　　）。
A.代理事务完成　　B.代理人死亡
C.代理人辞去委托　　D.代理期间届满

1.45 根据民事法律制度的规定，被代理人死亡后，存在部分情形的，委托代理人实施的代理行为仍有效。以下属于该类情形的有（　　）。
A.代理人不知道被代理人死亡
B.被代理人的继承人予以承认
C.授权中明确代理权在代理事务完成时终止
D.被代理人死亡前已经实施，为了被代理人的继承人的利益继续代理

1.46 根据民事法律制度的规定，关于无权代理，下列说法正确的有（　　）。
A.无权代理的行为人实施的行为未被追认的，善意相对人有权请求行为人履行债务
B.无权代理的行为人实施的行为未被追认的，善意相对人有权请求行为人就其受到的损害赔偿
C.无权代理的被代理人知道他人以本人名义实施代理行为而不作否认表示的，视为未追认
D.无权代理实施的法律行为，被代理人已经开始履行合同义务或者接受相对人履行的，视为对合同的追认

1.47 甲公司授予乙公司代理权，委托乙公司向丙公司采购货物。乙公司和丙公司串通，导致乙公司以甲公司名义购进的货物质次价高，使甲公司遭受严重的经济损失。根据民事法律制度，以下说法中正确的有（   ）。
A.乙公司代理甲公司与丙公司签订的买卖合同无效
B.乙公司代理甲公司与丙公司签订的买卖合同因无权代理而效力待定
C.乙公司、丙公司应对甲公司受到的损失承担按份赔偿责任
D.乙公司、丙公司应对甲公司受到的损失承担连带赔偿责任

1.48 根据民事法律制度的规定，当事人对下列债权请求权提出诉讼时效抗辩，人民法院不予支持的有（   ）。
A.支付存款本息请求权   B.兑付国债本息请求权
C.兑付金融债券本息请求权   D.基于投资关系产生的缴付出资请求权

1.49 王某借给李某5万元，李某未按期还款。根据民事法律制度的规定，在诉讼时效期间届满前发生的下列事由中，能够导致诉讼时效期间中断的有（   ）。
A.李某向王某请求延期还款
B.王某要求李某还款
C.王某向人民法院提起诉讼要求李某还款
D.李某向王某还款1万元

1.50 根据民事诉讼法律制度的规定，下列关于审判监督程序启动的表述中，正确的有（   ）。
A.当事人对已经生效的判决，认为有错误的，可以向上一级人民法院申请再审
B.上级人民法院对下级人民法院已经生效的判决，发现确有错误的，有权提审
C.各级人民法院院长对本院已经生效的判决，发现确有错误，认为需要再审的，提交审判委员会讨论决定
D.最高人民法院对地方各级人民法院已经生效的判决，发现确有错误的，有权指令下级人民法院再审

1.51 根据民事诉讼法律制度的规定，提起民事诉讼必须符合的法定条件有（   ）。
A.有书面诉状   B.有明确的被告
C.有具体的诉讼请求和事实、理由   D.原告与本案有直接利害关系

1.52 根据行政诉讼法律制度的规定，合伙组织认为行政机关作出的行政行为侵犯其合法权益的，可以提起行政诉讼。下列各项中可以作为原告的有（   ）。
A.核准登记的字号   B.合伙人
C.合伙企业聘请的经营管理人员   D.受害人

1.53 根据行政诉讼法律制度的规定，关于行政诉讼的被告，说法正确的有（   ）。
A.经复议的案件，复议机关决定维持原行政行为的，作出原行政行为的行政机关为被告

B.行政机关委托的组织所作的行政行为，受委托的组织是被告
C.两个以上行政机关作出同一行政行为的，共同作出行政行为的行政机关是共同被告
D.经复议的案件，复议机关改变原行政行为的，复议机关是被告

1.54 根据仲裁法律制度的规定，关于经济仲裁制度，以下说法中正确的有（   ）。
A.当事人对仲裁协议的效力有异议的，应当请求仲裁委员会就此作出决定
B.当事人提出证据证明仲裁裁决有依法应撤销情形的，可在收到裁决书之日起6个月内申请法院撤销该裁决
C.一方当事人不履行仲裁裁决的，另一方当事人可以向人民法院申请执行
D.人民法院经组成合议庭审查认定仲裁裁决违背社会公共利益的，应当裁定撤销该裁决

1.55 根据仲裁法律制度的规定，下列情形中，属于仲裁员审理案件时必须回避的有（   ）。
A.是本案的当事人　　　　　　　　B.与本案有利害关系
C.是本案当事人的近亲属　　　　　D.接受当事人的礼物

1.56 根据仲裁法律制度的规定，下列各项中，属于仲裁基本原则的有（   ）。
A.自愿原则　　　　　　　　　　　B.一裁终局原则
C.公开仲裁原则　　　　　　　　　D.仲裁组织依法独立行使仲裁权原则

1.57 根据民事诉讼法律制度的规定，关于两个以上人民法院都有管辖权的诉讼确立管辖权的下列表述中，正确的有（   ）。
A.先立案的人民法院可以将案件移送给另一个有管辖权的人民法院
B.原告向两个以上有管辖权的人民法院起诉的，由最先立案的人民法院管辖
C.人民法院在立案前发现其他有管辖权的人民法院已先立案的，不得重复立案
D.原告可以选择向其中一个人民法院起诉

1.58 根据民事诉讼法律制度的规定，下列案件中不得适用小额诉讼程序的有（   ）。
A.涉外案件
B.一方当事人下落不明的案件
C.标的额为各省、自治区、直辖市上年度就业人员年平均工资50%以下的案件
D.财产确权案件

1.59 根据民事法律制度的规定，下列各项中，属于无效民事法律行为的有（   ）。
A.6周岁的王某将自己的电话手表赠与赵某
B.宋某以泄露王某隐私为由，胁迫王某以超低价格将祖传古董卖给自己
C.张某以高于市场价30%的价格将房屋出售给李某
D.甲公司代理人刘某与乙公司负责人串通，以甲公司名义向乙公司购买质次价高的商品

1.60 根据民事法律制度的规定，下列关于无效法律行为的表述中，正确的有（   ）。
A.双方对法律行为无效都有过错的，应当各自承担相应的责任
B.无效的法律行为，从行为被确认无效之日起不具有法律约束力
C.法律行为部分无效，不影响其他部分效力的，其他部分仍然有效
D.双方恶意串通，实施法律行为损害第三人利益的，应当追缴双方取得的财产并返还第三人

1.61 根据行政复议法律制度的规定，下列情形中，当事人可以申请行政复议的有（   ）。
A.甲公司不服环保局对其作出的通报批评决定
B.乙公司不服市场监督管理局对其作出的吊销营业执照决定
C.孙某不服其所任职的县政府对其作出的记大过决定
D.李某不服公安局对其作出的行政拘留决定

1.62 根据仲裁法律制度的规定，下列关于仲裁协议效力的表述中，符合规定的有（   ）。
A.仲裁协议具有独立性，合同的变更、解除，不影响仲裁协议的效力
B.仲裁协议具有排除诉讼管辖权的效力
C.当事人对协议的效力有异议的，只能请求人民法院裁定
D.仲裁协议对仲裁事项没有约定且达不成补充协议的，仲裁协议无效

1.63 根据行政复议法律制度的规定，关于行政复议机关的说法中，正确的有（   ）。
A.对公安部所作的具体行政行为不服，应当向国务院申请行政复议
B.对县环保局所作的具体行政行为不服，可以向县政府申请行政复议，也可以向市环保局申请行政复议
C.对省政府所作具体行政行为不服，应当向作出具体行政行为的省政府申请行政复议
D.对海关所作具体行政行为不服，应当向作出上一级主管部门申请行政复议

1.64 根据行政诉讼法律制度的规定，下列关于行政诉讼管辖的表述中，正确的有（   ）。
A.因不动产提起的行政诉讼案件，由不动产所在地人民法院管辖
B.经过行政复议的行政诉讼案件，可由行政复议机关所在地人民法院管辖
C.对限制人身自由的行政强制措施不服提起的行政诉讼案件，由被告所在地或者原告所在地人民法院管辖
D.对县政府所做具体行政行为不服提起行政诉讼的案件由基层人民法院管辖

1.65 根据民事诉讼法律制度的规定，对于当事人的下列再审申请，人民法院不予受理的有（   ）。
A.再审申请被驳回后再次提出申请的
B.在人民检察院对当事人的申请作出不予提出再审检察建议后又提出申请的
C.对再审判决、裁定提出申请的
D.在调解书发生法律效力后3个月提出申请的

1.66 根据民事法律制度的规定，下列关于诉讼时效中止的表述中正确的有（　　）。
   A.权利人向义务人提出履行义务请求的，诉讼时效中止
   B.诉讼时效中止的事由消除以后，重新计算诉讼时效期间
   C.权利人被义务人控制使其不能行使请求权，是诉讼时效中止的法定事由
   D.引起诉讼时效中止的法定事由应发生于或存续至诉讼时效期间的最后6个月

三、判断题

1.67 陈某与李某约定，在李某结婚时，陈某将自己的一套房屋赠与李某。该赠与行为是附期限的民事法律行为。（　　）

1.68 金某与郭某约定，金某80岁时，郭某就陪金某一起去游览武夷山。该约定的性质是附条件的法律行为。（　　）

1.69 无权代理的相对人知道或者应当知道行为人无权代理的，相对人和行为人按照各自的过错承担责任。（　　）

1.70 人民法院审理行政案件，不收取诉讼费用。（　　）

1.71 仲裁庭不能形成多数意见时，按首席仲裁员的意见作出裁决。（　　）

1.72 行政复议的举证责任，由申请人承担。（　　）

1.73 涉及商业秘密的民事诉讼案件，一律不公开审理。（　　）

1.74 张某因王某未偿还到期借款20万元，向甲县人民法院提起诉讼，此时王某下落不明已达半年。甲县人民法院可以适用简易程序审理本案。（　　）

1.75 行政诉讼中，一审裁定的上诉期限为裁定书送达之日起15日。（　　）

1.76 适用简易程序审理的民事案件，由审判员独任审判。（　　）

1.77 人民法院审理行政补偿的案件，可以调解。（　　）

1.78 公民、法人或者其他组织向人民法院提起行政诉讼，人民法院已经依法受理的，可以申请行政复议。（　　）

1.79 仲裁当事人自行和解达成和解协议后，可以请求仲裁庭根据和解协议作出仲裁裁决书。（　　）

1.80 行政复议期间，申请人认为需要停止执行，可以停止执行的。（　　）

1.81 原告向两个以上有管辖权的人民法院起诉的，其中一个人民法院立案后发现其他有管辖权的人民法院已先立案的，应当裁定将案件移送给先立案的人民法院。（　　）

1.82 民事诉讼审理期间，义务人未提出诉讼时效抗辩的，人民法院可以主动适用诉讼时效的规定进行裁判。（　　）

1.83 行为人超越代理权限行使代理权，相对人有理由相信代理人有代理权的，代理行为有效。（　　）

1.84 公民、法人或者其他组织认为行政机关的具体行政行为所依据的国务院规章不合法，在对具体行政行为申请行政复议时，可以一并对该规范性文件提出附带审查。（　　）

答案与解析

一、单项选择题

1.1 D	1.2 D	1.3 D	1.4 C	1.5 C
1.6 B	1.7 D	1.8 D	1.9 A	1.10 C
1.11 A	1.12 A	1.13 B	1.14 D	1.15 C
1.16 B	1.17 D	1.18 D	1.19 D	1.20 A
1.21 A	1.22 C	1.23 C	1.24 D	1.25 A
1.26 D	1.27 C	1.28 D	1.29 D	1.30 A
1.31 C	1.32 A	1.33 B	1.34 D	1.35 A
1.36 A	1.37 A	1.38 C		

二、多项选择题

1.39 AB	1.40 BC	1.41 BC	1.42 ABD	1.43 ACD
1.44 ABCD	1.45 BCD	1.46 ABD	1.47 AD	1.48 ABCD
1.49 ABCD	1.50 ABCD	1.51 BCD	1.52 AB	1.53 CD
1.54 BCD	1.55 ABCD	1.56 ABD	1.57 BCD	1.58 ABD
1.59 AD	1.60 ACD	1.61 ABD	1.62 ABD	1.63 BCD
1.64 ABC	1.65 ABC	1.66 CD		

三、判断题

1.67 × 　1.68 × 　1.69 √ 　1.70 × 　1.71 √

1.72 × 　1.73 × 　1.74 × 　1.75 × 　1.76 √

1.77 √ 　1.78 × 　1.79 √ 　1.80 × 　1.81 √

1.82 × 　1.83 √ 　1.84 ×

一、单项选择题

1.1 【斯尔解析】 **D** 本题考查回避制度。回避制度是指审判人员和其他有关人员（如书记员、翻译人员、鉴定人、勘验人），与本案有利害关系时应当自行回避或依当事人申请回避的制度。证人不适用回避制度，选项D当选。

1.2 【斯尔解析】 **D** 本题考查"两审终审"制度的例外。两审终审制度有例外：（1）适用特别程序、督促程序、公示催告程序和简易程序中的小额诉讼程序审理的案件，实行一审终审；（2）最高人民法院所作的一审判决、裁定，为终审判决、裁定。本题应选择选项D。

1.3 【斯尔解析】 **D** 本题考查行政复议的申请期限。公民、法人或者其他组织认为具体行政行为侵犯其合法权益的，可以自知道该具体行政行为之日起60日内提出行政复议申请，选项D正确。

1.4 【斯尔解析】 **C** 本题考查民事法律行为的辨识。民事法律行为的核心为"意思表示"。选项AB所述情况属于事实行为，选项D所述属于违法行为，这几种情况下法律关系的产生、变化、消灭并不是由意思表示引起的，而是由法律直接规定，均不属于法律行为，本题应选择选项C。

1.5 【斯尔解析】 **C** 本题考查民事法律行为的辨识。民事法律行为的核心为"意思表示"。选项A所述为侵权行为，属于事实行为，其后果（如侵权责任、刑事责任等）由法律直接规定，不由当事人的意思决定，不当选。选项BD所述均为事实行为，其后果（如鸡腿上的物权灭失、于某获得课程的著作权）由法律直接规定，不由当事人的意思决定，不当选。选项C所述系决议行为，属于（多方）法律行为，决议的法律效果由郭某、陈某、胡某的意思表示决定，当选。

1.6 【斯尔解析】 **B** 本题考查民事法律行为的分类。按照民事法律行为之间的依存关系将民事法律行为分为主法律行为与从法律行为。从法律行为是指从属于其他法律行为而存在的法律行为。如，当事人之间订立了一项借款合同，为保证合同的履行，又订立了一项担保合同（抵押合同）。其中，借款合同为主合同，担保合同（抵押合同）是从合同，进而签订该担保合同（抵押合同）属于从法律行为，选项B正确。此外，签订该担保合同属于多方法律行为、要式法律行为、诺成法律行为（而非实践法律行为）。

1.7 斯尔解析 D 本题考查限制民事行为能力人实施民事法律行为的效力。从年龄判断，张某是限制民事行为能力人（题述情形未提及"智力水平"，故做题时只按年龄标准判断即可）。从行为判断，第一，赠与行为对于赠与人张某来说并非纯获益行为。第二，3 000元的金额较大，根据一般社会经验，该赠与行为属于与张某的年龄、智力、精神健康状况不相适应的行为（即"熊孩子"行为），效力待定。本题应选择选项D。

1.8 斯尔解析 D 本题考查附条件法律行为与附期限法律行为的区分。选项ABC所述情形均属于附生效期限的民事法律行为，选项D正确。

1.9 斯尔解析 A 本题考查撤销权人行使撤销权的时间。重大误解的当事人自知道或者应当知道撤销事由之日起90日内没有行使撤销权的，撤销权消灭，选项A当选。

1.10 斯尔解析 C 本题考查代理的适用范围。应当由本人实施的民事法律行为不得代理，如订立遗嘱、婚姻登记、收养子女等。本题应选择选项C。

1.11 斯尔解析 A 本题考查仲裁的适用范围。根据《仲裁法》的规定，平等主体的公民、法人和其他组织之间发生的合同纠纷和其他财产纠纷，可以仲裁。不适用仲裁的情况有：（1）与人身有关的婚姻、收养、监护、扶养、继承纠纷（选项C不当选）；（2）行政争议（选项D不当选）；（3）劳动争议；（4）农业集体经济组织内部的农业承包合同纠纷（选项B不当选）。本题应选择选项A。

1.12 斯尔解析 A 本题考查民事诉讼协议管辖，其适用范围为合同纠纷、其他财产权益纠纷（和经济仲裁适用的范围一致），不适用于涉及人身关系的纠纷。本题应选择选项A。

1.13 斯尔解析 B 本题考查民事诉讼特殊地域管辖。因铁路、公路、水上和航空事故请求损害赔偿提起的诉讼，由事故发生地或车辆、船舶、航空器最先降落地或被告住所地人民法院管辖，选项B当选。

1.14 斯尔解析 D 本题考查诉讼时效基本规定。义务人未提出诉讼时效抗辩的，人民法院不应对诉讼时效问题进行释明及主动适用诉讼时效的规定进行裁判，选项D当选。

1.15 斯尔解析 C 本题考查普通诉讼时效期间。普通诉讼时效期间3年，自权利人知道或者应当知道权利受到损害及义务人之日起计算。20年是诉讼时效的最长保护期限，自权利受到侵害之日起算，本题应选择选项C。

1.16 斯尔解析 B 本题考查诉讼时效的起算时点。未成年人遭受性侵害的损害赔偿请求权的诉讼时效期间，自受害人年满18周岁之日起算，选项B当选。

1.17 斯尔解析 D 本题考查行政诉讼原告。股份制企业的股东大会、股东会、董事会等认为行政机关作出的行政行为侵犯企业经营自主权的，可以企业名义提起诉讼，选项D正确。

1.18 斯尔解析 D 本题考查当事人不得申请再审的情形，包括三种：（1）再审申请被驳回后再次提出申请的（选项A不当选）；（2）对再审判决、裁定提出申请的（选项BC不当选）；（3）在人民检察院对当事人的申请作出不予提出再审检察建议或者抗诉决定后又提出申请的。本题应选择选项D。

1.19 斯尔解析 D 本题考查简易程序。当事人双方可就开庭方式向人民法院提出申请,由人民法院决定是否准许,选项A表述正确,不当选。人民法院可以采取捎口信、电话、短信、传真、电子邮件等简便方式传唤双方当事人,选项B表述正确,不当选。适用简易程序审理案件,由审判员独任审判,书记员担任记录,选项C表述正确,不当选。人民法院发现案情复杂,需要转为普通程序审理的案件,应当在审理期限届满前作出裁定,但已经按照普通程序审理的案件,在开庭后不得转为简易程序审理,选项D错误。

1.20 斯尔解析 A 本题考查上诉期限。当事人不服地方人民法院第一审裁定的,有权在裁定书送达之日起10日内向上一级人民法院提起上诉。本题应选择选项A。
提示:当事人不服地方人民法院第一审判决的,有权在判决书送达之日起15日内向上一级人民法院提起上诉。

1.21 斯尔解析 A 本题考查附条件与附期限民事法律行为的区分。选项ABCD所述行为均属于法律行为,在此基础上,就"条件"和"期限"的区别而言:"条件"未必会成就,但"期限"一定会到来,即使该期限的长度并不确定。选项A情形一定会发生,该行为是附期限的法律行为。本题应选择选项A。

1.22 斯尔解析 C 本题考查行政诉讼一审简易程序审理期限。适用简易程序审理的行政案件,由审判员一人独任审理,并应当在立案之日起45日内审结,选项C正确。

1.23 斯尔解析 C 本题考查效力待定法律行为的辨识。在赠与合同中,虽然赠与人有任意撤销权,但并不影响赠与合同生效,选项A错误。限制民事行为能力人订立纯获利益的合同,该合同为有效合同,选项BD错误、选项C正确。

1.24 斯尔解析 D 本题考查效力待定法律行为的辨识。从年龄判断,小林是限制民事行为能力人。其所订立的合同根据一般社会经验,与小林的年龄、智力、精神健康状况不相适应的行为,属于效力待定合同,需要小林的法定代理人决定是否追认。本题应选择选项D。

1.25 斯尔解析 A 本题考查撤销权行使的时间限制。当事人一方受胁迫实施民事法律行为,撤销权人应自胁迫行为终止之日起1年内行使撤销权。本题应选择选项A。

1.26 斯尔解析 D 本题考查法律行为的分类。按照法律行为的成立仅需一方意思表示还是需要多方意思表示为标准可以分为单方法律行为和多方法律行为,选项A不当选。按照法律行为的一方当事人从对方当事人取得利益有无对价为标准可以分为有偿民事法律行为和无偿民事法律行为,选项B不当选。按照法律行为的成立是否需要具备法律规定或者当事人约定的形式为标准可以分为要式法律行为和非要式法律行为,选项C不当选。依题干分类标准,可以分为主法律行为与从法律行为,选项D当选。

1.27 斯尔解析 C 本题考查委托代理与法定代理终止事由的辨析。选项C所述情况属于法定代理终止的情形。本题应选择选项C。

1.28 斯尔解析 D 本题考查代理，综合性较强。代理行为属于法律行为，单纯"传递信息"不包含"意思表示"，不属于法律行为，自然不属于代理行为，选项A错误。代理行为的法律后果归属于被代理人而非"代理人"，选项B错误。代理行为必须以被代理人名义实施，选项C错误。本题应选择选项D。

1.29 斯尔解析 D 本题考查仲裁的适用范围。根据《仲裁法》的规定，平等主体的公民、法人和其他组织之间发生的合同纠纷和其他财产权益纠纷，可以仲裁。不适用仲裁的情况有：（1）与人身有关的婚姻、收养、监护、扶养、继承纠纷（选项A不当选）；（2）行政争议（选项C不当选）；（3）劳动争议；（4）农业集体经济组织内部的农业承包合同纠纷（选项B不当选）。本题应选择选项D。

1.30 斯尔解析 A 本题考查导致仲裁协议无效的情形。仲裁协议无效事由包括：（1）约定的仲裁事项超过法律规定的仲裁适用范围的（选项D不当选）。（2）无民事行为能力人或限制民事行为能力人订立的仲裁协议（选项C不当选）。（3）一方采取胁迫手段，迫使对方订立仲裁协议的（选项B不当选）；（4）仲裁协议对仲裁事项或仲裁委员会没有约定或者约定不明确的，当事人可以补充协议；达不成补充协议的，仲裁协议无效。仲裁协议/仲裁条款的效力具有独立性，合同的变更、解除、终止或者无效不影响仲裁协议/仲裁条款的效力。因此，本题应选择选项A。

1.31 斯尔解析 C 本题考查仲裁裁决撤销的事由。仲裁裁决的法定撤销情形：（1）没有仲裁协议的（选项B不当选）；（2）裁决的事项不属于仲裁协议的范围或者仲裁委员会无权仲裁的（选项D不当选）；（3）仲裁庭的组成或者仲裁的程序违反法定程序的；（4）裁决所根据的证据是伪造的（选项A不当选）；（5）对方当事人隐瞒了足以影响公正裁决的证据的；（6）仲裁员在仲裁该案时有索贿受贿，徇私舞弊，枉法裁决行为的。仲裁庭裁决前，"调解"并不是法定的前置程序，因此选项C所述情形并不会导致仲裁裁决可撤销。

1.32 斯尔解析 A 本题考查行政复议参加人。行政复议参加人包括申请人、被申请人、第三人。行政复议机关不属于行政复议参加人，选项A当选。

1.33 斯尔解析 B 本题考查行政诉讼的执行。行政机关在规定期限内不履行的，从期满之日起，对该行政机关负责人按日处50元至100元的罚款，选项B表述不正确，当选。

1.34 斯尔解析 D 本题考查民事诉讼相关内容，考点较为综合。民事诉讼实行"二审终审制"，即第二审人民法院的判决、裁定为终审判决、裁定，只有一审案件的当事人可以提出上诉，选项AB不当选。上诉状应当通过原审（即第一审）人民法院提出，并按照对方当事人或者代理人的人数提出副本，选项C不当选。当事人对重审案件判决、裁定可以上诉，选项D当选。

1.35 斯尔解析 A 本题考查行政诉讼起诉期限。公民、法人或者其他组织直接向人民法院提起诉讼的，应当自知道或者应当知道作出行政行为之日起6个月内提出。法律另有规定的除外，选项A当选。选项BCD均为正确表述。

1.36 斯尔解析 A 本题考查诉讼时效中止的发生时间。诉讼时效中止发生在诉讼时效期间的最后6个月内，选项A正确。

第一章 总 论 基础进阶 中级

1.37 【斯尔解析】 A 下列请求权不适用诉讼时效的规定：（1）请求停止侵害、排除妨碍、消除危险（选项B不当选）；（2）不动产物权和登记的动产物权的权利人请求返还财产；（3）请求支付抚养费、赡养费或者扶养费；（4）支付存款本金及利息请求权（选项C不当选）；（5）兑付国债、金融债券以及向不特定对象发行的企业债券本息请求权；（6）基于投资关系产生的缴付出资请求权（选项D不当选）；（7）依法不适用诉讼时效的其他请求权。

1.38 【斯尔解析】 C 本题考查诉讼时效期间届满后的法律后果。当事人在诉讼时效期间届满后起诉的，人民法院应予受理，选项A错误。诉讼时效期间届满，义务人自愿履行了义务后，不得以诉讼时效期间届满为由抗辩，选项B错误。诉讼时效期间届满后，义务人获得了抗辩权，但权利人的实体权利并不消灭，选项D错误。

二、多项选择题

1.39 【斯尔解析】 AB 本题考查自然人的民事行为能力。选项A所述李某为成年人（年龄≥18周岁），且身体健康，即使不能自食其力，也属于完全民事行为能力人。选项B所述朱某已满16周岁，未满18周岁，但能以自己的劳动收入为主要生活来源，视为完全民事行为能力人。选项C所述王大爷虽然是成年人（年龄≥18周岁），但其已成为植物人，不能辨认自己的行为，应为无民事行为能力人。选项D所述张某虽然收入颇高，但其年龄不满8周岁，仍为无民事行为能力人。本题应选择选项AB。

1.40 【斯尔解析】 BC 本题考查民事法律行为效力分类。选项A所述，李某不满8周岁，属于无民事行为能力人，其实施的法律行为属于无效法律行为。选项B所述，陈某受胁迫与金某订立买卖合同，该行为属于可撤销法律行为。选项C所述，钱某受郑某欺诈并与之订立买卖合同，该行为属于可撤销法律行为。选项D所述，从年龄判断，崔某属于限制民事行为能力人，可以独立实施纯获利益的民事法律行为，其受赠水杯的行为属于有效法律行为。本题应选择选项BC。

1.41 【斯尔解析】 BC 本题考查限制民事行为能力人实施民事法律行为的效力。从年龄判断，小王是限制民事行为能力人。收到压岁钱的行为是纯获益的法律行为，该行为有效，选项A错误。小王给乞丐钱的金额为5元，根据生活经验，该行为与小王的年龄、智力、精神健康状况相适应，小王可以独立实施且行为有效，选项B正确。皮包的价格为2 000元，根据生活经验，该行为与小王的年龄、智力、精神健康状况不相适应，如小王独立实施，当属效力待定的行为，选项C正确，选项D错误。本题应选择选项BC。

1.42 【斯尔解析】 ABD 本题考查可撤销民事法律行为。题述赵某和李某的行为系因李某受欺诈而为之，属于可撤销的法律行为，选项C不当选。此时，可以行使撤销权的是受欺诈方（李某），而非欺诈方（赵某），选项A当选。可撤销的法律行为被依法撤销后，法律行为自始无效；未经撤销，该行为有效，选项B当选。可撤销的法律行为应请求人民法院或者仲裁机构予以撤销，选项D当选。本题应选择选项ABD。

提示：李某和赵某可以协商解除该买卖合同，而非可以"撤销"。

1.43　斯尔解析　ACD　本题考查撤销权行使的时间限制。撤销权的存续期间：（1）当事人自民事法律行为发生之日起5年内没有行使撤销权的，撤销权消灭（选项A当选）。（2）当事人知道撤销事由后明确表示或者以自己的行为表明放弃撤销权的，撤销权消灭。（3）当事人受胁迫，自胁迫行为终止之日起1年内没有行使撤销权的，撤销权消灭（选项C当选）。（4）重大误解的当事人自知道或者应当知道撤销事由之日起90日内没有行使撤销权的，撤销权消灭（选项D当选）。（5）其他可撤销情形下，当事人自知道或者应当知道撤销事由之日起1年内没有行使撤销权的，撤销权消灭，选项B错误，不当选。

1.44　斯尔解析　ABCD　本题考查委托代理终止的情形。出现下列情形之一，委托代理终止：（1）代理期间届满或者代理事务完成（选项AD当选）；（2）被代理人取消委托或代理人辞去委托（选项C当选）；（3）代理人或者被代理人死亡（选项B当选）；（4）代理人丧失民事行为能力；（5）作为代理人或被代理人的法人、非法人组织终止。本题应选择选项ABCD。

1.45　斯尔解析　BCD　本题考查委托代理终止的例外。被代理人死亡后，有下列情形之一的，委托代理人实施的代理行为仍有效：（1）代理人不知道并且不应当知道被代理人死亡；（2）被代理人的继承人予以承认（选项B当选）；（3）授权中明确代理权在代理事务完成时终止（选项C当选）；（4）被代理人死亡前已经实施，为了被代理人的继承人的利益继续代理（选项D当选）。选项A，代理人不知道并且不应当知道被代理人死亡的，才导致题干所述效果（即代理行为仍有效），因此选项A不当选，本题应选择选项BCD。

1.46　斯尔解析　ABD　本题考查无权代理的法律效果。选项C所述情况属于"默示"同意的情况，被代理人知道他人以本人名义实施代理行为而不作否认表示的，视为同意，选项C错误。选项ABD正确。

1.47　斯尔解析　AD　本题考查代理权滥用的法律后果。乙公司与丙公司的行为构成"恶意串通，损害他人合法权益"，基于此订立的买卖合同应属无效法律行为，选项A正确。题干中并未明确涉及导致无权代理的事由，选项B错误。代理人和第三人串通，损害被代理人的利益的，由代理人和第三人承担连带责任，选项C错误、选项D正确。本题应选择选项AD。

1.48　斯尔解析　ABCD　本题考查不适用诉讼时效的情形。具体而言，诉讼时效的适用对象：债权请求权。下列请求权不适用诉讼时效的规定：（1）请求停止侵害、排除妨碍、消除危险；（2）不动产物权和登记的动产物权的权利人请求返还财产；（3）请求支付抚养费、赡养费或者扶养费；（4）支付存款本金及利息请求权（选项A当选）；（5）兑付国债、金融债券以及向不特定对象发行的企业债券本息请求权（选项BC当选）；（6）基于投资关系产生的缴付出资请求权（选项D当选）；（7）其他依法不适用诉讼时效规定的债权请求权。本题应选择选项ABCD。

1.49　斯尔解析　ABCD　本题考查诉讼时效中断事由。有下列情形之一的，诉讼时效中断，从中断、有关程序终结时起，诉讼时效期间重新计算：（1）权利人向义务人提出履行请求（选项B当选）；（2）义务人同意履行义务（选项AD当选）；（3）权利人提起诉讼或者申请仲裁（选项C当选）；（4）与提起诉讼或者申请仲裁具有同等效力的其他情形。

提示："同意履行义务"的方式包括义务人作出分期履行、部分履行、请求延期履行、支付利息、提供履行担保等承诺等。

1.50 斯尔解析 **ABCD** 本题考查审判监督程序的启动。审判监督程序启动有下列情形：（1）各级人民法院院长对本院已经发生法律效力的判决、裁定，发现确有错误，认为需要再审的，提交审判委员会讨论决定（选项C当选）。（2）最高人民法院对地方各级人民法院、上级人民法院对下级人民法院已经发生法律效力的判决、裁定，发现确有错误的，有权提审或指令下级人民法院再审（选项BD当选）。（3）当事人对已经发生法律效力的判决、裁定，认为有错误的，可以向上一级人民法院申请再审；当事人一方人数众多或者当事人双方为公民的案件，也可以向原审人民法院申请再审（选项A当选）。

1.51 斯尔解析 **BCD** 本题考查起诉的法定条件。虽然实践中鲜有口头起诉的情况，但根据教材和真题的观点，一审中原告可以口头形式起诉，因此书面诉状并非提起民事诉讼必须符合的法定条件，选项A错误。起诉必须符合下列法定条件：（1）原告是与本案有直接利害关系的公民、法人或其他组织（选项D当选）；（2）有明确的被告（选项B当选）；（3）有具体的诉讼请求和事实、理由（选项C当选）；属于人民法院受理民事诉讼的范围和管辖范围，同时还必须办理法定手续。

1.52 斯尔解析 **AB** 本题考查的是合伙组织行政诉讼的原告身份。合伙组织分为合伙企业和个人合伙两种形式。合伙企业向人民法院提起诉讼的，应当以核准的字号为原告；其他合伙组织起诉的，合伙人为共同原告。本题应选择选项AB。

1.53 斯尔解析 **CD** 本题考查行政诉讼被告的确定。经复议的案件，复议机关决定维持原行政行为的，作出原行政行为的行政机关和复议机关是共同被告；复议机关改变原行政行为的，复议机关是被告，选项A错误、选项D正确。行政机关委托的组织所作的行政行为，委托的行政机关是被告，选项B错误。两个以上行政机关作出同一行政行为的，共同作出行政行为的行政机关是共同被告，选项C正确。

1.54 斯尔解析 **BCD** 本题考查仲裁协议的效力。当事人对仲裁协议的效力有异议的，应当在仲裁庭首次开庭前请求仲裁委员会作出决定，或请求人民法院作出裁定，选项A错误，本题应选择选项BCD。

1.55 斯尔解析 **ABCD** 本题考查仲裁员回避。仲裁员有下列情之一的，必须回避，当事人也有权提出回避申请：（1）是本案当事人，或者当事人、代理人的近亲属（选项AC当选）；（2）与本案有利害关系（选项B当选）；（3）与本案当事人、代理人有其他关系，可能影响公正仲裁的；（4）私自会见当事人、代理人，或者接受当事人、代理人的请客送礼的（选项D当选）。

1.56 斯尔解析 **ABD** 本题考查仲裁的基本原则。选项C错误，仲裁庭裁决过程一般"开庭不公开"。选项ABD所述均为仲裁的基本原则，除此之外，仲裁的基本原则还包括以事实为根据，以法律为准绳，公平合理地解决纠纷原则。

1.57 斯尔解析　BCD　本题考查民事诉讼地域管辖。先立案的人民法院不得将案件移送给另一个有管辖权的人民法院，选项A错误，本题应选择选项BCD。

1.58 斯尔解析　ABD　本题考查小额诉讼案件的适用范围。人民法院审理下列案件，不得适用小额诉讼程序：（1）人身关系、财产确权案件（选项D当选）；（2）涉外案件（选项A当选）；（3）需要评估、鉴定或者对诉前评估、鉴定结果有异议的案件；（4）一方当事人下落不明的案件（选项B当选）；（5）当事人提出反诉的案件；（6）其他不宜适用小额诉讼的程序审理的案件。标的额为各省、自治区、直辖市上年度就业人员年平均工资50%以下的，适用小额诉讼的程序审理，选项C不当选。

1.59 斯尔解析　AD　本题考查无效法律行为的辨识。王某未满8周岁，属于无民事行为能力人，其独立实施的民事法律行为无效，选项A当选。宋某胁迫王某的行为属于可撤销的法律行为，选项B不当选。张某以高于市场价30%的价格将房屋出售给李某不一定涉及导致民事法律行为效力瑕疵的情况，选项C不当选。刘某与乙公司负责人恶意串通，损害甲公司合法权益，该买卖合同应属无效，选项D当选。

1.60 斯尔解析　ACD　本题考查无效法律行为效力。无效法律行为自始无效，选项B错误。本题应选择选项ACD。

1.61 斯尔解析　ABD　本题考查行政复议的受案范围。"通报批评""吊销营业执照""行政拘留"均属行政处罚（具体行政行为），当事人以申请行政复议。"记大过"属于行政处分，当事人不服行政机关作出的行政处分，不能申请行政复议。本题应选择选项ABD。

1.62 斯尔解析　ABD　本题考查仲裁协议的效力。当事人对仲裁协议的效力有异议的，应当在仲裁庭首次开庭前请求仲裁委员会作出决定，或请求人民法院作出裁定，选项C错误。因此，本题应选择选项ABD。

1.63 斯尔解析　BCD　本题考查行政复议机关。对国务院部门或者省、自治区、直辖市人民政府的具体行政行为不服的，向作出该具体行政行为的国务院部门或者省、自治区、直辖市人民政府申请行政复议，选项A错误、选项C正确。对县级以上地方各级人民政府工作部门的具体行政行为不服的，由申请人选择，可以向该部门的本级人民政府申请行政复议，也可以向上一级主管部门申请行政复议，选项B正确。对海关、金融等实行垂直领导的行政机关和国家安全机关的具体行政行为不服的，向上一级主管部门申请行政复议，选项D正确。

1.64 斯尔解析　ABC　本题考查行政诉讼管辖。对国务院各部门或者县级以上地方人民政府所作的行政行为提起的行政诉讼案件，应当由中级人民法院管辖，选项D错误。选项ABC均为正确表述。

1.65 斯尔解析　ABC　本题考查再审程序的启动/不受理再审申请的情况。当事人对已经发生法律效力的调解书申请再审，应当在调解书发生法律效力后6个月内提出。选项D所述情形人民法院可以受理。选项ABC所述情形均属于人民法院不予受理再审申请情形。本题应选择选项ABC。

1.66 斯尔解析　CD　本题考查诉讼时效中止的效果、诉讼时效中止的事由。选项A所述情形导致诉讼时效中断，而非中止，不当选。诉讼时效中止的事由消除后，诉讼时效期间继续计算，而非重新计算，选项B错误。本题选择选项CD。

三、判断题

1.67 【斯尔解析】 ×　本题考查附条件和附期限民事法律行为的辨析。二者区别主要在于"条件不确定是否会发生，但是期限一定会到来"。按照生活经验判断，李某不一定会结婚，该行为属于附条件民事法律行为。本题所述错误。

1.68 【斯尔解析】 ×　本题考查附条件和附期限民事法律行为的辨析。二者区别主要在于"条件不确定是否会发生，但是期限一定会到来"。本题中，先明确，活到"80岁"是条件而不是期限，因为人能否活到80岁存在不确定性。其次，两人约好结伴游玩并不是法律行为，一般不具有法律上的意义。因此，本题所述约定并不是法律行为，当然不构成附条件的法律行为。本题所述错误。

1.69 【斯尔解析】 √　本题考查无权代理情况下的责任承担。

1.70 【斯尔解析】 ×　本题考查行政诉讼费用承担。人民法院审理行政案件，应当收取诉讼费用。本题所述错误。

1.71 【斯尔解析】 √　本题考查仲裁庭作出裁决方式。基本原则：先多数后首席。当仲裁庭可以形成多数意见，按多数意见作出裁决。反之，则按首席仲裁员的意见作出裁决。本题所述正确。

1.72 【斯尔解析】 ×　本题考查行政复议的举证责任。行政复议举证责任应由被申请人承担。本题所述错误。

1.73 【斯尔解析】 ×　本题考查民事案件是否公开审理。人民法院审理民事案件，除涉及国家秘密、个人隐私，或者法律另有规定的以外，应当公开进行。但是离婚案件，涉及商业秘密的案件，当事人申请不公开审理的，可以不公开审理。基于此，涉及商业秘密的案件，不公开审理的前提是当事人提出申请。本题所述错误。

1.74 【斯尔解析】 ×　本题考查简易程序适用情形。起诉时被告下落不明的，不适用简易程序。本题所述错误。

1.75 【斯尔解析】 ×　本题考查行政诉讼上诉期限。当事人不服人民法院第一审裁定的，有权在裁定书送达之日起10日内向上一级人民法院提起上诉。本题所述错误。

1.76 【斯尔解析】 √　本题考查简易程序独任审理。适用简易程序审理案件，由审判员独任审判，书记员担任记录。本题所述正确。

1.77 【斯尔解析】 √　本题考查行政诉讼适用调解的案件。人民法院审理行政案件，不适用调解。但是，行政赔偿、补偿以及行政机关行使法律、法规规定的自由裁量权的案件可以调解。本题所述正确。

1.78 【斯尔解析】 ×　本题考查行政诉讼与行政复议的关系。公民、法人或者其他组织向人民法院提起行政诉讼，人民法院已经依法受理的，不得申请行政复议。本题所述错误。

1.79 【斯尔解析】 √　本题考查仲裁和解后程序性规定，当事人自行和解达成和解协议后，可以撤回仲裁，也可以请求仲裁庭根据和解协议作出仲裁裁决书。本题所述正确。

1.80　斯尔解析　×　本题考查行政复议期间具体行政行为的执行。行政复议期间，具体行政行为不停止执行。但是，有下列情形之一的，可以停止执行：

（1）被申请人认为需要停止执行的；

（2）行政复议机关认为需要停止执行的；

（3）申请人申请停止执行，行政复议机关认为其要求合理，决定停止执行的；

（4）法律规定停止执行的。这意味着，申请人不能自行决定停止执行。本题所述错误。

1.81　斯尔解析　√　本题考查民事诉讼共同管辖。

1.82　斯尔解析　×　本题考查诉讼时效的适用。债务人未提出诉讼时效抗辩的，人民法院不应对诉讼时效问题进行释明或主动适用诉讼时效的规定进行裁判。本题所述错误。

1.83　斯尔解析　√　本题考查表见代理的法律后果。

1.84　斯尔解析　×　本题考查"抽象行政行为"的附带审查。公民、法人或者其他组织认为行政机关的具体行政行为所依据的下列规定不合法，在对具体行政行为申请行政复议时，可以一并向行政复议机关提出对该规定的审查申请：

（1）国务院部门的规定；

（2）县级以上地方各级人民政府及其工作部门的规定；

（3）乡、镇人民政府的规定。前面所列规定不含国务院部、委员会规章和地方人民政府规章。本题所述错误。

第二章 合同法律制度

一、单项选择题

2.1 下列各项中，属于《民法典》合同编调整范围的是（　　）。
A.陈某与张某签订的收养协议
B.赵某与乙公司签订的租赁合同
C.王某与钱某签订的子女监护权协议
D.甲公司与李某签订的劳动合同

2.2 甲公司于7月1日向乙公司发出要约，出售一批原材料，要求乙公司在1个月内作出答复。该要约于7月2日到达乙公司。当月，因市场行情变化，该种原材料市场价格大幅上升，甲公司拟撤销该要约。根据合同法律制度的规定，下列关于甲公司能否撤销该要约的表述中，正确的是（　　）。
A.不可以撤销该要约，因该要约确定了承诺期限
B.可以撤销该要约，撤销通知在乙公司发出承诺通知之前到达乙公司即可
C.可以撤销该要约，撤销通知在承诺期限届满前到达乙公司即可
D.可以撤销该要约，撤销通知在乙公司发出承诺通知之前发出即可

2.3 根据合同法律制度的规定，下列不属于要约失效的是（　　）。
A.承诺期限届满，受要约人未作出承诺
B.承诺作出后，要约人表示撤销要约
C.受要约人对要约做出实质性变更
D.受要约人拒绝要约的通知到达要约人

2.4 陈某在8月1日向李某发出一份传真，出售房屋一套，面积90平方米，价款260万元，合同订立7日内一次性付款，如欲购买请在3日内回复。李某当日传真回复，表示同意购买，但要求分期付款，陈某未回复。8月3日，李某再次给陈某发传真，表示同意按照陈某传真的条件购买，陈某仍未回复。下列关于陈某、李某之间合同成立与否的表述中，符合合同法律制度规定是（　　）。
A.李某的第一次传真回复为承诺，合同成立
B.李某的第二次传真回复为承诺，合同成立
C.李某的两次传真回复，均为新要约，合同不成立
D.李某的第二次传真回复为新要约，陈某未表示反对，合同成立

2.5 2021年10月8日，甲厂向乙厂发函称其可提供X型号设备，请乙厂报价。10月10日，乙厂复函表示愿以5万元购买一台，甲厂10月12日复函称每台价格6万元，10月30日前回复有效。乙厂于10月19日复函称愿以5.5万元购买一台，甲厂收到后未作回复。后乙厂反悔，于10月26日发函称同意甲厂当初6万元的报价。下列关于双方往来函件法律性质的表述中，不符合合同法律制度规定的是（ ）。
A.甲厂10月8日的发函为要约邀请
B.乙厂10月10日的复函为要约
C.甲厂10月12日的复函为新要约
D.乙厂10月26日的发函为承诺

2.6 根据合同法律制度的规定，下列情形中，不属于发出要约邀请的是（ ）。
A.甲公司向数家贸易公司寄送价目表
B.乙公司通过报刊发布招标公告
C.丙公司在其运营中的咖啡自动售货机上载明"每杯一元"
D.丁公司向社会公众发布招股说明书

2.7 赵某以信件形式向钱某发出要约，信件未载明承诺开始日期，仅规定承诺期限为15天。7月4日，赵某将信件交付邮局，邮局将信件加盖7月5日邮戳发出；7月7日，信件送达受要约人钱某的信箱。钱某因出差，直至7月15日才阅读信件内容。该承诺期限的起算日为（ ）。
A.7月7日　　　　B.7月5日　　　　C.7月4日　　　　D.7月15日

2.8 根据合同法律制度的规定，当事人在合同中对履行方式没有约定或者约定不明确，不能达成补充协议，且无法按照合同有关条款或者交易习惯确定的，应按照法律规定的方式履行。该方式是（ ）。
A.有利于实现合同目的的方式
B.有利于债权人的方式
C.有利于债务人的方式
D.有利于总体经济效益的方式

2.9 根据合同法律制度的规定，下列关于采用数据电文形式订立合同的表述中，不正确的是（ ）。
A.以电子邮件等数据电文形式订立的合同属于采用书面形式的合同
B.对通过电子邮件发出的要约当事人未约定生效时间的，该要约自电子邮件发出时生效
C.采用数据电文形式订立合同，收件人没有主营业地的，收件人的住所地为合同成立的地点
D.当事人采用数据电文形式订立合同在合同成立前要求签订确认书的，签订确认书时合同成立

2.10 甲公司与乙公司签订买卖合同，约定甲公司先交货。交货前夕，甲公司有确切证据证明乙公司负债严重，不能按时支付货款。甲公司遂决定中止交货，并及时通知乙公司。甲公司的行为是（　　）。
A.违约行为
B.行使先诉抗辩权的行为
C.行使同时履行抗辩权的行为
D.行使不安抗辩权的行为

2.11 根据合同法律制度的规定，债务人享有的下列权利中，可以被代位行使的是（　　）。
A.劳动报酬请求权
B.养老金请求权
C.房屋租金请求权
D.抚恤金请求权

2.12 根据合同法律制度的规定，下列关于合同保全制度中撤销权行使的表述中，不正确的是（　　）。
A.债权人应以自己的名义行使撤销权
B.自债务人行为发生之日起5年内没有行使撤销权的，撤销权消灭
C.撤销权的行使范围以债权人的债权为限
D.债权人行使撤销权的必要费用，由债权人负担

2.13 甲公司欠乙公司30万元货款，到期后一直无力偿付。现与甲公司有关联关系的丙公司欠甲公司20万元且已到期，但甲公司明示放弃对丙公司的债权。对于甲公司放弃债权的行为，乙公司拟行使撤销权的下列表述中，正确的是（　　）。
A.乙公司可以请求人民法院判令丙公司偿还乙公司20万元
B.乙公司可以请求人民法院撤销甲公司放弃债权的行为
C.乙公司行使撤销权的必要费用应由丙公司承担
D.乙公司应在知道或应当知道甲公司放弃债权的2年内行使撤销权

2.14 根据合同法律制度的规定，在保证人与债权人没有约定保证期间的情形下，保证期间为（　　）。
A.6个月　　　　B.12个月　　　　C.9个月　　　　D.3个月

2.15 崔某向甲公司借款100万元，签订了借款合同。崔某的父亲和哥哥就该笔借款提供保证，其中崔某的父亲与甲公司之间就该事宜签署保证合同，而崔某的哥哥仅就此向甲公司提供了由其单方签署的担保书。签署保证合同和担保书均未就保证方式有所约定。此外，经崔某运作，公立花花幼儿园同意为崔某的该笔借款提供保证。根据合同法律制度的规定，以下说法中正确的是（　　）。
A.公立花花幼儿园可以为崔某的上述借款提供保证
B.崔某的父亲、哥哥就该笔借款提供连带责任保证
C.崔某的父亲、哥哥就该笔借款提供一般保证
D.崔某的哥哥提供上述保证的形式不符合法律规定

2.16 王某于2016年9月1日向李某借款100万元，期限3年。2019年6月1日，双方商议王某再向李某借款100万元，期限3年。两笔借款均先后由郑某提供保证担保，但未约定保证方式和保证期间。李某一直未向王某和郑某催讨还债。王某仅在2020年7月1日归还借款100万元，但未明确其履行的债务。下列关于王某归还100万元的表述中，正确的是（　　）。
A.因2016年的借款已到期，故归还的是该笔借款
B.因2016年的借款担保已失效，故归还的是该笔借款
C.因2016年和2019年的借款数额相同，故按比例归还该两笔借款
D.因2016年和2019年的借款均有担保，故按比例归还该两笔借款

2.17 金某于"双十一"期间精挑细选后从某电商平台购入一双跑鞋。根据合同法律制度的规定，除另有约定外，金某与电商平台合同成立的时间为（　　）。
A.金某提交订单时　　　　　　　　B.金某付款时
C.平台发货时　　　　　　　　　　D.金某签收时

2.18 根据合同法律制度的规定，下列有关代位权的说法，正确的是（　　）。
A.债权人应当以债务人的名义行使代位权
B.债权人行使代位权应当以债权人到期债权为限
C.代位权诉讼中，债权人胜诉的，诉讼费用由债务人负担
D.债权人行使代位权的必要费用，由次债务人负担

2.19 甲公司与乙公司签订一买卖合同，合同约定，甲公司须在1个月内向乙公司提供200台电视机，总价款100万元。合同签订后，乙公司按约定向甲公司交付了定金20万元。甲公司依约分两批发运电视机，不料，第一批100台电视机在运输过程中遭遇泥石流，致使电视机全部毁损；第二批100台电视机在运输过程中被甲公司的债权人丙强行扣押、变卖，最终，乙公司未能收到电视机，欲向甲公司主张定金责任。根据担保法律制度规定，下列关于甲公司定金责任承担的表述中，正确的是（　　）。
A.甲公司无须承担定金责任，因为没有交付电视机是不可抗力和第三人原因导致的，甲公司没有过错
B.甲公司须承担全部定金责任，因为甲公司违反合同约定，未将电视机交付给乙公司
C.甲公司只须承担一半定金责任，因为不可抗力导致的第一批100台电视机未能交付，不适用定金罚则
D.甲公司只须承担一半定金责任，因为第三人原因造成的第二批100台电视机未能交付，不适用定金罚则

2.20 甲公司向乙公司购买一台车床，价款50万元。甲公司与丙公司约定，由丙公司承担甲公司对乙公司的50万元价款债务，乙公司表示同意，后丙公司始终未清偿。根据合同法律制度的规定，下列关于乙公司主张债权的表述中，正确的是（　　）。

A.乙公司可以要求甲公司和丙公司共同偿还50万元价款

B.乙公司可以选择向甲公司或者丙公司主张清偿50万元价款

C.乙公司应当向丙公司主张清偿50万元价款

D.乙公司应当向甲公司主张清偿50万元价款

2.21 根据合同法律制度的规定，违约方承担违约责任的形式不包括（　　）。
A.继续履行　　　　B.行使撤销权　　　　C.支付违约金　　　　D.赔偿损失

2.22 王某向张某购买一台电脑，与张某约定一个月后由李某支付电脑价款，李某表示同意。一个月后，李某未支付电脑价款。下列关于张某请求承担违约责任的表述中，正确的是（　　）。

A.请求王某或李某承担　　　　　　B.请求李某承担

C.请求王某承担　　　　　　　　　D.请求王某和李某共同承担

2.23 陈某向李某购买一批水泥，价款为10万元。合同履行前，李某未经陈某的同意，将价款债权转让给王某，并通知陈某直接向王某付款。陈某与李某未约定合同权利不得转让。下列关于李某的转让行为效力的表述中，符合合同法律制度规定的是（　　）。

A.李某的转让行为无效，陈某仍应向李某付款

B.李某的转让行为有效，但如陈某仍向李某付款，可发生清偿效力

C.李某的转让行为有效，陈某应向王某付款

D.李某的转让行为效力待定，取决于陈某是否表示同意

2.24 甲公司欠乙公司300万元货款。后甲公司将部分优良资产分立出去另成立丙公司，甲、丙公司在分立协议中约定，该笔债务由甲、丙公司按3：7的比例分担，但甲、丙公司未与乙公司达成债务清偿协议。债务到期后，乙公司要求甲公司清偿300万元，遭到拒绝。根据合同法律制度的规定，下列关于该笔债务清偿的表述中，正确的是（　　）。

A.乙公司只能向甲公司主张清偿

B.乙公司只能向丙公司主张清偿

C.应当由甲、丙公司按连带责任方式向乙公司清偿

D.应当由甲、丙公司按分立协议约定的比例向乙公司清偿

2.25 张某向王某购买一祖传古董花瓶，两人约好后天交货。第二天，张某与王某发生口角，王某当着张某的面将该古董花瓶砸碎。根据合同法律制度的规定，以下说法正确的是（　　）。
A.张某可以主张解除买卖合同，因为王某以自己的行为表明不履行该合同
B.张某无权解除该合同，只能要求王某承担违约责任
C.张某只能通过诉讼的方式解除该合同
D.王某砸碎该古董花瓶后，对应的买卖合同已无履行之可能，相关权利义务消灭

2.26 甲公司向乙公司购买货物，乙公司按照双方约定的时间送货时甲公司无故拒绝收货，导致乙公司无法履行债务，遂将相关货物提存。根据合同法律制度的规定，以下说法正确的是（　　）。
A.乙公司无须就此通知甲公司
B.提存期间，货物的孳息归提存机关所有，冲抵提存费用
C.提存期间货物损毁灭失的，相关风险由提存机关承担
D.甲公司自提存之日起5年尚未提取该批货物的，，该批货物扣除提存费用后归国家所有

2.27 甲公司购买乙公司一批货物，约定甲公司于5月6日到乙公司仓库提货，由于甲公司疏忽，当日未安排车辆提货，次日凌晨乙公司仓库遭雷击起火，该批货物全部被烧毁。下列关于该批货物损失承担的表述中，符合合同法律制度规定的是（　　）。
A.甲公司和乙公司分担货物损失，因为双方都没有过错
B.甲公司承担货物损失，因其未按约定时间提货
C.乙公司承担货物损失，因为货物所有权没有转移
D.乙公司承担货物损失，因为货物仍在其控制之下

2.28 甲公司因资金周转困难向乙公司借款100万元，借款期限1年，自2021年1月1日至2021年12月31日。丙公司对该笔借款提供保证，乙丙两公司未约定保证期间。根据合同法律制度的规定，下列说法正确的是（　　）。
A.若未经丙公司书面同意，甲乙公司协商追加借款50万，丙公司应当对150万借款承担保证责任
B.若未经丙公司书面同意，甲乙公司协商减少借款50万，丙公司应当对100万借款承担保证责任
C.若未经丙公司书面同意，甲乙公司协商延长6个月借款期限，保证期间应当自2022年7月1日起算
D.甲公司经乙公司同意，将该笔债务转给丁公司，由丁公司全额还款。已知此次转让未经丙公司书面同意，丙公司不再承担保证责任

2.29 某商场为促销健身器材，贴出告示，跑步机试用1个月，满意再付款。王某遂选定一款跑步机试用，试用期满退回时，该商场要求王某支付使用费200元。下列关于王某应否支付使用费的表述中，符合合同法律制度规定的是（　　）。
A.王某不应当支付使用费，因为双方对此未作约定
B.王某应当支付部分使用费，因为跑步机的磨损应当由王某和商场共同负担
C.王某应当支付使用费，因其使用跑步机造成磨损
D.王某应当支付使用费，因其行为构成不当得利

2.30 张某有一个名牌包，并将其卖给李某。李某已经付清价款，但尚未取走该名牌包。之后，在陈某的百般央求下，张某又同意将该名牌包卖给陈某，并将该名牌包交付给陈某。之后，李某要求张某向其交付该名牌包。根据合同法律制度的规定，以下说法错误的是（　　）。
A.该名牌包的所有权已经转移，其属于陈某
B.由于李某已经付清价款，因此该名牌包的所有权属于李某
C.李某可以要求张某承担违约责任
D.李某可以主张解除其与张某就该名牌包订立的买卖合同

2.31 张某有一件画作拟出售，于2021年5月10日与王某签订买卖合同，约定四日后交货付款；5月11日，丁某愿以更高的价格购买该画作，张某遂与丁某签订合同，约定三日后交货付款；5月12日，张某又与林某签订合同，将该画作卖给林某，林某当即支付了价款，约定两日后交货。后因张某未交付画作，王某、丁某、林某均要求张某履行合同，诉至人民法院。根据合同法律制度的规定，下列关于该画作交付和所有权归属的表述中，正确的是（　　）。
A.应支持林某对张某交付该画作的请求
B.应支持王某对张某交付该画作的请求
C.应支持丁某对张某交付该画作的请求
D.应认定王某、丁某、林某共同取得该画作的所有权

2.32 2021年9月8日，赵某与孙某签订某货车买卖合同，赵某为孙某办理了该货车所有权转移登记，但尚未将该货车交付孙某，孙某已支付合同价款。2021年9月14日，赵某又与钱某签订该货车买卖合同，赵某将该货车交付钱某，钱某尚未支付合同价款。后孙某、钱某均向法院起诉，请求确认取得货车所有权。下列关于该货车归属的表述中，正确的是（　　）。
A.归属赵某，因涉及多重买卖，合同均无效
B.归属钱某，因为货车已交付给钱某
C.归属孙某，因为孙某已经支付了合同价款
D.归属孙某，因赵某为孙某办理了货车所有权转移登记

2.33 甲、乙订立机器设备的买卖合同，双方约定：甲先付款，乙再发货。后甲未付款却要求乙发货，乙予以拒绝。根据合同法律制度的规定，乙可以行使（　　）。
A.同时履行抗辩权　　　　　　　　　B.后履行抗辩权
C.先诉抗辩权　　　　　　　　　　　D.不安抗辩权

2.34 甲公司将一套设备租赁给乙公司使用，租赁期间，经询问确认乙公司无购买意向后，甲公司将该设备卖给丙公司。根据合同法律制度的规定，下列关于买卖合同与租赁合同效力的表述中，正确的是（　　）。
A.买卖合同无效，租赁合同继续有效
B.买卖合同有效，租赁合同继续有效
C.买卖合同有效，租赁合同自买卖合同生效之日起终止
D.买卖合同有效，租赁合同须经丙公司同意后才继续有效

2.35 2018年6月1日，赵某向钱某借款15万元，约定借款期限1年，未约定利息条款。还款时钱某与赵某就是否支付利息产生纠纷。根据合同法律制度的规定，下列关于借款利息支付的表述中，正确的是（　　）。
A.赵某可以不支付借款利息
B.赵某应当按照当地民间借贷交易习惯支付借款利息
C.赵某应当按照同期贷款市场报价利率支付借款利息
D.赵某应当按照当地市场利率支付借款利息

2.36 李某向王某借款5万元，约定借款期限半年，但未提及是否支付利息。半年后，因李某未如期归还，王某多次催要未果，向法院起诉要求李某还本付息。根据合同法律制度的规定，下列关于支付借款利息的主张中，能够得到法院支持的是（　　）。
A.王某要求李某依当地习惯按年利率15%支付借款使用期间的利息
B.王某要求李某按同期银行贷款利率支付借款使用期间的利息
C.王某要求李某按年利率6%支付逾期还款期间的利息
D.王某要求李某自逾期还款之日承担逾期还款的违约责任

2.37 根据合同法律制度的规定，下列关于融资租赁合同的表述中，正确的是（　　）。
A.承租人依赖出租人的技能确定租赁物，租赁物不符合约定的，出租人应承担责任
B.出租人根据承租人对出卖人、租赁物的选择订立的买卖合同，出租人可以变更与承租人有关的合同内容
C.承租人占有租赁物期间，租赁物造成第三人人身伤害的，出租人应承担责任
D.出租人对租赁物享有的所有权，不论是否登记，均可对抗善意第三人

2.38 根据合同法律制度的规定，下列关于融资租赁合同中租赁物的表述中，不正确的是（   ）。
　　A.在租赁期间出租人享有租赁物的所有权
　　B.承租人履行占有租赁物期间的维修义务
　　C.承租人破产的，租赁物属于破产财产
　　D.出租人和承租人可以约定租赁期间届满租赁物的归属

2.39 根据合同法律制度的规定，以下赠与合同中可以撤销的是（   ）。
　　A.为援助武汉市民抗击新冠肺炎疫情，张某向武汉市捐赠口罩1箱
　　B.为资助灾区贫困儿童上学，李某捐赠10万元
　　C.张某向甲公司赠与一台进口设备，双方就该笔赠与办理公证
　　D.甲公司向乙公司赠与一套房产，尚未过户

2.40 李某为资助15岁的王某上学，与王某订立赠与合同，赠与王某10万元，并就该赠与合同办理了公证。后李某无正当理由，在交付给王某6万元后就表示不再赠与了。根据合同法律制度的规定，下列表述中，正确的是（   ）。
　　A.李某应当再给付王某4万元，因该赠与合同不可撤销
　　B.李某可不再给付王某4万元，因王某属于限制民事行为能力人，该赠与合同效力未定
　　C.李某可向王某要求返还6万元，因该赠与合同可撤销
　　D.李某可不再给付王某4万元，因该赠与合同可撤销

二、多项选择题

2.41 根据合同法律制度的规定，下列情形中，导致要约失效的有（   ）。
　　A.承诺期限届满，受要约人未作出承诺
　　B.要约被拒绝
　　C.受要约人对要约的内容作出实质性变更
　　D.要约被依法撤销

2.42 根据合同法律制度的规定，下列属于无效格式条款的有（   ）。
　　A.有两种以上解释的格式条款
　　B.就内容理解存在争议的格式条款
　　C.因重大过失造成对方财产损失免责的格式条款
　　D.造成对方人身伤害免责的格式条款

2.43 根据合同法律制度的规定，当事人就有关合同内容约定不明确的，可以补充协议，不能达成补充协议的，按照合同有关条款或者交易习惯确定，仍不能确定的，适用法定规则。下列关于法定规则的表述中，正确的有（　　）。
A.履行期限不明确的，债务人可以随时履行，但债权人不可以随时请求履行
B.履行费用的负担不明确的，由权利人一方负担
C.履行地点不明确，支付货币的，在接受货币一方所在地履行
D.履行方式不明确的，按照有利于实现合同目的的方式履行

2.44 根据合同法律制度的规定，应当先履行债务的合同当事人，有确切证据证明对方当事人具有的下列情形中，可以行使不安抗辩权的有（　　）。
A.转移财产、抽逃资金，以逃避债务　　B.丧失商业信誉
C.经营状况严重恶化　　　　　　　　　D.变更经营方式

2.45 根据合同法律制度的规定，出卖人在与买受人订立商品房买卖合同时存在特定情形，导致合同无效或者被撤销，买受人可以请求出卖人返还已付购房款及利息、赔偿损失，并可以请求出卖人承担不超过已付购房款一倍的赔偿责任。下列各项中，属于该特定情形的有（　　）。
A.出卖人故意隐瞒没有取得商品房预售许可证明的事实
B.出卖人故意隐瞒所售房屋已经抵押的事实
C.出卖人故意隐瞒所售房屋已卖给第三方的事实
D.出卖人故意隐瞒所售房屋存在质量问题的事实

2.46 根据合同法律制度的规定，在订立合同过程中，当事人应当承担缔约过失责任的情形有（　　）。
A.假借订立合同，恶意进行磋商
B.一方当事人泄露订立合同过程中知悉的商业秘密
C.故意隐瞒与订立合同有关的重要事实
D.恶意串通，损害他人合法权益

2.47 根据担保法律制度规定，下列主体中，一般不得作为保证人的有（　　）。
A.机关法人　　　　　　　　　　　　　B.村民委员会
C.不具有完全代偿能力的法人　　　　　D.公立大学

2.48 根据担保法律制度规定，下列各项中，属于无效保证合同的有（　　）。
A.甲公立大学与乙银行签订保证合同，为丙企业的贷款提供保证
B.陈某与债权人李某签订的未约定保证担保范围的保证合同
C.甲行政机关与乙银行签订保证合同，为丙公司的贷款提供保证
D.甲公司的部门经理以该部门的名义与债权人签订的保证合同

2.49 陈某向李某借款10万元，并签订了借款合同。张某向李某单方面提交了保证书，李某接收未提出异议。但并未约定保证方式。借款到期后，陈某未清偿借款本息，经查，张某并不具有代偿能力。根据担保法律制度规定，下列表述中，不正确的有（　　）。
A.张某可以以自己不具有代偿能力为由主张保证合同无效
B.张某可以以自己未与李某签订保证合同为由主张保证合同不成立
C.张某须向李某承担一般保证责任
D.张某须向李某承担连带保证责任

2.50 根据合同法律制度的规定，一般保证人不得行使先诉抗辩权的情形包括（　　）。
A.人民法院受理破产案件，中止执行程序的
B.债务人下落不明，且无财产可供执行
C.债权人有证据证明债务人丧失履行能力
D.保证人以书面形式放弃先诉抗辩权

2.51 根据合同法律制度的规定，存在以下情况的，债务人可以将标的物提存的有（　　）。
A.债权人无正当理由拒绝受领合同标的
B.债权人下落不明
C.债权人死亡且未确定继承人
D.债务人履行债务的费用过高

2.52 2019年12月，甲公司向乙公司购买了一车煤炭，约定2020年1月底交货，并向公司付清了全部货款。2020年1月4日，甲公司委托乙公司修理一台运煤车，乙公司在一周后将该运煤车修好。截至2020年2月10日，乙公司并未交付上述煤炭，甲公司也未在双方约定的时间内支付维修费用。根据合同法律制度的规定，以下说法正确的有（　　）。
A.甲公司和乙公司可以协议抵销互相负有的债务
B.甲公司通知乙公司后，双方互相负有的债务在相同金额内抵销
C.由于甲公司未支付修理费用，因此乙公司可以留置该运煤车
D.由于甲公司未支付修理费用，乙公司可以就交付煤炭的债务对其行使同时履行抗辩权

2.53 根据合同法律制度的规定，有关违约金和定金的辨析，说法正确的有（　　）。
A.买卖合同约定定金的，发生违约情况后守约方不得要求违约方赔偿损失
B.当事人就同一合同的履行既约定定金、又约定违约金的，一方违约时，对方可以同时适用违约金和定金条款
C.当事人就迟延履行约定违约金的，违约方支付违约金后，还应当履行债务
D.当事人一方不完全履行合同，应当按照未履行部分所占比例适用定金罚则

2.54 某商场为促销健身器材，贴出告示，跑步机试用1个月，满意再付款。王某遂选定一款跑步机试用。根据合同法律制度的规定，试用期内发生的如下情况中可以视为王某同意购买该跑步机的有（　　）。
A.1个月期满后，王某对是否购买该跑步机未做表示
B.试用1周后，王某就该跑步机向该商场付款
C.试用2周后，王某将该跑步机在二手交易平台上出售给张某
D.试用期内，王某天天使用该跑步机

2.55 根据合同法律制度的规定，当事人未作特别约定的情况下，下列关于买卖合同标的物损毁、灭失风险承担的表述中，正确的有（　　）。
A.出卖人按照约定将标的物置于交付地点，买受人违反约定没有收取的，标的物毁损、灭失的风险自违反约定之日起由买受人承担
B.因买受人原因致使标的物不能按照约定的期限交付的，买受人应当自违反约定之日起承担标的物损毁、灭失的风险
C.出卖人按照约定未交付有关标的物的单证和资料的，不影响标的物损毁、灭失风险的转移
D.出卖人根据合同约定将标的物运送至买受人指定地点并交付给承运人后，标的物损毁、灭失的风险由买受人承担

2.56 根据合同法律制度的规定，赠与合同履行后，受赠人有特定行为时，赠与人有权撤销赠与合同。下列各项中，属于此类行为的有（　　）。
A.受赠人严重侵害赠与人的近亲属的合法权益
B.受赠人不履行赠与合同约定的义务
C.受赠人对赠与人有扶养义务而不履行
D.受赠人严重侵害赠与人的合法权益

2.57 根据合同法律制度的规定，下列关于借款利息的表述中，正确的有（　　）。
A.借款利息预先在本金中扣除的，应当按照实际借款数额返还借款并计算利息
B.自然人借款合同对支付利息没有约定的，应按照合同成立时1年期贷款市场报价利率支付利息
C.借款合同约定的利率不得超过合同成立时1年期贷款市场报价利率4倍
D.借贷双方对逾期利率的约定以不超过合同成立时1年期贷款市场报价利率4倍为限

2.58 关于租赁合同，如当事人之间无特别约定，根据合同法律制度的规定，以下说法中正确的有（　　）。
A.出租人应当在租赁期间保持租赁物符合约定的用途
B.承租人在租赁物需要维修时可以要求出租人在合理期限内维修
C.出租人未履行维修义务的，承租人可以自行维修，维修费用由出租人负担
D.因维修租赁物影响承租人使用的，应当相应减少租金或者延长租期

2.59 根据合同法律制度的规定，下列关于房屋租赁合同解除的表述中，正确的有（　　）。
A.承租人未经出租人同意转租房屋的，出租人可以解除合同
B.房屋租赁合同未办理登记备案手续的，承租人或出租人可以解除合同
C.租赁房屋因被司法机关查封无法使用的，承租人可以解除合同
D.租赁房屋危及承租人健康的，承租人可以随时解除合同

2.60 根据合同法律制度的规定，下列关于买卖合同的说法中，正确的有（　　）。
A.分期付款的买受人未支付到期价款的金额达到全部价款的1/3，经催告后在合理期限内仍未支付到期价款的，出卖人可以请求买受人支付全部价款或者解除合同
B.商品房买卖合同中，出卖人迟延交付房屋，经催告后在3个月的合理期限内仍未履行，除当事人另有约定外，当事人一方可以请求解除合同
C.在试用买卖中，标的物在试用期内毁损、灭失的风险由出卖人承担
D.所有权保留买卖合同中，出卖人对标的物的所有权，未经登记，不得对抗善意第三人

2.61 根据合同法律制度的规定，出租人出卖租赁房屋时，承租人享有以同等条件优先购买的权利。但在某些特殊情形下，承租人主张优先购买房屋的，人民法院不予支持。这些特殊情形包括（　　）。
A.出租人履行通知义务后，承租人在15日内未明确表示购买的
B.第三人善意购买租赁房屋但尚未办理登记手续的
C.租赁房屋共有人行使优先购买权的
D.出租人将租赁房屋出售给其侄子的

2.62 甲公司将一台设备出租给乙公司，双方以书面形式约定租赁期限30年，但没有约定租金的支付时间。之后，双方就租金支付时间不能达成补充协议，且按照合同有关条款或者交易习惯仍不能确定租金支付时间。根据合同法律制度的规定，以下说法正确的有（　　）。
A.该租赁合同约定的租赁期限超过法定上限，应属无效合同
B.该租赁合同约定的租赁期限超过法定上限，超过部分应属无效
C.乙公司应当在租赁期间届满时支付全部租金
D.乙公司应当在每届满1年时支付该年度租金

三、判断题

2.63 当事人采用合同书、确认书形式订立合同的，双方当事人签字盖章或者按指印的地点为合同成立的地点。双方当事人签字盖章或者按指印不在同一地点的，人民法院应当认定接受货币一方所在地为合同成立地点。　　　　（　　）

2.64 保证合同约定的保证期间早于或者等于主债务履行期限的，视为对保证期间没有约定，保证期间为主债务履行期届满之日起2年。　　　　（　　）

2.65 甲公司以厂房抵押向乙银行借款，双方签订了借款合同和抵押合同，则抵押合同是主合同，借款合同是从合同。（　　）

2.66 租赁期限届满，房屋承租人享有以同等条件优先承租的权利。（　　）

2.67 债权人转让债权，应取得债务人同意。（　　）

2.68 定金的数额由当事人约定，但不得超过主合同标的额的20%。当事人约定的定金数额超过主合同标的额20%，该约定无效。（　　）

2.69 张某向王某购买一本绝版古书，口头约定7月5日交付。同年7月1日，张某和王某所在城市遭遇洪水，该绝版古书被水泡烂。此时，王某可以主张解除其与张某就此订立的买卖合同。（　　）

2.70 所有权保留的买卖合同中，出卖人取回标的物后，买受人在双方约定的或者出卖人指定的回赎期间内，消除出卖人取回标的物的事由，主张回赎标的物的，人民法院应予支持。（　　）

2.71 某生产设备属于张某。李某向王某声称该设备属于自己，并愿意将其卖给王某，王某予以接受。由于李某对于该设备并无所有权，因此，该买卖合同无效。（　　）

2.72 甲、乙签订一买卖合同。合同约定：甲将100吨大米卖给乙，合同签订后3天内交货，交货后10天内付货款；合同签订后乙应向甲交付5万元定金，合同在交付定金时生效。合同订立后，乙未交付定金，甲按期向乙交付了货物，乙收货后无异议。付款期限届满后，乙以定金未交付合同不生效为由拒绝付款。乙不付款的理由成立。（　　）

2.73 合同终止的，不影响合同中独立存在的有关解决争议方法条款的效力。（　　）

2.74 租赁物危及承租人的安全或者健康的，承租人可以随时解除合同，但承租人订立合同时明知该租赁物质量不合格的除外。（　　）

2.75 承租人经出租人同意，可以将租赁物转租给第三人，在这种情况下，承租人与出租人之间的租赁合同继续有效，第三人对租赁物造成损失的，第三人应当赔偿损失。（　　）

2.76 借贷双方约定的利率超过1年期贷款市场报价利率的4倍，视为未约定利息。（　　）

2.77 陈某向李某借款5万元，借款期限1年，未约定利息。陈某还款时，李某可以要求陈某按银行同期贷款利率支付利息。（　　）

2.78 抵销不得附条件或者附期限。（　　）

2.79 承诺可以以口头形式作出，也可以书面形式作出。（　　）

2.80 赠与人故意不告知赠与财产的瑕疵，造成受赠人损失的，应当承担损害赔偿责任。（　　）

2.81 因标的物从物不符合约定而解除合同的，解除的效力及于主物。（　　）

答案与解析

一、单项选择题

2.1	B	2.2	A	2.3	B	2.4	C	2.5	D
2.6	C	2.7	B	2.8	A	2.9	B	2.10	D
2.11	C	2.12	D	2.13	B	2.14	A	2.15	C
2.16	A	2.17	A	2.18	B	2.19	C	2.20	C
2.21	B	2.22	C	2.23	C	2.24	C	2.25	A
2.26	D	2.27	B	2.28	D	2.29	A	2.30	B
2.31	A	2.32	B	2.33	B	2.34	B	2.35	A
2.36	D	2.37	A	2.38	C	2.39	D	2.40	A

二、多项选择题

2.41	ABCD	2.42	CD	2.43	CD	2.44	ABC	2.45	ABC
2.46	ABC	2.47	ABD	2.48	ACD	2.49	ABD	2.50	ABCD
2.51	ABC	2.52	AC	2.53	CD	2.54	ABC	2.55	ABCD
2.56	ABCD	2.57	ACD	2.58	ABCD	2.59	ACD	2.60	BCD
2.61	AC	2.62	BD						

三、判断题

2.63	×	2.64	×	2.65	×	2.66	√	2.67	×
2.68	×	2.69	√	2.70	√	2.71	×	2.72	×
2.73	√	2.74	×	2.75	×	2.76	×	2.77	×
2.78	√	2.79	√	2.80	√	2.81	×

一、单项选择题

2.1 斯尔解析　B　本题考查《民法典》合同编的适用范围。《民法典》合同编主要调整作为平等主体的自然人、法人、非法人组织之间的经济合同关系，如买卖、租赁、借贷、赠与、融资租赁等合同关系，选项B正确。在政府机关参与的合同中，政府机关作为平等的主体与对方签订合同时，适用合同编规定。婚姻、收养、监护等有关身份关系的协议，适用有关该身份关系的法律规定；没有规定的，可以根据其性质参照适用合同编规定，选项AC错误。我国境内的企业、个体经济组织、民办非企业单位等组织与劳动者之间，国家机关、事业单位、社会团体和与其建立劳动关系的劳动者之间，依法订立、履行、变更、解除或者终止劳动合同的，适用《劳动合同法》，选项D错误。

2.2 斯尔解析　A　本题考查要约撤销。要约不可撤销的情形具体包括：（1）要约人以确定承诺期限或者其他形式明示要约不可撤销（考试常考）；（2）受要约人有理由认为要约是不可撤销的，并已经为履行合同做了合理准备工作。本题中，要约人甲公司于7月1日发出的要约确定了承诺期限（要求乙公司1个月内作出答复），因此该要约不得撤销，本题选择选项A。

2.3 斯尔解析　B　本题考查要约失效情形。要约失效情形包括：（1）拒绝要约的通知到达要约人（选项D不当选）；（2）要约人依法撤销要约。在要约到达受要约人后、受要约人作出承诺前，要约人可以依法撤销要约。承诺作出后，要约人不得撤销要约，选项B所述不会导致要约失效，当选。（3）承诺期限届满，受要约人未作出承诺（选项A不当选）。（4）受要约人对要约的内容做出实质性变更（选项C不当选）。有关合同标的、数量、质量、价款或者报酬、履行期限、履行地点和方式、违约责任和解决争议方法等内容的变更，是对要约内容的实质性变更。本题应选择选项B。

2.4 斯尔解析　C　本题考查要约失效情形，考点比较灵活。在要约失效情形中，考查最多的情形为"受要约人对要约内容作出实质性变更"，有关合同标的、数量、质量、价款或者报酬、履行期限、履行地点和方式、违约责任和解决争议方法等内容的变更，是对要约内容的实质性变更。李某于8月1日向陈某作出的传真回复中，变更陈某要约中的付款方式，该项变更属于实质性变更，会导致陈某发出的要约失效，并导致李某于当日发出的传真回复成为新的要约，选项A所述错误。8月3日，李某再次发传真给陈某时，陈某此前发出的要约早已因为李某在8月1日发出的回复而失效，李某于8月3日发出的传真也只能构成新的要约，选项B所述错误，选项C所述正确。法律推定"默认"的情况十分有限，原则上，受要约人的沉默（"未表示反对"）不应被视为承诺，选项D所述错误。

2.5 【斯尔解析】 D 本题考查对要约、要约邀请、承诺的界定。甲厂10月8日的发函是希望他人向自己发出要约的意思表示，且未包含足以使合同成立的主要条件，当属要约邀请，选项A所述正确。乙厂10月10日的复函包含足以使合同成立的主要条件（5万元、一台X型号设备），且符合要约的其他条件，属于要约，选项B所述正确。甲厂10月12日的复函对乙厂10月10日的复函之内容进行了实质性改变（金额改变），导致乙厂10月10日发出的要约失效，甲厂10月12日的复函构成新要约，选项C所述正确。乙厂10月26日发函时，甲厂6万元的报价（要约）已经因为乙厂于10月19日发出的"还价"复函而失效，乙厂再就同样的条件发函已无法就该要约进行承诺，只能构成新的要约，选项D所述错误，本题应选择选项D。

2.6 【斯尔解析】 C 本题考查要约邀请与要约界定。用排除法选出选项C并不难，因为选项ABD均是教材明确列举的属于要约邀请的情况。但选项C之性质并非没有疑义：如果这台自动售货机只能一杯一杯地卖咖啡，则限制了每一次买卖的数量都是1杯，在"每杯一元"的情况下，标的物种类、数量、价格都是确定的，因此"每杯一元"构成要约；但是，如果这台自动售货机可以一次性制作好几杯咖啡，则每笔交易中咖啡的数量并不确定，应属要约邀请。

2.7 【斯尔解析】 B 本题考查承诺期限的起算。要约以信件或者电报作出的，承诺期限自信件载明的日期或者电报交发之日开始计算。信件未载明日期的，自投寄该信件的邮戳日期开始计算。本题中，赵某以信件形式发出的要约未载明日期，承诺期限起算日为加盖邮戳日期，即7月5日，选项B正确。

2.8 【斯尔解析】 A 本题考查合同内容约定不明时履行规则。合同生效后，当事人就质量、价款或者报酬、履行地点等内容没有约定或者约定不明确的，可以协议补充；不能达成补充协议的，按照合同有关条款或者交易习惯确定；仍不能确定的，履行方式不明确的，按照有利于实现合同目的的方式履行。本题应选择选项A。

2.9 【斯尔解析】 B 本题考查数据电文形式订立合同相关规定。以非对话方式作出的采用数据电文形式的意思表示，相对人指定特定系统接收数据电文的，该数据电文进入该特定系统时生效，选项B正确。未指定特定系统的，相对人知道或者应当知道该数据电文进入其系统时生效。当事人对采用数据电文形式的意思表示的生效时间另有约定的，按照其约定。

2.10 【斯尔解析】 D 本题考查抗辩权的界定。不安抗辩权的行使以先履行合同的当事人就后履行方丧失或可能丧失其履行债务能力掌握确切的证据为前提。这个前提的证明在实务中很有难度，教材举的例子是靠其他法院的认定，做题时一般靠题干的直接叙述，比如本题。甲公司作为先履行方有确切证据证明后履行方（乙公司）"负债严重，不能按时支付货款"，此时，甲公司就可以行使不安抗辩权，中止自己的履行，选项D正确。

2.11 斯尔解析　C　本题考查代位权的行使。代位权的行使对象为债务人对第三人享有合法债权或者与该债权有关的从权利。专属于债务人自身的权利，债权人不得行使代位权，该等权利包括：（1）基于扶养关系、抚养关系、赡养关系、继承关系产生的给付请求权；（2）劳动报酬（选项A不当选）、退休金、养老金（选项B不当选）、抚恤金（选项D不当选）、安置费；（3）人寿保险、人身伤害赔偿请求权。本题选择选项C。

2.12 斯尔解析　D　本题考查债权人撤销权行使相关规定。债权人行使撤销权、行使代位权均应以自己的名义行使，选项A不当选。撤销权自债权人知道或者应当知道撤销事由之日起1年内行使。自债务人的行为发生之日起5年内没有行使撤销权的，该撤销权消灭，选项B不当选。撤销权的行使范围以债权人的债权为限，选项C不当选。债权人行使撤销权的必要费用，由债务人而非债权人负担，选项D当选。

2.13 斯尔解析　B　本题考查债权人撤销权。甲公司放弃了其对丙公司的到期债权，属于处分其财产的行为；同时，由于甲公司已经无力偿付其对乙公司负有的货款债务，该行为会危害乙公司债权的实现，乙公司可以就该债务豁免的行为行使撤销权，选项B正确。选项A所述情况属于行使代位权的情况，鉴于题干所述情况发生后，甲公司对丙公司的债权已因为甲公司的债务豁免而消失，乙公司已无就此行使代位权的空间，选项A错误。债权人行使撤销权的必要费用由债务人承担，而非由次债务人（丙公司）承担，选项C错误。撤销权自债权人知道或者应当知道撤销事由之日起1年内行使，选项D错误。

2.14 斯尔解析　A　本题考查保证期间。保证人与债权人约定保证期间的，按照约定执行。未约定的，保证期间为6个月。本题应选择选项A。

2.15 斯尔解析　C　本题考查保证人及保证方式。公立幼儿园属于以公益为目的的非营利法人或非法人组织，不得作为保证人，选项A错误。第三人单方以书面形式向债权人作出保证，债权人接收且未提出异议的，保证合同成立，选项D错误。当事人就保证方式没有约定或者约定不明的，保证人按照一般保证承担保证责任，选项C正确、选项B错误。

2.16 斯尔解析　A　本题考查债务给付的清偿抵充问题。根据《民法典》规定，王某先后两次向李某借款，数额均为100万元，借款当时均有担保。2020年王某还款时，2016年的借款已到期，2019年的借款尚未到期，所以，王某归还的100万元应当优先抵充2016年的借款。虽然2020年王某还款时，2016年借款的保证因保证期间届满而失效，相当于已无担保，但本题中债务抵充的顺序应先按照债务是否到期确定，选项A正确。

2.17 斯尔解析　A　本题考查合同成立的时间。当事人一方通过互联网等信息网络发布的商品或者服务信息符合要约条件的，对方选择该商品或者服务并提交订单成功时合同成立，但当事人另有约定除外，选项A正确。

2.18 斯尔解析　B　本题考查代位权的行使。债权人必须以自己的名义通过诉讼形式行使代位权，选项A错误。代位权诉讼中，债权人胜诉的，诉讼费用由次债务人负担，选项C错误。债权人行使代位权的必要费用，由债务人负担，选项D错误。本题应选择选项B。

2.19 【斯尔解析】 C 本题考查三个知识点，均与定金罚则相关：（1）因合同关系以外第三人的过错致使主合同不能履行的，适用定金罚则；（2）当事人一方不完全履行合同的，应当按照未履行部分所占合同约定内容的比例适用定金罚则；（3）因不可抗力、意外事件致使主合同不能履行的，不适用定金罚则。丙不能自行扣押、变卖甲公司的财产，除非经甲同意或者通过法院执行程序实施，题述情形属于因不可抗力、因第三人的原因导致合同不能履行，甲公司应当按比例（一半）适用定金罚则，选项C正确。

2.20 【斯尔解析】 C 本题考查合同义务转移。合同义务（债务）全部转移的，应当经债权人（乙公司）同意，新债务人（丙公司）成为合同一方当事人，若不履行义务，债权人（乙公司）可以向其请求履行债务或承担违约责任，本题选择选项C。

2.21 【斯尔解析】 B 本题考查承担违约责任的形式。包括继续履行、采取补救措施、赔偿损失、支付违约金。选项B不属于违约责任的形式，不当选。

2.22 【斯尔解析】 C 本题考查由第三人履行的合同。在由第三人履行的合同中，合同以债权人、债务人为合同双方当事人，第三人不是合同的当事人。第三人（李某）不履行债务或履行债务不符合约定的，债务人（王某）应当向债权人（张某）承担违约责任，本题选择选项C。

2.23 【斯尔解析】 C 本题考查合同权利转让（债权转让）。债权人（李某）转让权利无须经债务人（陈某）同意，选项AD错误。债务人接到债权转让通知后，债权让与行为对债务人生效，债务人应对受让人（王某）履行义务，选项C正确、选项B错误。

2.24 【斯尔解析】 C 本题考查法人分立后债权债务关系的处理。当事人订立合同后分立的，除债权人和债务人另有约定的以外，由分立的法人或者其他组织对合同的权利和义务享有连带债权，承担连带债务。值得注意的是，可以影响企业分立后对外承担债务方式的约定，必须是与债权人达成的约定，而不是分立后企业之间的约定。题干中，"按3：7的比例分担"之约定在分立后的甲、丙公司之间达成，作为债权人的乙公司并未同意。即使有该约定，甲、丙公司仍应对债权人乙公司承担连带责任，选项C正确。

2.25 【斯尔解析】 A 本题考查合同的解除。张某与王某就古董花瓶的买卖达成口头合同，但王某以自己的行为（砸碎古董花瓶）表明不履行该合同，属于合同法定解除情形之一。张某因此享有法定的解除权，选项A正确、选项B错误。当事人行使合同的法定解除权可以通知的方式进行，未必需要通过诉讼进行，选项C错误。古董花瓶仅此一个，砸碎后的确会导致买卖合同无法履行。但是相关权利义务关系并非因此消灭，张某可以基于买卖合同向王某主张违约责任，选项D错误。

2.26 【斯尔解析】 D 本题考查提存。题述情况符合提存的法定条件，债务人乙公司可以就该批货物提存，但提存后应及时通知债权人甲公司，选项A错误。提存期间，标的物的孳息归债权人所有，提存费用由债权人负担，选项B错误。标的物提存后，毁损、灭失的风险由债权人承担，选项C错误。

2.27 斯尔解析 B 本题考查买卖合同标的物风险负担。出卖人按照约定或者依照法律规定将标的物置于交付地点，买受人违反约定没有收取的，标的物毁损、灭失的风险自违反约定之日起由买受人承担。题述情形中，买受人甲公司未在约定的时间收取货物，货物因雷击灭失后，损失由甲公司承担。本题应选择选项B。

2.28 斯尔解析 D 本题考查主合同变更保证人如何承担保证责任。保证期间，债权人与债务人对主合同数量、价款、币种、利率等内容做了变动，未经保证人书面同意的，如果减轻债务人债务的，保证人仍应当对变更后的合同承担保证责任；选项B错误，丙公司应当对50万借款承担保证责任。如果加重债务人债务的，保证人对加重的部分不承担保证责任，选项A错误，丙公司应当对100万借款承担保证责任。债权人与债务人对主合同履行期限做了变动，未经保证人书面同意的，保证期间为原合同约定的或者法律规定的期间。选项C错误，未经丙公司同意，甲乙二公司延长借款期限，保证期间不变，即为2022年1月1日至2022年6月30日。保证期间，债权人许可债务人转让债务的，应当取得保证人书面同意，保证人对未经其同意转让的债务部分，不再承担保证责任。丙公司无需承担保证责任，选项D正确。

2.29 斯尔解析 A 本题考查试用买卖合同使用费的支付。试用买卖的当事人没有约定使用费或者约定不明确，出卖人主张买受人支付使用费的，人民法院不予支持。本题应选择选项A。

2.30 斯尔解析 B 本题考查"一物多卖"。出卖人就同一普通动产订立多重买卖合同，在买卖合同均有效的情况下，先行受领交付的买受人请求确认所有权已经转移的，人民法院应予支持；均未受领交付，先行支付价款的买受人请求出卖人履行交付标的物等合同义务的，人民法院应予支持；均未受领交付，也未支付价款，依法成立在先合同的买受人请求出卖人履行交付标的物等合同义务的，人民法院应予支持，选项A表述正确，选项B表述错误。由于张某将该名牌包交给陈某，其已经以自己的行为表明不履行其与李某之间的买卖合同，属于合同法定解除情形。李某可以主张解除该合同，也可以就此要求张某承担违约责任，选项CD表述均正确。本题应选择选项B。

2.31 斯尔解析 A 本题考查普通动产"一物多卖"。出卖人就同一普通动产订立多重买卖合同，在买卖合同均有效的情况下，先行受领交付的买受人请求确认所有权已经转移的，人民法院应予支持；均未受领交付，先行支付价款的买受人请求出卖人履行交付标的物等合同义务的，人民法院应予支持；均未受领交付，也未支付价款，依法成立在先合同的买受人请求出卖人履行交付标的物等合同义务的，人民法院应予支持（交付→付款→合同订立先后）。题述情形下，因张某未交付画作，此时，人民法院应支持已经支付价款的林某对张某交付画作的请求。本题应选择选项A。

2.32 斯尔解析 B 本题考查特殊动产"一物多卖"。题述情况本身不会导致买卖合同无效，选项A错误。出卖人就同一船舶、航空器、机动车等特殊动产订立多重买卖合同，在买卖合同均有效的情况下，买受人均要求实际履行合同的，先行受领交付的买受人请求出卖人履行办理所有权转移登记手续等合同义务的，人民法院应予支持；均未受领交付，先行办理所有权转移登记手续的买受人请求出卖人履行交付标的物等合同义务的，人民法院应予支持；均未受领交付，也未办理所有权转移登记手续，依法成立在先合同的买受人请求出卖人履行交付标的物和办理所有权转移登记手续等合同义务的，人民法院应予支持（交付→登记→合同订立先后）。本题中，赵某已将货车交付钱某，即使先前已为孙某办理了该货车所有权转移登记，但货车的所有权仍归属于钱某，本题应选择选项B。

2.33 斯尔解析 B 本题考查抗辩权的行使。后履行抗辩权是指合同当事人互负债务，有先后履行顺序，先履行一方未履行的，后履行一方有权拒绝其履行要求。先履行一方履行债务不符合约定的，后履行一方有权拒绝其相应的履行要求。在本题中，甲乙履行合同有先后顺序，甲作为先履行的一方未履行，乙作为后履行的一方享有后履行抗辩权。本题应选择选项B。

2.34 斯尔解析 B 本题考查"买卖不破租赁"的规则。租赁物在租赁期间内发生所有权变动的，不影响租赁合同的效力。此外，租赁相关情况一般都不会对租赁标的的买卖合同之效力造成影响，本题应选择选项B。

2.35 斯尔解析 A 本题考查自然人之间的借款合同的利息支付。题述情形属于民间借贷合同中特殊情形，即借款合同双方均为自然人。此类借款合同对支付利息没有约定或约定不明确的，视为没有利息，选项A正确。

2.36 斯尔解析 D 本题考查借款合同利息：（1）自然人之间的借款合同对支付利息没有约定或者约定不明确的，视为不支付利息，选项AB错误。（2）既未约定借期内利率，也未约定逾期利率，出借人主张借款人自逾期还款之日起承担逾期还款违约责任的，人民法院应予支持。此种情形下，法条只强调要承担逾期还款的违约责任，并未明确按照特定的标准支付利息。选项C错误、选项D正确。

2.37 斯尔解析 A 本题考查融资租赁合同，考点较为综合。租赁物不符合约定或者不符合使用目的的，出租人不承担责任；但是，承租人依赖出租人的技能确定租赁物或者出租人干预选择租赁物的除外，选项A正确。出租人根据承租人对出卖人、租赁物的选择订立的买卖合同，未经承租人同意，出租人不得变更与承租人有关的合同内容，选项B错误。承租人占有租赁物期间，租赁物造成第三人人身损害或者财产损失的，出租人不承担责任，选项C错误。出租人对租赁物享有的所有权，未经登记，不得对抗善意第三人，选项D错误。本题应选择选项A。

2.38 斯尔解析 C 本题考查融资租赁合同的租赁物归属。融资租赁期间，出租人享有租赁物的所有权，承租人破产的，租赁物不属于破产财产，本题选择选项C。

2.39 斯尔解析 D 本题考查赠与的撤销。具有救灾、扶贫等社会公益道德义务性质的赠与合同或者经过公证的赠与合同，不得撤销。本题选项A所述赠与具有救灾性质、选项B所述赠与具有扶贫性质、选项C所述赠与已办理公证，因此均不得撤销。赠与人在赠与财产的权利转移之前可以撤销赠与，已经给付或部分给付的，对已给付的部分不得撤销，选项D所述甲公司向乙公司赠与的房产尚未过户，财产的权利尚未转移，故可以撤销。本题应选择选项D。

2.40　斯尔解析　A　本题考查赠与的撤销。经过公证的赠与合同不得撤销，选项CD错误、选项A正确。值得一提的是选项B，王某的确是限制民事行为能力人，但赠与合同对于王某来说是纯获益的法律行为，王某可以独立实施，独立实施后应属有效。

二、多项选择题

2.41　斯尔解析　ABCD　本题考查要约失效的情形。出现下列事由之一，会导致要约失效：（1）拒绝要约的通知到达要约人（选项B当选）；（2）要约人依法撤销要约（选项D当选）；（3）承诺期限届满，受要约人未作出承诺（选项A当选）；（4）受要约人对要约的内容做出实质性变更（选项C当选）。

2.42　斯尔解析　CD　本题考查无效格式条款。对格式条款的理解发生争议的，应当按照通常理解予以解释。对格式条款有两种以上解释的，应当作出不利于提供格式条款一方的解释，选项AB所述情况并不属于导致格式合同、格式条款无效的事由，不当选。格式条款有造成对方人身伤害的免责条款，有因故意或重大过失造成对方财产损失的免责条款的，无效，选项CD所述情况属于无效格式条款，当选。

2.43　斯尔解析　CD　本题考查合同约定不明时的履行规则。履行期限不明确的，债务人可以随时履行，债权人也可以随时请求履行，但应当给对方必要的准备时间，选项A错误。履行费用的负担不明确的，由履行义务一方负担，选项B错误。本题应选择选项CD。

2.44　斯尔解析　ABC　本题考查不安抗辩权的行使条件。应当先履行债务的当事人，有确切证据证明对方有下列情形之一的，可以中止履行：（1）经营状况严重恶化（选项C当选）；（2）转移财产、抽逃资金，以逃避债务（选项A当选）；（3）丧失商业信誉（选项B当选）；（4）有丧失或可能丧失履行债务能力的其他情形。基于此可知，当债权人有确切证据证明债务人的经营状况发生严重的不利变动时，债权人可以行使不安抗辩权。"变更经营方式"对债务人的影响既可能是正面的，也可能是负面的，其并不当然构成债权人可以行使不安抗辩权的事由，选项D不当选。

2.45　斯尔解析　ABC　本题考查商品房买卖合同惩罚性赔偿金的适用情形。从违约责任章节可以看出，民法对于违约的一般原则是"损失填补"，违约方应当支付的赔偿款项不能超过守约方的损失。所谓"惩罚性赔偿"在民法里属于特例，具有比较强的行政管理色彩。我国规定的上述适用惩罚性赔偿的情况主要是针对房地产行业的一些乱象设置的，比如没有取得预售许可就开盘售卖（选项A当选）、房屋已经抵押或者或已经出售给他人后继续售卖（选项BC当选），本题选择选项ABC。

2.46　斯尔解析　ABC　本题考查缔约过失责任。在订立合同过程中有下列情形之一，给对方造成损失，应当承担缔约过失责任：（1）假借订立合同，恶意进行磋商（选项A当选）；（2）故意隐瞒与订立合同有关的重要事实或者提供虚假情况（选项C当选）；（3）当事人泄露或不正当地使用在订立合同过程中知悉的商业秘密或其他应当保密的信息（选项B当选）；（4）有其他违背诚实信用

第二章·合同法律制度 基础进阶 中级

原则的行为。选项D所述属于无效合同，当事人对此有过错，应当承担赔偿责任而非缔约过失责任，不当选。

2.47 **斯尔解析** **ABD** 本题考查保证人资格。

（1）机关法人原则上不得为保证人。但是，经过国务院批准，为使用外国政府或者国际经济组织贷款进行转贷而发生的债权，机关法人可以充当保证人（选项A）。

（2）居民委员会、村民委员会不得为保证人，但是依法代行村集体经济组织职能的村民委员会，依照村民委员会组织法规定的讨论决定程序对外提供担保的除外（选项B）。

（3）以公益为目的的非营利法人、非法人组织不得为保证人。

（4）不具有完全代偿能力的法人、其他组织或者自然人，以保证人身份订立保证合同后，不得以自己没有代偿能力要求免除保证责任（选项D）。

换言之，"不具有代偿能力"并不当然导致法人不得作为保证人。本题应选择选项ABD。

2.48 **斯尔解析** **ACD** 本题考查保证合同无效情形。公立大学属于以公益为目的的非营利法人，不得作为保证人，其所订立的保证合同为无效保证合同，选项A当选。当事人对保证担保的范围没有约定或者约定不明确的，保证人应当对全部债务承担责任。全部债务包括主债权及利息、违约金、损害赔偿金和实现债权的费用。未约定担保范围，不影响保证合同效力，选项B不当选。行政机关以公益为目的，除例外情况外，不得作为保证人，保证合同无效，选项C当选。企业法人的职能部门不能作为保证人，其作为保证人所订立的保证合同无效，选项D当选，本题选择选项ACD。

2.49 **斯尔解析** **ABD** 本题考点较为综合，从保证人的资格、保证方式的确定、保证合同的形式等维度进行考查。"张某向李某单方面提交了保证书，李某接收未提出异议"这属于保证合同法定形式之一，保证合同成立并生效。未约定保证方式，保证人张某应当承担一般保证责任。法律规定，不具有完全代偿能力的法人、其他组织或者自然人，以保证人身份订立保证合同后，又以自己没有代偿能力要求免除保证责任的，人民法院不予支持。换言之，"不具有代偿能力"并不当然导致法人不得作为保证人。本题应选择选项ABD。

2.50 **斯尔解析** **ABCD** 本题考查一般保证人不得行使先诉抗辩权的情形。有下列情形之一的，保证人不得行使先诉抗辩权：（1）债务人住所变更，致使债权人要求其履行债务发生重大困难的，如债务人下落不明、移居境外，且无财产可供执行（选项B当选）；（2）人民法院受理债务人破产案件，中止执行程序的（选项A当选）；（3）债权人有证据证明债务人的财产不足以履行全部债务或者丧失履行债务能力的（选项C当选）；（4）保证人以书面形式放弃先诉抗辩权的（选项D当选）。

2.51 **斯尔解析** **ABC** 本题考查提存适用情形。提存适用于债务人欲履行合同义务但无法履行的情形。具体包括：（1）债权人无正当理由拒绝受领。（2）债权人下落不明。（3）债权人死亡未确定继承人、遗产管理人或者丧失民事行为能力未确定监护人。本题中，选项ABC所述均为法定提存情形。选项D所述情形不得提存。本题应选择选项ABC。

2.52 斯尔解析 AC 本题考查抵销、留置与同时履行抗辩权。当事人互负债务，标的物种类、品质不相同的，经双方协商一致，也可以抵销，此为约定抵销。本题中，甲公司和乙公司互相负有的到期债务之内容并不相同，不符合法定抵销的条件，但仍然可以由双方当事人通过约定抵销，选项A正确，选项B错误。由于甲公司未支付修理费用（即未履行到期债务），乙公司可以就其占有的属于甲公司的运煤车行使留置权，选项C正确。同时履行抗辩权的行使以同一双务合同法律关系为前提，题干中煤炭买卖与运煤车修理分属不同法律关系，乙公司不得基于甲公司未支付修理费用的情况就交付煤炭的债务对甲公司行使同时履行抗辩权，选项D错误。

2.53 斯尔解析 CD 本题考查违约责任，考点较为综合。买卖合同约定的定金不足以弥补一方违约造成的损失，对方请求赔偿超过定金部分的损失的，人民法院可以并处，选项A错误。在同一合同中，当事人既约定违约金，又约定定金的，一方违约时，对方可以选择适用违约金或者定金条款，即二者择一适用，选项B错误。

2.54 斯尔解析 ABC 本题考查试用买卖。试用期间届满，买受人对是否购买标的物未作表示的，视为购买，选项A正确。试用买卖的买受人在试用期内已经支付部分价款或者对标的物实施出卖、出租、设立担保物权等行为的，视为同意购买，选项BC正确。本题应选择选项ABC。

2.55 斯尔解析 ABCD 本题考查买卖合同标的物风险负担。标的物毁损、灭失的风险，在标的物交付之前由出卖人承担，交付之后由买受人承担，但是法律另有规定或者当事人另有约定的除外，选项D正确。此规则为一般规定，若因出卖人/买受人原因导致无法交付，虽然未完成交付，但风险已经转移至对方，选项AB正确。出卖人未交付单证等资料的，不影响风险转移，选项C正确。

2.56 斯尔解析 ABCD 本题考查赠与合同可撤销的情形。受赠人有下列法律规定的情形之一的，赠与人可以撤销赠与：（1）严重侵害赠与人或者赠与人近亲属的合法权益（选项AD正确）；（2）对赠与人有扶养义务而不履行（选项C正确）；（3）不履行赠与合同约定的义务（选项B正确）。

2.57 斯尔解析 ACD 本题考查借款合同利息。自然人之间借款合同对支付利息没有约定，该借款合同视为没有利息，选项B错误。

2.58 斯尔解析 ABCD 本题考查租赁物维修。选项ABCD均正确。

2.59 斯尔解析 ACD 本题考查房屋租赁合同的解除。当事人未依照法律、行政法规规定办理租赁合同登记备案手续的，不影响合同的效力，租赁双方也不得就此主张解除租赁合同，选项B错误。

2.60 斯尔解析 BCD 本题考查买卖合同相关规定。分期付款的买受人未支付到期价款的金额达到全部价款的1/5，经催告后在合理期限内仍未支付到期价款的，出卖人可以请求买受人支付全部价款或者解除合同，选项A错误。出卖人解除合同的，可以向买受人请求支付该标的物的使用费。出卖人迟延交付房屋或者买受人迟延支付购房款，经催告后在3个月的合理期限内仍未履行，当事人一方请求解除合同的，应予支持，但当事人另有约定的除外，选项B正确。选项CD所述均正确，本题应选择BCD。

2.61 斯尔解析 AC 本题考查房屋租赁合同承租人优先购买权。选项BD均具有一定干扰性：（1）第三人善意购买租赁房屋并已经办理登记手续的，人民法院不支持承租人优先购买的主张。选项B所述情况下第三人虽为善意，但尚未就房屋办理过户登记，承租人依然可以主张优先购买。因此不应选。（2）出租人将房屋出卖给近亲属的，人民法院不支持承租人主张优先购买，近亲属的范围是"配偶、父母、子女、兄弟姐妹、祖父母、外祖父母、孙子女、外孙子女"，不包括"侄子"，选项D不应选。此外，选项AC所述均为承租人不得对承租房屋主张优先购买权的情况，当选。

2.62 斯尔解析 BD 本题考查租赁合同期限以及租金支付方式。首先，双方约定的租赁期限超过法定上限（20年），超过部分（10年）无效，该情况并不会导致租赁合同无效，选项A错误、选项B正确。其次，双方对租金支付时间没有约定，且不能达成补充协议，按照合同有关条款或者交易习惯仍不能确定。在此情况下，由于双方有效的租赁期限（20年）超过1年，乙公司应当在租赁期间每届满1年时支付当年租金，选项C错误、选项D正确。

三、判断题

2.63 斯尔解析 × 本题考查合同成立地点。当事人采用合同书、确认书形式订立合同的，双方当事人签字盖章或者按指印的地点为合同成立的地点。双方当事人签字盖章或者按指印不在同一地点的，人民法院应当认定最后签字盖章或者按指印的地点为合同成立地点，本题所述错误。

2.64 斯尔解析 × 本题考查保证期间规定。保证合同约定的保证期间早于或者等于主债务履行期限的，视为对保证期间没有约定，保证期间为6个月，而非2年，本题所述错误。

2.65 斯尔解析 × 本题考查借款合同与抵押合同的性质。借款合同是主合同，抵押合同是从合同，本题所述错误。

2.66 斯尔解析 √ 本题考查房屋承租人的优先承租权。

2.67 斯尔解析 × 本题考查债权转让。债权人转让债权，无须经债务人同意，但应当通知债务人。未通知债务人的，该转让对债务人不发生效力，本题所述错误。

2.68 斯尔解析 × 本题考查定金的上限。仅超过主合同标的额20%的部分定金约定无效；该情况并不会导致整个关于定金约定无效，本题所述错误。

2.69 斯尔解析 √ 本题考查合同法定解除情形。首先，洪水属于不可抗力。其次，古书既然是"绝版"，就意味着没有第二本相同的书。这本绝版古书被水泡烂后，该买卖合同的目的已经不能实现，因此双方均可主张解除该买卖合同。本题所述正确。

2.70 斯尔解析 √ 本题考查所有权保留买卖合同。

2.71 斯尔解析 × 本题考查无权处分下所订立合同是否有效。当事人一方以出卖人在缔约时对标的物没有所有权或者处分权为由主张合同无效的，人民法院不予支持。本题中，李某虽然对买卖合同的标的不具有处分权，但该情况并不影响买卖合同的效力，本题所述错误。

2.72　斯尔解析　×　这题的理论性很强，考了三个理论知识点：合同可分性、事实合同、实践合同。首先，根据合同可分性，买卖关系和定金关系是两个法律关系，应分别判断其生效与否。其次，就买卖关系而言，甲按期履行义务（交付货物），乙予以接受（收货后无异议），根据事实合同的原理，买卖合同已经成立并生效，乙应该就此付款。最后，定金合同是实践合同，乙未交付定金，定金合同未成立，本题所述错误。

2.73　斯尔解析　√　本题考查合同中关于解决争议的方法、结算和清理条款的效力。本题所述正确。

2.74　斯尔解析　×　本题考查租赁合同解除。租赁物危及承租人的安全或者健康的，即使承租人订立合同时明知该租赁物质量不合格，承租人仍然可以随时解除合同，本题所述错误。

2.75　斯尔解析　×　本题考查转租。承租人经出租人同意，可以将租赁物转租给第三人，在这种情况下，承租人与出租人之间的租赁合同继续有效，第三人对租赁物造成损失的，承租人应当赔偿损失，本题所述错误。

2.76　斯尔解析　×　借贷双方约定的利率超过1年期贷款市场报价利率的4倍，超过部分的利息约定无效，该情况并不会导致"视为未约定利息"的后果。本题所述错误。

2.77　斯尔解析　×　自然人之间的借款合同对支付利息没有约定或者约定不明确的，视为不支付利息，本题所述错误。

2.78　斯尔解析　√　本题考查抵销。

2.79　斯尔解析　√　本题考查承诺的形式。

2.80　斯尔解析　√　本题考查赠与人权利义务。

2.81　斯尔解析　×　本题考查买卖合同标的物的其他规定。因标的物的主物不符合约定而解除合同的，解除合同的效力及于从物。因标的物的从物不符合约定被解除的，解除的效力不及于主物。本题所述错误。

第三章 物权法律制度

一、单项选择题

3.1 遗失物自发布招领公告之日起（　　）内无人认领的，归国家所有。
A.3个月　　　　　　B.6个月　　　　　　C.1年　　　　　　D.2年

3.2 根据物权法律制度的规定，下列关于更正登记与异议登记的表述中，正确的是（　　）。
A.更正登记的申请人可以是权利人，也可以是利害关系人
B.提起更正登记之前，须先提起异议登记
C.异议登记之日起10日内申请人不起诉的，异议登记失效
D.异议登记不当造成权利人损害的，登记机关应承担损害赔偿责任

3.3 张三将自己手机出租给李四使用，租赁期间，张三又将手机卖给王五，并与王五约定于租期届满时由王五直接向李四请求返还手机。张三与王五之间变动物权的交付方式属于（　　）。
A.指示交付　　　　B.现实交付　　　　C.占有改定　　　　D.简易交付

3.4 2022年3月10日，甲借用乙的轿车一辆，双方约定借期1个月。3月22日，甲决定买下该轿车，于是发微信告知乙。3月23日，乙回复同意。3月25日，甲将购车款项通过银行转账方式支付给乙。根据物权法律制度规定，甲取得该轿车所有权的时间是（　　）。
A.3月10日　　　　B.3月22日　　　　C.3月23日　　　　D.3月25日

3.5 根据物权法律制度的规定，下列财产中，可用于设立抵押权的是（　　）。
A.土地所有权　　　　　　　　　　B.被法院查封的车辆
C.所有权有争议的房屋　　　　　　D.正在建造的船舶

3.6 生产手机的甲企业将其现有的以及将有的生产设备、原材料、半成品、产品一并抵押给乙银行，并办理抵押登记。抵押期间，甲企业未经乙银行同意以合理价格将一批手机出售给知情的丙公司，丙公司如数支付价款后取走该批手机。后甲企业不能向乙银行履行到期债务，乙银行拟行使抵押权。根据物权法律制度规定，下列关于乙银行抵押权效力的表述中，正确的是（　　）。
A.该抵押权已成立且可以对抗知情的丙公司
B.该抵押权因未办理抵押登记而不能成立
C.该抵押权因抵押物不特定而不能成立
D.该抵押权已成立但不得对抗丙公司

3.7 甲企业主要从事生产、销售轮胎业务，向乙银行贷款时，以1 000套轮胎抵押给乙银行，双方签订了书面抵押合同，并办理抵押登记。抵押期间，甲企业未经乙银行同意，以合理价格将50套出卖给知道该批轮胎已抵押的丙公司，并已交付，丙公司亦按照市价支付了轮胎价款。后甲企业到期无力偿还贷款。根据物权法律制度的规定，下列关于乙银行能否对已出卖给丙公司的50套轮胎主张抵押权的表述中，正确的是（   ）。
A.不能主张，乙银行的抵押权不能对抗正常经营活动中已支付合理价款并取得抵押财产的买受人
B.不能主张，乙银行的抵押权因未办理抵押登记而未设立
C.可以主张，因甲企业未经乙银行同意处分抵押物，属于无效行为
D.可以主张，乙银行的抵押权虽未经登记，但已设立，只是不得对抗善意第三人

3.8 红中公司以其房屋作抵押，先后向甲银行借款300万元，乙银行借款600万元，丙银行借款900万元，并依次办理了抵押登记。后丙银行与甲银行商定交换各自抵押权的顺位，并办理了变更登记，但乙银行对此并不知情。因红中公司无力偿还三家银行的到期债务，银行拍卖其房屋，仅拍得价款1 200万元。根据物权法律制度的规定，关于三家银行对该价款的分配，下列选项中，正确的是（   ）。
A.甲银行300万元、乙银行600万元、丙银行300万元
B.甲银行得不到清偿、乙银行600万元、丙银行600万元
C.甲银行得不到清偿、乙银行300万元、丙银行900万元
D.甲银行400万元、乙银行400万元、丙银行400万元

3.9 张三向李四借款，为担保债务履行，将一台电脑出质给李四。李四不慎将电脑损坏。根据物权法律制度的规定，下列表述中，正确的是（   ）。
A.张三有权拒绝归还借款并要求李四赔偿损失
B.张三有权要求解除质押合同
C.张三有权要求李四赔偿损失
D.张三有权要求延期还款

3.10 甲公司欠乙公司工程款200万元，丙公司提供机器设备为该笔借款设定抵押权，丁公司为该笔借款提供保证。根据物权法律制度的规定，甲公司届期不支付货款，下列表述正确的是（   ）。
A.乙公司应先就机器设备行使抵押权
B.乙公司应先行请求丁公司承担保证责任
C.乙公司应同时要求丙公司和丁公司各承担一半的清偿责任
D.乙公司可以先就机器设备行使抵押权

3.11 甲、乙、丙三兄弟共同继承一幅古董字画，由甲保管。甲擅自将该画以市场价出卖给丁并已交付，丁对该画的共有权属关系并不知情。根据物权法律制度的规定，下列表述中，正确的是（　　）。
A.丁取得该画的所有权，但须以乙和丙均追认为前提
B.无论乙和丙追认与否，丁均不能取得该画的所有权
C.无论乙和丙追认与否，丁均可取得该画的所有权
D.经乙和丙中一人追认，丁即可取得该画的所有权

二、多项选择题

3.12 根据物权法律制度的规定，关于预告登记，说法不正确的有（　　）。
A.预告登记后，未经预告登记的权利人同意，转让该不动产的，不发生物权效力
B.预告登记后，自能够进行不动产登记之日起180日内未申请登记的，预告登记失效
C.预告登记后，债权消灭的，预告登记失效
D.预告登记后，未经预告登记的权利人同意，将改不动产设立抵押权，可以发生物权效力

3.13 因人民法院、仲裁机构的法律文书或者人民政府的征收决定等，导致物权设立、变更、转让或者消灭的，自法律文书或者征收决定等生效时发生效力。上述法律文书包括（　　）。
A.人民法院作出并依法生效的改变原有物权关系的调解书
B.人民法院在执行程序中作出的拍卖成交裁定书
C.仲裁机构作出并依法生效的改变原有物权关系的调解书
D.人民法院在执行程序中作出的以物抵债裁定书

3.14 下列不动产物权登记中，属于非基于法律行为发生物权变动的有（　　）。
A.甲将继承所得房屋登记到自己名下
B.根据人民法院生效判决书，将某房屋判归乙所有
C.丙丁二人订立买卖合同买卖房屋，并完成房屋的转移登记
D.戊自建房屋

3.15 根据物权法律制度的规定，用益物权包括（　　）。
A.宅基地使用权　　　　　　　　B.抵押权
C.建设用地使用权　　　　　　　D.质权

3.16 根据物权法律制度的规定，下列关于物权设立的说法中，不符合规定的有（　　）。
A.以正在建造的船舶、航空器抵押的，抵押权自完成抵押登记时设立
B.居住权自登记时设立
C.建设用地使用权自建设用地使用权出让合同生效时设立
D.土地承包经营权自合同生效时设立

3.17 李某将一价值10万元的项链托其朋友王某保管。保管期间，王某因急需用钱，擅自将该项链以9.5万元卖给不知情的陈某。陈某取得项链后不慎丢失，项链被赵某拾得，赵某将该项链以9万元卖给其邻居郑某。3个月后陈某获知项链在郑某处，与郑某就项链所有权归属产生纠纷。关于本案，下列说法正确的有（　　）。
A.陈某取得该项链所有权　　　　　　B.赵某取得该项链所有权
C.郑某取得该项链所有权　　　　　　D.陈某可以要求郑某返还该项链

3.18 红中公司因资金周转不足，向甲银行借款100万。甲银行要求红中公司提供担保，红中公司遂以5辆轿车为甲银行设立了抵押权。根据物权法律制度的规定，下列说法正确的有（　　）。
A.红中公司应与甲银行订立书面抵押合同
B.若未办理抵押登记，则甲银行对轿车不享有抵押权
C.红中公司抵押期间可以将5辆轿车出租给二饼公司使用
D.甲银行在借款期限届满前可以与红中公司约定，若到期未归还借款，则5辆轿车所有权归甲银行所有

3.19 甲公司向乙银行借款20万元，以一台机器抵押，办理了抵押登记。其后，甲公司将该机器质押给丙公司。丙公司在占有该机器期间，将其交给丁企业修理，因拖欠修理费而被丁企业留置。后乙银行、丙公司、丁企业均主张行使机器上的担保物权。下列关于各担保物权效力顺序的表述中，正确的有（　　）
A.乙银行优先于丙公司受偿　　　　　B.丙公司优先于丁企业受偿
C.丁企业优先于乙银行受偿　　　　　D.丙公司优先于乙银行受偿

3.20 根据物权法律制度规定，债务人有权处分的下列权利中，可用于设立权利质押的有（　　）。
A.仓单　　　　　　　　　　　　　　B.将有的应收账款
C.动产所有权　　　　　　　　　　　D.建设用地使用权

3.21 根据物权法律制度规定，下列权利出质的，质权自交付权利凭证时设立的有（　　）。
A.基金份额　　　　　　　　　　　　B.注册商标专用权
C.仓单　　　　　　　　　　　　　　D.存款单

3.22 担保人在设立动产浮动抵押并办理抵押登记后又购入或者以融资租赁方式承租新的动产，下列权利人为担保价款债权或者租金的实现而订立担保合同，并在该动产交付后10日内办理登记，主张其权利优先于在先设立的浮动抵押权的，人民法院应予支持。属于该等权利人的有（　　）。
A.以融资租赁方式出租该动产的出租人
B.以经营租赁方式出租该动产的出租人
C.在该动产上设立抵押权的出卖人
D.在该动产上保留所有权的出卖人

3.23 陈某租住王某的房屋，租期至2021年8月。王某欠陈某10万元货款，应于2021年7月偿付。至2021年8月，王某尚未清偿货款，但要求收回房屋并请求陈某支付1万元租金。根据合同法律制度的规定，下列关于陈某的权利的表述中，不正确的有（　　）。
A.陈某可以留置该房屋作为担保
B.陈某可以出售房屋并优先受偿
C.陈某可以应付租金抵销1万元货款
D.陈某可以行使同时履行抗辩权而不交还房屋

3.24 甲、乙双方签订合同，甲承租乙的房屋。租期届满后，甲拒绝腾退房屋。此时，甲对该房屋的占有属于（　　）。
A.善意占有
B.恶意占有
C.直接占有
D.无权占有

三、判断题

3.25 因继承取得不动产物权的，以登记为生效要件。（　　）

3.26 共有人对共有的不动产或者动产没有约定为按份共有或者共同共有，或者约定不明确的，除共有人具有家庭关系等外，视为按份共有。（　　）

3.27 建设用地使用权抵押后，该土地上新增的建筑物属于抵押财产。（　　）

3.28 以应收账款出质的，质权自办理出质登记时设立。（　　）

3.29 个体户郑某向林某借款10万元，以自有的生产机器一台抵押于林某，且办理了抵押登记。其后，郑某因违规操作致使该机器损坏，送至甲修理厂修理，后因郑某无力向林某偿还借款和向甲修理厂支付修理费而发生纠纷，由于抵押权办理了登记且先于甲修理厂的留置权成立。所以，林某认为，抵押权应优先于留置权受偿，林某的观点是正确的。（　　）

3.30 以建筑物抵押并办理抵押登记的，抵押物的范围不仅包括建筑物，还包括建筑物占用范围内的建设用地使用权。（　　）

3.31 同一动产既设立抵押权又设立质权的，债务人到期未能偿还债务，质权人优于抵押权人受偿。（　　）

3.32 在最高额抵押中，若没有约定债权确定期间或者约定不明确，抵押权人或者抵押人自最高额抵押权设立之日起满2年后请求确定债权，抵押权人的债权确定。（　　）

3.33 共有是两个以上的人对同一个物拥有数个所有权。（　　）

3.34 无主物的取得作为法律行为之外的法律事实，会引起物权变动。（　　）

答案与解析

一、单项选择题

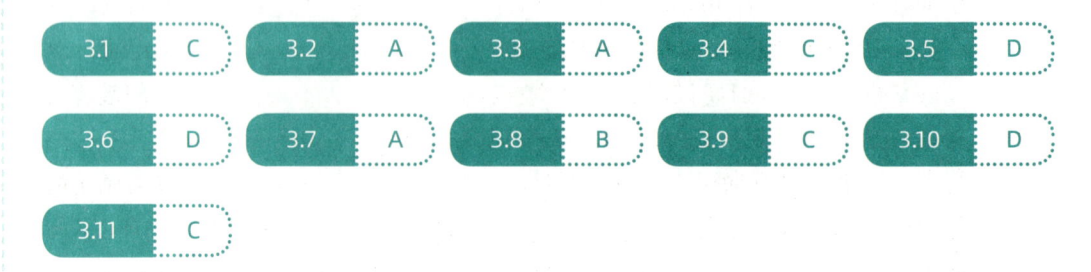

3.1	C	3.2	A	3.3	A	3.4	C	3.5	D
3.6	D	3.7	A	3.8	B	3.9	C	3.10	D
3.11	C

二、多项选择题

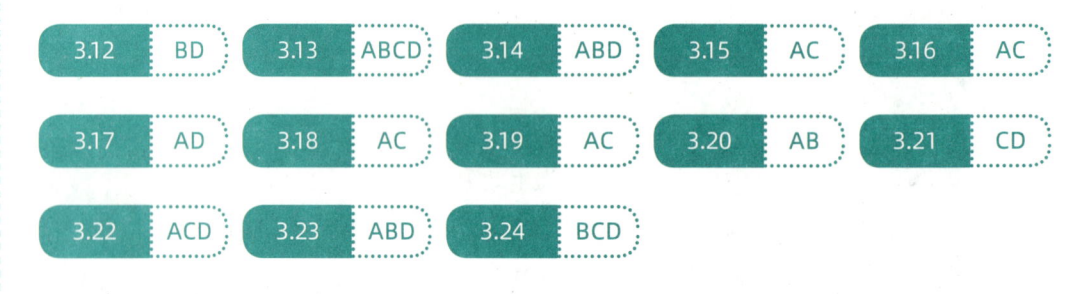

3.12	BD	3.13	ABCD	3.14	ABD	3.15	AC	3.16	AC
3.17	AD	3.18	AC	3.19	AC	3.20	AB	3.21	CD
3.22	ACD	3.23	ABD	3.24	BCD

三、判断题

| 3.25 | × | 3.26 | √ | 3.27 | × | 3.28 | √ | 3.29 | × |
| 3.30 | √ | 3.31 | × | 3.32 | √ | 3.33 | × | 3.34 | √ |

一、单项选择题

3.1 斯尔解析 **C** 本题考查拾得遗失物。遗失物自发布招领公告之日起一年内无人认领的，归国家所有。本题应选择选项C。

3.2 斯尔解析 **A** 本题考查不动产物权登记的类型。权利人、利害关系人认为不动产登记簿记载的事项错误的，可以申请更正登记，选项A正确。不动产登记簿记载的权利人书面同意更正或者有证据证明登记确有错误的，登记机构应当予以更正；不动产登记簿记载的权利人不同意更正，利害关系人可以申请异议登记，选项B错误。登记机构予以异议登记的，申请人在异议登记之日起15日内不起诉，异议登记失效，选项C错误；异议登记不当，造成权利人损害的，权利人可以向"申请人"请求损害赔偿，而不是登记机关，选项D错误。

3.3 斯尔解析 **A** 本题考查观念交付。动产物权设立和转让前，第三人占有该动产的，负有交付义务的人可以通过转让请求第三人返还原物的权利代替交付。题述情形下，张三向王五让与"要求李四返还手机的权利"，此种交付方式当为"指示交付"，选项A正确。

· 54 ·

3.4 **斯尔解析** C 本题考查动产特殊交付方式——简易交付。在设立和转让动产物权之前，受让人已经占有该动产的，则物权变动自出让人和受让人之间所订立的、以物权变动为内容的法律行为生效时发生效力。题述情形属于简易交付的情形，甲取得轿车所有权的时间应为3月23日，选项C正确。

3.5 **斯尔解析** D 本题考查抵押财产的范围。动产、不动产可以设立抵押权，但要注意，下列财产不得设立抵押权：（1）土地所有权（选项A不当选）；（2）宅基地、自留地、自留山等集体所有的土地使用权，但法律规定可以抵押的除外；（3）学校、幼儿园、医院等为公益目的成立的非营利法人的教育设施、医疗卫生设施和其他公益设施；（4）所有权、使用权不明或者有争议的财产，当事人以所有权、使用权不明或者有争议的财产抵押，经审查构成无权处分的，相对人属于善意的，仍可基于善意取得制度取得抵押权（选项C不当选）；（5）依法被查封、扣押、监管的财产，但是，已经设定抵押的财产被采取查封、扣押等财产保全或执行措施的，不影响抵押权的效力（选项B不当选）；（6）法律、行政法规规定不得抵押的其他财产。本题应选择选项D。

3.6 **斯尔解析** D 本题考查浮动抵押。《民法典》出台后，动产浮动抵押有关抵押生效、对抗的规则与一般动产一致，具体如下：动产浮动抵押在设立时抵押财产的范围并不确定，但这仍不失为法律允许的抵押方式，选项C错误。动产抵押（包括动产浮动抵押），抵押权自抵押合同生效时设立，未经登记，不得对抗第三人，选项B错误。以动产抵押的（包括动产浮动抵押），不得对抗正常经营活动中已经支付合理价款并取得抵押财产的买受人（即本题中的丙公司）。这意味着，无论抵押权登记与否、无论买受人是否善意，抵押权人都不能对已经被买受人取得并支付全部价款的动产行使抵押权，选项A错误。本题应选择选项D。

3.7 **斯尔解析** A 本题考查动产抵押中"正常买受人"规则。以动产抵押的，不得对抗正常经营活动（甲企业销售轮胎属于正常经营活动）中已经支付合理价款并取得抵押财产的买受人。此被称为"正常买受人"规则，即无论动产抵押权是否登记，均不得对抗此类买受人。本题应选择选项A。

3.8 **斯尔解析** B 本题考查抵押物顺位的变更。根据抵押权相关规则，抵押权已经登记的先于未登记的受偿，若红中公司未能偿还到期借款，则应按照"甲银行、乙银行、丙银行"先后完成清偿。现红中公司未偿还到期借款，若不变更抵押权的顺序，乙银行作为第二顺位的抵押权人，可以得到全额清偿，600万元。甲银行和丙银行交换抵押权的顺位后，若取得乙银行书面同意，则丙银行应得900万元，乙银行得300万元，甲银行未获清偿。但若未经乙银行的书面同意，不得对乙银行产生不利影响。乙银行应得到清偿的数额按不变更抵押权顺位仍为600万元，余600万元向丙银行清偿。本题应选择选项B。

3.9 **斯尔解析** C 本题考查动产质押中质权人义务。质权人负有妥善保管质押财产的义务；因保管不善致使质押财产毁损、灭失的，应当承担赔偿责任。本题应选择选项C。

3.10 **斯尔解析** D 根据物权法律制度的规定，被担保的债权既有物的担保又有人的担保的，债务人不履行到期债务或者发生当事人约定的实现担保物权的情形，债权人应当按照约定实现债权；没有约定或者约定不明确，债务人自己提供物的担保的，债权人应当先就该物的担保实现债权；第三人提供物的担保的，债权人可以就物的担保实现债权，也可以要求保证人承担保证责任。本题中第三人丙公司提供物保，因此，乙公司可以在"人保"和"物保"中任选。选项ABC错误，选项D正确。

3.11 **斯尔解析** C 本题考查共同共有中共有物的处分。只有依全体共有人的共同意思，对共有物的处分行为才能发生对外效力。题述情形下，甲未经乙丙同意即将古董字画出售给丁，构成无权处分，丁符合善意取得的构成要件，可以取得该画的所有权，选项C正确。

二、多项选择题

3.12 **斯尔解析** BD 本题考查预告登记。（1）预告登记的失效情形包括：①债权消灭的，包括预告登记的买卖不动产物权的协议被认定无效、被撤销，或者预告登记的权利人放弃债权等情形（选项C不当选）；②自能够进行不动产登记之日起90日内未申请登记的，预告登记也失效（选项B当选）。（2）预告登记后，未经预告登记的权利人同意，转让不动产所有权等物权，或者设立建设用地使用权、居住权、地役权、抵押权等其他物权的，应当认定其不发生物权效力（选项A不当选、选项D当选）。

3.13 **斯尔解析** ABCD 本题考查何种法律文书可以引发不动产物权变动。人民法院、仲裁机构在分割共有不动产或者动产等案件中作出并依法生效的改变原有物权关系的判决书、裁决书、调解书，以及人民法院在执行程序中作出的拍卖成交裁定书、变卖成交裁定书、以物抵债裁定书，均属于导致物权设立、变更、转让或者消灭的人民法院、仲裁机构的法律文书。本题应选择选项ABCD。

3.14 **斯尔解析** ABD 本题考查非基于法律行为的物权变动。非基于法律行为的物权变动包括：

（1）因法律文书或者征收决定等而发生不动产物权变动（选项B当选）。

（2）因继承而发生不动产物权变动（选项A当选）。

（3）因合法建造、拆除房屋等事实行为而发生不动产物权变动（选项D当选）。

选项C所述属于基于法律行为的物权变动，不当选。

3.15 **斯尔解析** AC 本题考查用益物权的分类。土地承包经营权、建设用地使用权、宅基地使用权、居住权和地役权属于用益物权，选项AC正确。抵押权、质权属于担保物权，选项BD错误。

3.16 **斯尔解析** AC 本题考查物权设立。以动产抵押的，抵押权自抵押合同生效时设立；未经登记，不得对抗善意第三人，选项A当选。设立居住权，当事人应当采取书面形式订立居住权合同，并向登记机构申请居住权登记。居住权自登记时设立，选项B不当选。建设用地使用权自登记时设立，选项C当选。土地承包经营权自合同生效时设立，未经登记，不得对抗善意第三人，选项D不当选。

3.17 **斯尔解析** AD 本题考查善意取得。陈某符合善意取得的构成要件，即王某无权处分、市场价9.5万购买、完成交付、陈某"不知情"。因此，陈某可以基于善意取得制度取得该项链的所有权，选项A正确。丢失的项链属于遗失物，虽被赵某拾得，但赵某并不能基于此取得项链的所有权，选项B错误。遗失物不适用善意取得制度，郑某不能取得该项链的所有权，选项C错误。陈某可以自知道郑某为买受人之日起2年内要求郑某返还项链，选项D正确。

3.18 **斯尔解析** AC 本题考查抵押，考点较为综合。设立抵押权，当事人应当采用书面形式订立抵押合同，选项A正确。动产抵押权自抵押合同生效时设立，未经登记，不得对抗善意第三人，选项B错误。抵押权设立后，抵押人仍保有对抵押财产的占有，仍可以对抵押财产进行使用和收益，选项C正确。抵押权人在债务履行期限届满前，与抵押人约定债务人不履行到期债务时抵押财产归债权人所有的，只能依法就抵押财产优先受偿。此条款被称为"流押条款"，该条款无效，但不影响合同中其他条款的效力，选项D错误。

3.19 **斯尔解析** AC 本题考查不同担保物权竞合时效力顺序问题。根据《民法典》的规定，同一动产既设立抵押权又设立质权的，拍卖、变卖该财产所得的价款按照登记、交付的时间先后确定清偿顺序。同一动产上已设立抵押权或者质权，该动产又被留置的，留置权人优先受偿。本题应选择选项AC。

3.20 **斯尔解析** AB 本题考查可以质押的财产。动产可以用于抵押、质押，动产用于质押的，属于动产质押，并不属于权利质押。此外，建设用地使用权不能用于质押，只能用于抵押，选项CD不当选。选项AB所述仓单、现有的及将有的应收账款均能作为权利质押的标的。

3.21 **斯尔解析** CD 本题考查权利质权设立。以汇票、本票、支票、债券、存款单（选项D当选）、仓单（选项C当选）、提单出质的，质权自权利凭证交付质权人时设立；没有权利凭证的，质权自办理出质登记时设立。对于其他类型的权利，质权自办理出质登记时设立。本题应选择选项CD。

3.22 **斯尔解析** ACD 本题考查价款债权抵押权。担保人在设立动产浮动抵押并办理抵押登记后又购入或者以融资租赁方式承租新的动产，下列权利人为担保价款债权或者租金的实现而订立担保合同，并在该动产交付后10日内办理登记，主张其权利优先于在先设立的浮动抵押权的，人民法院应予支持：（1）在该动产上设立抵押权或者保留所有权的出卖人（选项CD正确）；（2）为价款支付提供融资而在该动产上设立抵押权的债权人；（3）以融资租赁方式出租该动产的出租人（选项A正确）。

3.23 **斯尔解析** ABD 本题考查抵销、留置与同时履行抗辩权。留置权须对动产设立，不动产不得留置，选项A当选。该房屋之上不存在担保，陈某无权出售该房屋，选项B当选。房屋租赁与货物买卖分属不同的法律关系，同时履行抗辩权的行使前提为同一法律关系，陈某不得因王某欠款而拒绝交还房屋，选项D当选。当事人互相负有金钱支付债务，可以抵销，选项C不当选。

3.24 **斯尔解析** BCD 本题考查占有的分类。题述情形下，"租期届满后，甲拒绝退出房屋"，此为无权占有。在无权占有下，才涉及善意占有与恶意占有。"甲明知租期届满拒绝退房"，此为恶意占有。"房屋正在被甲占有"，此为直接占有。本题应选择选项BCD。

三、判断题

3.25　斯尔解析　×　本题考查非基于法律行为的物权变动。因继承取得物权的，自继承开始时发生效力，本题所述错误。

3.26　斯尔解析　√　本题考查共有的分类。

3.27　斯尔解析　×　本题考查抵押物性质。建设用地使用权抵押后，该土地上新增的建筑物不属于抵押财产。该建设用地使用权实现抵押权时，应当将该土地上新增的建筑物与建设用地使用权一并处分，但新增建筑物所得的价款，抵押权人无权优先受偿，本题所述错误。

3.28　斯尔解析　√　本题考查应收账款质权设立。

3.29　斯尔解析　×　本题考查担保物权的优先性。同一动产上已设立抵押权或者质权，该动产又被留置的，留置权人优先受偿，不问在先设立的抵押登记与否。题述情况下，即使该机器的抵押已经登记，留置权人仍有权优先受偿。本题所述错误。

3.30　斯尔解析　√　本题考查抵押物的范围。以"房、地"作为抵押物的，以建筑物抵押的，该建筑物占用范围内的建设用地使用权一并抵押。以建设用地使用权抵押的，该土地的建筑物一并抵押。抵押人未将前述财产一并抵押的，未抵押的财产视为一并抵押。但建设用地使用权抵押后，该土地上新增的建筑物、不属于抵押财产。本题所述正确。

3.31　斯尔解析　×　本题考查担保物权实现先后顺序。同一财产既设立抵押权又设立质权的，拍卖、变卖该财产所得的价款按照登记、交付的时间先后确定清偿顺序。本题所述错误。

3.32　斯尔解析　√　本题考查最高额抵押债权确定时间。

3.33　斯尔解析　×　本题考查共有的定义。共有是数人享有同一个所有权，本题所述错误。

3.34　斯尔解析　√　本题考查物权变动的原因。法律行为之外的法律事实，会引起物权变动。法律行为之外的法律事实，主要有添附、法定继承、无主物的取得、善意取得，以及征用、没收、罚款等。本题所述正确。

第四章 公司法律制度

一、单项选择题

4.1 根据公司法律制度的规定，有限责任公司的成立日期为（　　）。
A.公司登记机关受理设立申请之日　　　B.公司企业法人营业执照签发之日
C.公司企业法人营业执照领取之日　　　D.公司股东缴足出资之日

4.2 根据公司法律制度的规定，公司的下列人员中，不得担任公司法定代表人的是（　　）。
A.董事长　　　　B.执行董事　　　　C.董事　　　　D.经理

4.3 根据公司法律制度的规定，下列关于股份有限公司发起人的表述中，正确的是（　　）。
A.发起人只能是自然人　　　　　　　B.发起人必须在中国境内有住所
C.发起人的人数应为2人以上200人以下　D.发起人只能是中国公民

4.4 下列关于股份有限公司设立的表述中，不符合公司法律制度规定的是（　　）。
A.股份有限公司采取募集设立方式设立的，注册资本为在公司登记机关登记的实收股本总额
B.股份有限公司可以采取发起设立或者募集设立的方式设立
C.股份有限公司采取发起设立方式设立的，发起人应当书面认足公司章程规定其认购的股份
D.股份有限公司的发起人中须有半数以上为中国公民

4.5 王某等多名自然人拟通过发起设立的方式设立股份有限公司。下列关于该公司设立的表述中，正确的是（　　）。
A.在选举董事会和监事会后，发起人应向公司登记机关报送验资证明
B.半数以上的发起人应具有中国国籍
C.王某等发起人可以认购公司股份总数的25%，其余部分由非发起人股东认购
D.王某为设立公司以自己名义对外签订合同的，合同相对人有权请求王某承担合同责任

4.6 下列关于有限责任公司股东出资方式的表述中，符合公司法律制度规定的是（　　）。
A.以商誉作价出资　　　　　　　　B.以劳务作价出资
C.以特许经营权作价出资　　　　　D.以土地使用权作价出资

4.7 2018年1月,孙某、张某、赵某共同出资设立一有限责任公司。孙某以房屋作价出资100万元。2018年5月,李某入股该公司。后查明,孙某出资的房屋价值仅为70万元。孙某出资不足责任承担的下列表述中,正确的是（　　）。
A.应当由孙某补缴出资差额,张某、赵某与李某承担连带责任
B.应当由孙某补缴出资差额,张某与赵某承担连带责任
C.应当由孙某补缴出资差额,无法补足的,减少相应的公司注册资本
D.应当由孙某补缴出资差额,张某与赵某承担补充责任

4.8 甲、乙两个国有企业出资设立丙有限责任公司。下列关于丙有限责任公司组织机构的表述中,不符合公司法律制度规定的是（　　）。
A.丙公司监事会成员中应当有公司职工代表
B.丙公司董事会成员中应当有公司职工代表
C.丙公司董事长须由国有资产监督管理机构从董事会成员中指定
D.丙公司监事会主席由全体监事过半数选举产生

4.9 根据公司法律制度的规定,下列人员中,可以担任公司监事的是（　　）。
A.职工代表　　　B.财务负责人　　　C.总经理　　　D.独立董事

4.10 赵某、钱某、孙某、李某为甲有限责任公司（下称"甲公司"）的股东,分别持股40%、30%、20%和10%。公司章程对表决权行使及股东会议事规则无特别规定。为扩大公司规模,甲公司董事会制订了吸收合并乙公司的方案。为此,甲公司召开股东会会议,赵某和钱某赞成合并,孙某和李某表示反对。下列关于甲公司此次股东会决议能否通过的表述中,正确的是（　　）。
A.该决议必须经甲公司的2/3以上股东同意才能通过,因孙某和李某不同意而不能通过
B.该决议必须经甲公司代表3/4以上表决权的股东同意才能通过,赵某和钱某所持表决权不足3/4,因此,该决议不能通过
C.该决议必须经甲公司代表2/3以上表决权的股东同意才能通过,赵某和钱某所持表决权已达2/3以上,因此,该决议通过
D.该决议必须经甲公司的全体股东一致同意才能通过,因孙某和李某不同意而不能通过

4.11 某有限责任公司股东甲、乙、丙、丁分别持有公司5%、20%、35%和40%的股权,该公司章程未对股东行使表决权及股东会决议方式作出规定。下列关于该公司股东会会议召开及决议作出的表述中,符合《公司法》规定的是（　　）。
A.甲可以提议召开股东会临时会议
B.只有丁可以提议召开股东会临时会议
C.只要丙和丁表示同意,股东会即可作出增加公司注册资本的决议
D.只要乙和丁表示同意,股东会即可作出变更公司形式的决议

4.12 根据公司法律制度的规定，股份有限公司董事长和副董事长的产生方式是（　　）。
A.董事长由董事会全体董事一致同意选举产生，副董事长由董事会全体董事的2/3以上选举产生
B.董事长由董事会全体董事的2/3以上选举产生，副董事长由董事会全体董事的过半数选举产生
C.董事长和副董事长均由董事会全体董事的过半数选举产生
D.董事长和副董事长均由董事会全体董事的2/3以上选举产生

4.13 根据公司法律制度的规定，下列关于有限责任公司监事会及监事的表述中，正确的是（　　）。
A.监事会主席由股东会选举产生
B.公司章程可以规定监事的任期为每届5年
C.高级管理人员可以兼任监事
D.规模较小的公司可以不设监事会

4.14 李某是甲股份有限公司的控股股东，因借款需要请求甲公司为其提供担保。甲公司遂召开股东大会对此事项进行表决。根据公司法律制度的规定，下列关于甲公司股东大会决议的表述中，正确的是（　　）。
A.李某不可以参加表决，该项决议由出席会议的其他股东过半数通过
B.李某不可以参加表决，该项决议由出席会议的其他股东所持表决权过半数通过
C.李某可以参加表决，该项决议由全体股东所持表决权的过半数通过
D.李某可以参加表决，该项决议由出席会议的股东所持表决权过半数通过

4.15 甲有限责任公司（下称"甲公司"）由张某、李某、王某、赵某四人出资设立，四人出资比例分别是10%、15%、20%、55%，公司章程对议事规则和表决权的行使未作特别规定。甲公司召开股东会会议，就增加注册资本事项进行表决。下列关于股东会就该事项决议的表述中，正确的是（　　）。
A.李某和赵某同意即可通过决议
B.张某、李某、王某三人同意即可通过决议
C.必须四人都同意才能通过决议
D.赵某同意即可通过决议

4.16 甲股份有限公司2021年6月召开股东大会，选举公司董事。根据公司法律制度的规定，下列人员中，不得担任该公司董事的是（　　）。
A.张某，因挪用财产被判处刑罚，执行期满已逾6年
B.吴某，原系乙有限责任公司董事长，因其个人责任导致该公司破产，清算完结已逾5年
C.储某，系丙有限责任公司控股股东，该公司股东会决策失误，导致公司负有300万元到期不能清偿的债务
D.杨某，原系丁有限责任公司法定代表人，因其个人责任导致该公司被吊销营业执照未逾2年

4.17 甲、乙、丙、丁四人拟共同出资设立一个有限责任公司，其草拟的公司章程记载的下列事项中，不符合公司法律制度规定的是（　　）。
A.公司由甲同时担任经理和法定代表人
B.公司不设董事会，由乙担任执行董事，任期为2年
C.公司不设监事会，由丙担任监事，任期为2年
D.股东向股东以外的人转让股权，应当经其他股东3/4以上同意

4.18 根据公司法律制度的规定，下列各项中，不属于有限责任公司监事会职权的是（　　）。
A.检查公司财务　　　　　　　　　B.解聘公司财务负责人
C.提议召开临时股东会会议　　　　D.建议罢免违反公司章程的经理

4.19 根据公司法律制度的规定，下列属于总经理职权的是（　　）。
A.制订公司年度财务预算方案
B.聘任财务负责人
C.组织实施公司年度经营计划和投资方案
D.制定公司的基本管理制度

4.20 根据公司法律制度的规定，在公司章程对临时股东大会召开未作特别规定时，股份有限公司发生的下列情形中，应当在2个月内召开临时股东大会的是（　　）。
A.持有丙股份有限公司5%股份的股东提议召开临时股东大会
B.甲股份有限公司章程规定董事人数为19人，现实有董事15人
C.丁股份有限公司监事会提议召开临时股东大会
D.乙股份有限公司实收股本总额为5 000万元，目前未弥补的亏损为1 000万元

4.21 某股份公司董事会成员共9名，监事会成员共3名。下列关于该公司董事会召开的情形中，符合公司法律制度规定的是（　　）。
A.经2名董事提议可召开董事会临时会议
B.公司董事长、副董事长不能履行职务时，可由4名董事共同推举1名董事履行职务
C.经2名监事提议可召开董事会临时会议
D.董事会每年召开2次会议，并在会议召开10日前通知全体董事和监事

4.22 根据公司法律制度的规定，下列关于股东大会的表述中，正确的是（　　）。
A.股东人数较少的股份有限公司，股东大会会议可以每两年召开一次
B.股东大会作出决议，必须经全体股东所持表决权过半数通过
C.股东大会可以依照公司章程的规定以累积投票制的方式选举董事
D.股东大会可以对会议通知中未列明的事项作出决议

4.23 根据公司法律制度的规定，甲股份有限公司董事长王某的下列行为中，不违反公司董事义务规定的是（　　）。

A.经股东大会同意与甲公司订立原料供应合同

B.向其好友刘某透露甲公司的重要客户信息

C.接受甲公司原料供应商乙公司支付的2万元佣金据为己有

D.未经公司股东大会、董事会同意，以甲公司财产为本公司股东陈某提供担保

4.24 甲公司、乙公司均为有限责任公司，甲公司经理张某违反公司章程的规定将公司业务发包给不知情的乙公司，致使甲公司遭受损失。李某是甲公司股东，甲公司设董事会和监事会。下列关于李某保护甲公司利益和股东整体利益的途径的表述中，符合公司法律制度规定是（　　）。

A.李某可以书面请求甲公司监事会起诉张某

B.李某可以书面请求甲公司董事会起诉张某

C.李某可以书面请求甲公司监事会起诉乙公司

D.李某可以书面请求甲公司董事会起诉乙公司

4.25 2021年5月，甲上市公司拟收购本公司股份用于实施员工持股计划。下列关于该公司股份收购的表述中，正确的是（　　）。

A.该收购计划可以由董事会授权董事长决定

B.该公司应当通过公开的集中交易方式进行此次收购

C.该公司收购的股份可以在收购后第5年转让给公司员工

D.该公司在此次收购后合计持有的本公司股份数可以达到本公司已发行股份总额的20%

4.26 下列关于一人有限责任公司的表述中，不符合公司法律制度规定的是（　　）。

A.股东只能是一个自然人

B.一个自然人只能投资设立一个一人有限责任公司

C.财务会计报告应当经会计师事务所审计

D.股东不能证明公司财产独立于自己财产的，应当对公司债务承担连带责任

4.27 王某出资设立了甲一人有限责任公司。甲公司的下列事项中，符合公司法律制度规定的是（　　）。

A.甲公司决定投资设立新的一人有限责任公司

B.甲公司决定会计年度终了时不编制财务会计报告

C.甲公司未设立股东会

D.股东王某行使股东会相应职权作出决定时未使用书面形式

4.28 根据公司法律制度的规定，国有独资公司经理的聘任或解聘方式是（　　）。

A.由董事会聘任或者解聘

B.由国有资产监督管理机构聘任，由监事会解聘或解聘

C.由监事会聘任或解聘

D.由国有资产监督管理机构聘任或解聘

4.29 下列关于国有独资公司监事会组成的表述中，不符合公司法律制度规定的是（　　）。

A.监事会主席由全体监事过半数选举产生

B.监事会成员不得少于5人

C.公司董事不得兼任监事

D.监事会成员中职工代表的比例不得低于1/3

4.30 下列关于国有独资公司组织机构的表述中，符合公司法律制度规定的是（　　）。

A.国有独资公司应当设股东会

B.国有独资公司董事长由董事会选举产生

C.经国有资产监督管理机构同意，国有独资公司董事可以兼任经理

D.国有独资公司监事会主席由监事会选举产生

4.31 甲公司为国有独资公司，其董事会作出的下列决议中，符合公司法律制度规定的是（　　）。

A.聘任张某为公司经理

B.增选王某为公司董事

C.批准董事林某兼任乙有限责任公司经理

D.决定发行公司债券500万元

4.32 根据公司法律制度的规定，下列关于国有独资公司的表述中，正确的是（　　）。

A.应当设立股东会

B.董事会成员中可以无职工代表

C.监事会成员可以为3人

D.未经国有资产监督管理机构同意，经理不得在其他公司兼职

4.33 下列关于股份有限公司公积金的表述中，不符合公司法律制度规定的是（　　）。

A.法定公积金按照公司税后利润的10%提取

B.法定公积金累计额为公司注册资本的50%以上时，可以不再提取

C.资本公积金可用于弥补公司的亏损

D.公司以超过股票票面金额的发行价格发行股份所得的溢价款，应列为资本公积金

4.34 根据公司法律制度的规定，下列关于公积金的表述中，不正确的是（　　）。

A.法定公积金转为资本时，所留存的该项公积金不得少于转增前公司注册资本的25%

B.公积金可以用于扩大公司生产经营

C.公积金分为盈余公积金和资本公积金

D.资本公积金可以用于弥补公司的亏损

4.35 下列关于公司减少注册资本的表述中，不符合公司法律制度规定的是（   ）。
A.公司需要减少注册资本时，必须编制资产负债表和财产清单
B.公司减少注册资本时，应当自作出减少注册资本决议之日起10日内通知债权人，并于30日内在报纸上公告
C.债权人自接到通知书45日内，有权要求公司清偿债务或提供担保
D.公司减资的，应当依法向公司登记机关办理变更登记

4.36 公司解散逾期不成立清算组进行清算，且债权人未提起清算申请的，根据公司法律制度的规定，相关人员可以申请人民法院指定清算组对公司进行清算。下列各项中，属于该相关人员的是（   ）。
A.公司股东　　　B.公司董事　　　C.公司监事　　　D.公司经理

4.37 根据公司法律制度的规定，有限责任公司自行清算的，其清算组（   ）。
A.由董事组成　　　　　　　　B.由债权人组成
C.由股东组成　　　　　　　　D.由股东会确定的人员组成

二、多项选择题

4.38 根据公司法律制度的规定，下列关于分公司的表述中，正确的有（   ）。
A.分公司没有独立的财产　　　　B.分公司有独立的公司章程
C.分公司不能独立承担责任　　　D.分公司可领取营业执照

4.39 根据公司法律制度的规定，下列各项中，属于公司章程绝对必要记载事项有（   ）。
A.公司名称和住所　　　　　　B.公司注册资本
C.公司法定代表人　　　　　　D.公司盈余分配方法

4.40 根据公司法律制度的规定，公司章程对特定的人员或者机构具有约束力。下列各项中，属于该特定人员或者机构的有（   ）。
A.公司财务负责人　　　　　　B.公司股东
C.上市公司董事会秘书　　　　D.公司实际控制人

4.41 根据公司法律制度的规定，下列情况中，认股人可以要求发起人返还其所缴股款并加算银行同期存款利息的有（   ）。
A.发行的股份超过招股说明书规定的截止期限尚未募足
B.发行股份的股款缴足后，发起人在30日内未召开创立大会
C.创立大会作出不设立公司决议
D.创立大会结束后30日内，股份公司董事会未完成设立登记

4.42 根据公司法律制度的规定，下列财产中，股东可以用作出资的有（　　）。
A.知识产权
B.商誉
C.建设用地使用权
D.劳务

4.43 根据公司法律制度的规定，下列关于有限责任公司股东缴纳出资的表述中，正确的有（　　）。
A.股东以非货币财产出资的，一般应在6个月内办理完财产权转移手续
B.股东以货币出资的，应当将货币出资足额存入为设立有限责任公司而在银行设立的账户
C.股东不按照规定缴纳出资的，应向公司足额缴纳，并向已按期足额缴纳出资的股东承担违约责任
D.股东以非货币财产出资的，应当依法办理其财产权的转移手续

4.44 根据公司法律制度的规定，下列关于国有独资公司组织机构的表述中，正确的有（　　）。
A.国有独资公司董事会必须有职工代表出任的董事
B.国有独资公司监事会必须有职工代表出任的监事
C.国有独资公司监事会主席由全体监事选举产生
D.国有独资公司不设立股东会

4.45 下列公司、股东的行为中，可以作为公司人格混同认定依据的有（　　）。
A.股东无偿使用公司资金，不作财务记载
B.股东用公司的资金偿还股东债务，不作财务记载
C.先从原公司抽走资金，然后再成立经营目的相同或者类似的公司，逃避原公司债务的
D.母子公司之间进行利益输送

4.46 根据公司法律制度的规定，股东在公司增资时未履行或者未全面履行出资义务，未尽《公司法》规定的义务而使出资未缴足的部分人员应该承担相应责任，该等人员有（　　）。
A.其他股东
B.董事
C.高级管理人员
D.实际控制人

4.47 根据公司法律制度的规定，下列关于股份有限公司监事会的表述中，正确的有（　　）。
A.职工代表的比例不得少于监事会成员的1/3
B.总经理可以兼任监事
C.监事会设主席1人
D.监事会成员不得少于3人

4.48 根据公司法律制度的规定，下列有关股份公司组织机构的说法中，正确的有（   ）。
A.股东大会应当每年召开1次年会
B.董事会每年度至少召开2次会议
C.监事会每6个月至少召开1次会议
D.股份公司董事会的成员可以为3～19人

4.49 甲有限责任公司注册资本为120万元，股东人数为9人，董事会成员为5人，监事会成员为5人。股东一次缴清出资，该公司章程对股东表决权行使事项未作特别规定。根据公司法律制度的规定，该公司出现的下列情形中，属于应当召开临时股东会的有（   ）。
A.出资20万元的某股东提议召开   B.公司未弥补的亏损达到40万元
C.2名董事提议召开   D.2名监事提议召开

4.50 根据公司法律制度的规定，下列各项中，属于上市公司高级管理人员的有（   ）。
A.副经理   B.监事会主席   C.董事   D.董事会秘书

4.51 根据公司法律制度的规定，股份有限公司股东大会所议下列事项中，必须经出席会议的股东所持表决权2/3以上通过的有（   ）。
A.增加公司注册资本   B.修改公司章程
C.发行公司债券   D.与其他公司合并

4.52 根据公司法律制度的规定，下列情况中，可以导致公司决议不成立的有（   ）。
A.会议未对决议事项进行表决
B.会议的表决结果未达到公司章程规定的通过比例
C.出席会议的股东所持表决权不符合公司章程规定
D.会议召集程序违反公司章程的规定

4.53 根据公司法律制度的规定，股份有限公司的以下材料中，股东可以要求查阅的有（   ）。
A.公司章程   B.股东名册   C.财务会计报告   D.会计账簿

4.54 李某与张某达成协议，由李某实际出资，由张某参与签署公司章程、办理公司登记等事宜，与陈某、朱某、金某一同设立甲公司。根据公司法律制度的规定，下列说法中错误的有（   ）。
A.该协议导致甲公司登记的股东与实际股东不一致，应属无效
B.由于李某才是甲公司实际股东，经李某要求，公司应向李某签发出资证明书
C.李某与张某就相关投资权益的归属发生争议时，如李某以其实际履行了出资义务为由向张某主张权利，人民法院应予支持
D.由于张某是记载于甲公司章程中的股东，也是在公司登记机关登记的股东，因此李某无权向张某主张取得上述出资的投资收益

4.55 根据公司法律制度的规定，下列情形中，上市公司可以收购本公司股份的有（　　）。
A.上市公司为维护公司价值及股东权益所必需
B.将股份用于转换上市公司发行的可转换为股票的公司债券
C.与持有本公司股份的其他公司合并
D.减少公司注册资本

4.56 根据公司法律制度的规定，有限责任公司单独或者合计持有公司全部股东表决权10%以上的股东，以特定事由提出解散公司诉讼，并符合《公司法》有关规定的，人民法院应予以受理。下列表述中属于该类事由的有（　　）。
A.股东知情权、利益分配请求权等权益受到严重损害的
B.公司董事长期冲突且无法通过股东会解决，公司经营管理发生严重困难的
C.股东表决时无法达到法定或者公司章程规定的比例，持续两年以上不能作出有效的股东会决议，公司经营管理发生严重困难的
D.公司持续两年以上无法召开股东会，公司经营管理发生严重困难的

4.57 根据公司法律制度的规定，下列各项中，属于公司减少注册资本时应当执行的程序有（　　）。
A.办理工商变更登记　　　　　　B.通知债权人并公告
C.编制资产负债表　　　　　　　D.编制财产清单

4.58 根据公司法律制度的规定，下列各项中，属于清算组在清算期间可以行使的职权有（　　）。
A.清理公司财产
B.处理与清算有关的公司未了结的业务
C.清缴所欠税款以及清算过程中产生的税款
D.代表公司参与民事诉讼活动

三、判断题

4.59 公司股东滥用公司法人独立地位和股东有限责任，逃避债务，严重损害公司债权人利益的，应当对公司债务承担连带责任。（　　）

4.60 甲股份有限公司在设立期间，发起人向社会公开募集股份。认股人蒋某在填写了认股书后并未如期缴纳股款，为保证公司顺利设立，发起人未经催缴即对蒋某认购的股份另行募集，该募集行为有效。（　　）

4.61 对于以募集设立方式设立的股份有限公司，发起人制定的公司章程，还应当召开有其他认股人参加的创立大会，并经出席会议的发起人和认股人所持表决权的过半数通过，方为有效。（　　）

4.62 股份有限公司不能成立时，发起人对设立行为所产生的债务和费用向相应的债权人负连带责任。部分发起人依照前述规定承担责任后，请求其他发起人分担的，人民法院应当判令其他发起人按照约定的出资比例分担责任；没有约定出

资比例的，按照均等份额分担责任。　　　　　　　　　　　　（　　）
4.63　公司的法定代表人依照公司章程的规定，由董事长、执行董事或者经理担任，并依法登记。　　　　　　　　　　　　　　　　　　　　　　　　（　　）
4.64　有限责任公司的股东未履行出资义务或者抽逃全部出资，公司以股东会决议解除该股东的股东资格，该股东请求确认该解除行为无效的，人民法院不予支持。　　　　　　　　　　　　　　　　　　　　　　　　　　　　　（　　）
4.65　公司为公司股东或者实际控制人提供担保的，由公司董事会作出决议。
　　　　　　　　　　　　　　　　　　　　　　　　　　　　　　　（　　）
4.66　股份有限公司以超过股票票面金额的发行价格发行股份所得的溢价款，应当列为公司的盈余公积金。　　　　　　　　　　　　　　　　　　　　（　　）
4.67　公司违反《公司法》规定选举、委派董事、监事或者聘任高级管理人员的，公司应当解除其职务。　　　　　　　　　　　　　　　　　　　　　　（　　）
4.68　有限责任公司的董事会决定公司的经营计划和投资方案。　　　　（　　）
4.69　有限责任公司的经理由股东会决定聘任或者解聘。　　　　　　　（　　）
4.70　股东的表决权系股东的自益权。　　　　　　　　　　　　　　　（　　）
4.71　查阅公司账簿的权利属于股东的共益权。　　　　　　　　　　　（　　）
4.72　张某、李某、王某、朱某共同出资设立一有限责任公司，出资比例分别为20%、45%、20%、15%。张某拟将其持有的该公司所有股权转让给陈某，并就该事项通知其他股东。因李某所持表决权超过其余股东表决权总数的二分之一，李某同意后，张某即可进行上述股权转让。　　　　　　　（　　）
4.73　公司法定公积金转为资本时，所留存的该项公积金不得少于转增前公司注册资本的25%。　　　　　　　　　　　　　　　　　　　　　　　　　（　　）
4.74　甲股东持有股份有限公司全部股份表决权的15%。甲股东以该公司被吊销营业执照未进行清算为由，向人民法院提起解散公司的诉讼，人民法院应予受理。
　　　　　　　　　　　　　　　　　　　　　　　　　　　　　　　（　　）

答案与解析

一、单项选择题

4.1	B	4.2	C	4.3	C	4.4	D	4.5	D
4.6	D	4.7	B	4.8	C	4.9	A	4.10	C
4.11	C	4.12	C	4.13	D	4.14	B	4.15	A
4.16	D	4.17	C	4.18	B	4.19	C	4.20	C
4.21	D	4.22	C	4.23	A	4.24	A	4.25	B
4.26	A	4.27	C	4.28	A	4.29	A	4.30	C
4.31	A	4.32	D	4.33	C	4.34	D	4.35	C
4.36	A	4.37	C						

二、多项选择题

4.38	ACD	4.39	ABC	4.40	ABC	4.41	ABC	4.42	AC
4.43	ABCD	4.44	ABD	4.45	AB	4.46	BC	4.47	ACD
4.48	ABC	4.49	AC	4.50	AD	4.51	ABD	4.52	ABC
4.53	ABC	4.54	ABD	4.55	ABCD	4.56	BCD	4.57	ABCD
4.58	ABCD								

三、判断题

4.59 √	4.60 ×	4.61 ×	4.62 ×	4.63 √
4.64 ×	4.65 ×	4.66 ×	6.67	4.68 √
4.69 ×	4.70 ×	4.71 √	4.72 ×	4.73 √
4.74 ×

一、单项选择题

4.1 〖斯尔解析〗 **B** 本题考查有限责任公司成立日期。有限责任公司的成立日期为企业法人营业执照签发之日，本题应选择选项B。

4.2 〖斯尔解析〗 **C** 本题考查公司法定代表人。公司的法定代表人依照公司章程的规定，由董事长（选项A不当选）、执行董事（选项B不当选）或者经理（选项D不当选）担任。本题应选择选项C。

4.3 〖斯尔解析〗 **C** 本题考查股份有限公司发起人。股份有限公司发起人可以是自然人，也可以是法人，可以是中国公民，也可以是外国公民，选项AD错误。股份公司的发起人数量应在2人以上200人以下，且须半数以上发起人在中国境内有住所，选项B错误，选项C正确。

4.4 〖斯尔解析〗 **D** 本题考查股份有限公司设立。股份有限公司可以采取发起设立或者募集设立的方式设立，选项B正确。股份有限公司采取发起设立方式设立的，发起人应当书面认足公司章程规定其认购的股份，选项C正确。采取募集设立方式设立的，注册资本为在公司登记机关登记的实收股本总额，选项A正确。股份有限公司设立条件之一为"须有半数以上的发起人在中国境内有住所"，并不要求半数以上为中国公民，选项D错误。

4.5 〖斯尔解析〗 **D** 本题考查发起设立股份有限公司相关规定。创立大会在选举董事会和监事会后，"董事会"应当向公司登记机关报送公司章程、验资证明以及法律、行政法规规定的其他文件，申请设立登记，选项A错误。股份有限公司设立条件之一为"须有半数以上的发起人在中国境内有住所"，并不要求半数以上有中国国籍，选项B错误。以发起设立方式设立股份有限公司的，发起人应当书面认足公司章程规定其认购的股份，并按照公司章程规定缴纳出资。以募集方式设立股份有限公司，发起人认购的股份不得少于公司股份总数的35%，但法律、行政法规另有规定的，从其规定，选项C错误。发起人为设立公司以自己名义对外签订合同，合同相对人请求该发起人承担合同责任的，人民法院应予支持。公司成立后对前述规定的合同予以确认，或者已经实际享有合同权利或者履行合同义务，合同相对人请求公司承担合同责任的，人民法院应予支持，选项D正确。

· 72 ·

第四章 公司法律制度 基础进阶

4.6 〖斯尔解析〗 **D** 本题考查有限责任公司股东出资方式。股东可以用货币、实物、知识产权、土地使用权（选项D当选）等可以用货币估价并可以依法转让的非货币财产作价出资。股东不得以劳务（选项B不当选）、信用、自然人姓名、商誉（选项A不当选）、特许经营权（选项C不当选）或者设定担保的财产等作价出资。

4.7 〖斯尔解析〗 **B** 本题考查股东出资违约处理。有限责任公司成立后，发现作为设立公司出资的非货币财产的实际价额显著低于公司章程所定价额的，应当由交付该出资的股东补足其差额，公司设立时的其他股东承担连带责任，选项B正确、选项C错误。李某不属于发起人，无须承担连带责任，选项A错误。张某与赵某应承担"连带责任"，而非按份责任，选项D错误。本题应选择选项B。

4.8 〖斯尔解析〗 **C** 本题考查公司组织机构中职工代表。对于有限责任公司，由两个以上国有企业投资设立的，其董事会成员中应有公司职工代表；无论是否有两个以上国有投资主体，其监事会中都必须有公司职工代表，且比例不低于1/3，具体比例由公司章程规定，选项AB不当选。有限公司监事会主席由全体监事过半数选举产生，选项D不当选。国有独资公司的董事长由国有资产监督管理机构从董事会成员中指定，题述公司并非国有独资公司，其董事长仍应由董事会选举产生，选项C当选。

4.9 〖斯尔解析〗 **A** 本题考查监事会的组成。财务负责人、总经理均属公司高级管理人员，独立董事属于一类特别的董事。董事、高级管理人员均不得兼任监事，选项BCD均不应选。公司监事会均应有职工代表，本题应选择选项A。

4.10 〖斯尔解析〗 **C** 本题考查有限责任公司特别决议事项。表决事项为公司合并，关乎公司"生死"，属于有限责任公司股东会特别决议事项，应由代表2/3以上（≥2/3）表决权的股东同意方可实施。并非"数人头"，选项A错误。本题中同意该事项的股东为赵某和钱某，二人所持表决权分别为40%和30%，合计超过2/3，可以通过该事项的决议，选项C正确，选项BD错误。

4.11 〖斯尔解析〗 **C** 本题考查股东会临时会议召开条件、股东会特别决议。有限责任公司中，股东层面提起股东会临时会议的条件是代表1/10以上表决权的股东提议召开。甲持有的表决权比例仅为5%，不足1/10，选项A错误；乙、丙、丁持有表决权的比例均超过1/10，均有权提议召开临时股东会，选项B错误；选项CD所述事项均属于有限责任公司股东会特别决议事项，必须经代表2/3以上表决权股东通过方可实施。丙、丁持有的表决权比例合计75%，超过2/3，选项C正确；乙、丁持有的表决权比例合计60%，不足2/3，选项D错误。

4.12 〖斯尔解析〗 **C** 本题考查股份有限公司董事长、副董事长产生方式。股份有限公司董事长、副董事长的产生方式相同，均由董事会全体董事的过半数（＞1/2）选举产生（一人一票），本题应选择选项C。

4.13 〖斯尔解析〗 **D** 本题考查有限责任公司监事会。有限责任公司监事会主席由全体监事过半数选举产生，选项A错误。有限责任公司/股份有限公司监事的任期每届为3年，选项B错误。董事、高级管理人员不得兼任监事，选项C错误。股东人数较少或者规模较小的有限责任公司：（1）可以设1~2名监事，不设立监事会。（2）可以设1名执行董事，不设董事会，选项D正确。

4.14 **斯尔解析** B 本题考查公司行使法人财产权的限制。公司为公司股东或者实际控制人提供担保的，必须经股东会或者股东大会决议。接受担保的股东或者受实际控制人支配的股东，不得参加上述规定事项的表决。该项表决由出席会议的其他股东所持表决权的过半数（＞1/2）通过，本题应选择选项B。

4.15 **斯尔解析** A 本题考查有限责任公司股东会特别决议事项。公司章程对议事规则和表决权的行使未作特别规定，因此，股东会会议作出修改公司章程、增加或者减少注册资本的决议，以及公司合并、分立、解散或者变更公司形式的决议，必须经代表2/3以上表决权的股东通过。无特殊约定时，股东会会议由股东按照出资比例行使表决权，李某和赵某的表决权共70%，两人同意即可通过增加注册资本的决议；而张某、李某、王某三人的表决权比例共45%，赵某自己一人表决权为55%，无法通过决议。本题应选择选项A。

4.16 **斯尔解析** D 本题考查董事、监事、高级管理人员的消极范围。有下列情形之一的，不得担任公司的董事、监事、高级管理人员：（1）无民事行为能力或者限制民事行为能力。（2）因贪污、贿赂、侵占财产、挪用财产或者破坏社会主义市场经济秩序，被判处刑罚，执行期满未逾5年，或者因犯罪被剥夺政治权利，执行期满未逾5年（选项A不当选）。（3）担任破产清算的公司、企业的董事或者厂长、经理，对该公司、企业的破产负有个人责任的，自该公司、企业破产清算完结之日起未逾3年（选项BC不当选）。（4）担任因违法被吊销营业执照、责令关闭的公司、企业的法定代表人，并负有个人责任的，自该公司、企业被吊销营业执照之日起未逾3年（选项D当选）。（5）个人所负数额较大的债务到期未清偿。选项A，张某，因挪用财产被判处刑罚，执行期满已逾6年，张某可以担任董事、监事、高管。选项B，因吴某个人责任导致该公司破产，清算完结已逾5年，则吴某可以担任董事、监事、高管。选项C，因公司董事会决策失误，与股东储某无关，其可以担任董事、监事、高管。选项D，因杨某个人原因导致公司被吊销营业执照，未逾2年，不得担任董事、监事、高管。

4.17 **斯尔解析** C 本题考点较为综合，具体包括公司法定代表人、公司组织机构的设置、股东对外转股等。依照公司章程的规定，公司法定代表人由董事长、执行董事或者经理担任，选项A不当选；股东人数较少或者规模较小的有限责任公司，可以不设立董事会，只设1名执行董事，执行董事的任期与董事任期相同，均不得超过3年，该公司章程约定执行董事的任期为2年，符合公司法律制度，选项B不当选；股东人数较少或者规模较小的有限责任公司，可以不设立监事会，只设1～2名监事，监事的法定任期为3年，该公司章程约定监事的任期为2年，不符合公司法律制度，选项C当选；有限责任公司的股东对外转让股权时，除公司章程另有约定外，须经其他股东过半数（＞1/2）同意，该公司约定应当经其他股东3/4以上同意，符合公司法律制度的规定，选项D不当选。

4.18 **斯尔解析** B 本题考查监事会职权。监事会职权包括：（1）检查公司财务（选项A不当选）；（2）对董事、高级管理人员执行公司职务的行为进行监督，对违反法律、行政法规、公司章程或者股东会决议的董事、高级管理人员提出罢免的建议（选项B当选、选项D不当选）；（3）当董事、高级管理人员的行为损害公司的利益时，要求董事、高级管理人员予以纠正；（4）提议召开临时股东会会议，在董事会不履行规定的召集和主持股东会会议职责时召集和主持股东会会议（选项C不当选）；（5）向股东会会议提出提案；（6）依照《公司法》的规定，对董事、高级管理人员提起诉讼；（7）公司章程规定的其他职权。

提示：监事会只能对董事、高级管理人员提出罢免的建议，不能直接解聘。

4.19 斯尔解析　C　本题考查经理职权。经理行使下列职权：（1）主持公司的生产经营管理工作，组织实施董事会决议；（2）组织实施公司年度经营计划和投资方案（选项C当选）；（3）拟订公司内部管理机构设置方案；（4）拟订公司的基本管理制度；（5）制订公司的具体规章；（6）提请聘任或者解聘公司副经理、财务负责人；（7）决定聘任或者解聘除应由董事会决定聘任或解聘以外的负责管理人员；（8）董事会授予的其他职权。选项ABD属于董事会职权。本题应选择选项C。

4.20 斯尔解析　C　本题考查临时股东大会召开情形。有下列情形之一的，股份有限公司应当在2个月内召开临时股东大会：（1）董事人数不足5人或者不足公司章程规定人数的2/3时；（2）公司未弥补的亏损达实收股本总额的1/3时；（3）单独或者合计持有公司10%以上股份的股东请求时；（4）董事会认为必要时；（5）监事会提议召开时（选项C当选）。此外，本题其他选项不应选的理由如下：（1）选项A中，提议召开临时股东大会的股东所持表决权比例仅为5%，未达到10%。（2）选项B中，甲股份公司的公司章程规定的董事会人数是19人，其2/3为12.7人。甲股份公司当时的董事人数（15人）既未低于法定下限（5人），也未低于公司章程规定人数的2/3。（3）选项D中，未弥补亏损未达到乙股份公司实收股本的1/3。

4.21 斯尔解析　D　本题考查股份有限公司董事会。代表1/10以上表决权的股东、1/3以上董事或者监事会，可以提议召开董事会临时会议。该公司董事会成员9人，2人提议召开，未达到法定1/3标准；监事会（非监事）有权提议召开临时董事会。选项AC错误。公司董事长、副董事长不能履行职务时，可由半数以上董事共同推举1名董事履行职务，9人的"半数以上"为5人，选项B错误。股份有限公司董事会每年召开2次会议，并在会议召开10日前通知全体董事和监事。本题应选择选项D。

4.22 斯尔解析　C　本题考查股东大会。股份有限公司的股东大会分为年会和临时股东大会两种。年会是指依照法律和公司章程的规定每年按时召开的股东大会。因此，不考虑股东数量，股东大会会议应当每年召开1次年会，选项A错误。股东大会作出决议，必须经出席会议的股东所持表决权过半数通过。但是，股东大会作出修改公司章程、增加或者减少注册资本的决议，以及公司合并、分立、解散或者变更公司形式的决议，必须经出席会议的股东所持表决权的2/3以上通过，选项B错误。股东大会选举董事、监事，可以依照公司章程的规定或者股东大会的决议，实行累积投票制，选项C正确。股东大会不得对会议通知中未列明的事项作出决议，选项D错误。

4.23 斯尔解析　A　本题考查公司董事、高级管理人员的义务。公司董事、高级管理人员不得有下列行为：（1）挪用公司资金；（2）将公司资金以其个人名义或者以其他个人名义开立账户存储；（3）违反公司章程的规定，未经股东会、股东大会或者董事会同意，将公司资金借贷给他人或者以公司财产为他人提供担保（选项D不当选）；（4）违反公司章程的规定或者未经股东会、股东大会同意，与本公司订立合同或者进行交易；（5）未经股东会或者股东大会同意，利用职务便利为自己或者他人谋取属于公司的商业机会，自营或者为他人经营与所任职公司同类的业务；（6）接受他人与公司交易的佣金归为己有（选项C不当选）；（7）擅自披露公司秘密（选项B不当选）；（8）违反对公司忠实义务的其他行为。选项A所述，董事长王某与甲公司进行交易的行为已经过股东大会同意，因此该行为并不属于法律禁止的行为，王某也并未违反公司董事义务。选项BC均为法律明确禁止的行为，且不存在豁免事由。选项D，公司为股东或实际控制人提供担保的，应当经股东（大）会表决，并经出席会议的股东所持表决权过半数通过（此规定对有限责任公司及股份有限公司均适用）。董事会不能决定为股东或实际控制人提供担保。本题应选择选项A。

4.24 **斯尔解析** A 本题考查股东代表诉讼。公司董事、高级管理人员执行公司职务时违反法律、行政法规或者公司章程的规定给公司造成损失的，股东可以通过监事会或者监事提起诉讼。本题中，张某系公司经理，属于高级管理人员。其行为违反公司章程的规定并导致公司遭受损失。因此，股东李某可以书面请求监事会起诉张某，选项A正确、选项B错误。此外，本题中乙公司之行为与甲公司的损失之间的因果关系不明，暂不足以判断李某是否有权请求甲公司董事会或者监事会起诉乙公司（题干所述的"不知情"并不足以判断乙公司是否存在侵权责任），选项CD错误。本题应选择选项A。

4.25 **斯尔解析** B 本题考查上市公司（股份有限公司）股份回购情形。公司收购本公司股份用于员工持股计划或者股权激励，经股东大会决议或者依照公司章程的规定或者股东大会的授权，经2/3以上董事出席的董事会会议决议，选项A错误。公司收购本公司股份用于员工持股计划或者股权激励的，应当在3年内转让或者注销，选项C错误。股份有限公司回购股份用于股权激励或员工持股计划的，公司合计持有的本公司股份数不得超过本公司已发行股份总额的10%，选项D错误。

4.26 **斯尔解析** A 本题考查一人有限责任公司，考点较为综合。一人有限责任公司的股东既可以是一个自然人，也可以是一个法人，但该一人有限责任公司不能投资设立新的一人有限责任公司，而对于法人则无此限制，选项A当选、选项B不当选。一人有限责任公司应当在每一会计年度终了时编制财务会计报告，并经会计师事务所审计，选项C不当选。一人有限责任公司的股东不能证明公司财产独立于股东自己财产的，应当对公司债务承担连带责任，选项D不当选。

4.27 **斯尔解析** C 本题考查一人有限责任公司，考点较为综合。一人有限责任公司的股东既可以是一个自然人，也可以是一个法人，但该一人有限责任公司不能投资设立新的一人有限责任公司，而对于法人则无此限制，选项A错误。一人有限公司在会计年度终了时必须编制财务会计报告并经会计师事务所审计，选项B错误。一人有限公司股东作出决定时应采取书面形式，选项D错误。本题应选择选项C。

4.28　斯尔解析　A　本题考查国有独资公司经理产生方式。国有独资公司设经理，由董事会聘任或者解聘。本题应选择选项A。

4.29　斯尔解析　A　本题考查国有独资公司监事会。国有独资公司设监事会，其成员不得少于5人，其中，职工代表的比例不得低于1/3，具体比例由公司章程规定。监事会成员由国有资产监督管理机构委派；但是，监事会中的职工代表由公司职工代表大会选举产生。监事会主席由国有资产监督管理机构从监事会成员中指定。本题应选择选项A。

4.30　斯尔解析　C　本题考查国有独资公司。国有独资公司仅有单一股东，无需设立股东会，由国有资产监督管理机构行使股东会职权，选项A错误。国有独资公司的董事长、监事会主席均由国有资产监督管理机构指定，并非经选举产生，选项BD均错误。对于国有独资公司来说，原则上其经理由董事会聘任即可，但经理由董事兼任的，需经国有资产监督管理机构同意，选项C正确。

4.31　斯尔解析　A　本题考查国有独资公司董事会职权。国有独资公司设经理，由董事会聘任或者解聘，选项A正确。国有独资公司非职工董事由国有资产监督管理机构委派，职工董事由公司职工代表大会选举产生，选项B错误。经国有资产监督管理机构同意，董事会成员可以兼任经理，选项C错误。国有独资公司的合并、分立、解散、增减注册资本和发行公司债券，必须由国有资产监督管理机构决定，选项D错误。本题应选择选项A。

4.32　斯尔解析　D　本题考查国有独资公司。国有独资公司仅有单一股东，无需设立股东会，由国有资产监督管理机构行使股东会职权，选项A错误。董事会成员中应当有职工代表，但对职工代表的人数不限制，选项B错误。国有独资公司监事会人数不得少于5人，职工代表的比例不得少于1/3，具体比例由公司章程规定，选项C错误。国有独资公司的董事长、副董事长、监事、高级管理人员，未经国有资产监督管理机构同意，不得在其他有限责任公司、股份有限公司或者其他经济组织兼职。经理属于高级管理人员，未经国有资产监督管理机构同意，经理不得在其他公司兼职，选项D正确。

4.33　斯尔解析　C　本题考查公积金。公积金分为盈余公积金和资本公积金。盈余公积金包括法定公积金、任意公积金。法定公积金按照公司税后利润的10%提取，当公司法定公积金累计额为公司注册资本的50%以上时可以不再提取。提取公司的资本公积金不得用于弥补公司亏损，选项ABD符合公司法规定，选项C当选。

4.34　斯尔解析　D　本题考查公积金。资本公积金不能用于弥补亏损，本题应选择选项D。

4.35　斯尔解析　C　本题考查公司减资程序。公司需要减少注册资本时，必须编制资产负债表及财产清单，选项A不当选。公司减少注册资本时，应当自作出减少注册资本决议之日起10日内通知债权人，并于30日内在报纸上公告，选项B不当选。债权人自接到通知书之日起30日内，未接到通知书的自公告之日起45日内，有权要求公司清偿债务或者提供相应的担保，选项C当选。公司减少注册资本，应当依法向公司登记机关办理变更登记，选项D不当选。

4.36　斯尔解析　A　本题考查指定清算。当出现债权人可以申请人民法院指定清算组进行清算的情形,而债权人未提起清算申请,公司股东申请人民法院指定清算组对公司进行清算的,人民法院应予受理。本题应选择选项A。

4.37 斯尔解析　C　本题考查清算组组成人员。有限责任公司的清算组由股东组成,股份有限公司的清算组由董事或者股东大会确定的人员组成。本题应选择选项C。

二、多项选择题

4.38 斯尔解析　ACD　本题考查分公司相关规定。分公司没有独立的财产,因此不能独立承担责任,但可以领取营业执照,选项ACD正确。分公司并没有独立的公司章程,选项B错误。本题应选择选项ACD。

4.39 斯尔解析　ABC　本题考查公司章程的记载事项。公司章程的记载事项依是否具有法律强制性规定可分为:绝对必要记载事项、相对必要记载事项和任意记载事项。绝对必要记载事项一般都涉及公司存在和活动的基本要素,通常包括公司名称和住所、公司营业范围、公司注册资本、股东的姓名或名称、公司法定代表人、公司的机构等。相对必要记载事项一般包括:特别股的权利和义务、特别股股东或受益人的姓名和名称及住所、实物出资事项、公司设立费用及其支付方法、盈余分配方法(选项D不当选)、公司解散事由及清算办法等。本题应选择选项ABC。

4.40 斯尔解析　ABC　本题考查公司章程约束力。公司章程是公司内部的"宪法",对股东、董事、监事、高级管理人员均有约束力。现实生活中,公司的实际控制人可能是公司的股东,但并不当然是公司的股东。从上述真题的思路看,真题是把股东和实际控制人分开来看的——股东受章程约束,实际控制人并不一定是股东,所以并不当然受章程约束。选项D不当选,本题应选择选项ABC。

4.41 斯尔解析　ABC　本题考查募集设立股份有限公司向认股人返还认股款的情形。发行的股份超过招股说明书规定的截止期限尚未募足的,或者发行股份的股款缴足后,发起人在30日内未召开创立大会的,或创立大会作出不设立公司决议的,认股人可以按照所缴股款并加算银行同期存款利息,要求发起人返还。董事会应于创立大会结束后30日内,向公司登记机关申请设立登记,但并不要求设立登记在创立大会结束后30日内完成。选项D所述情况并不会导致股份公司不能成立,本题应选择选项ABC。

4.42 斯尔解析　AC　本题考查股东出资。股东不得以劳务(选项D不当选)、信用、自然人姓名、商誉(选项B不当选)、特许经营权或者设定担保的财产等作价出资。本题应选择选项AC。

4.43 斯尔解析　ABCD　本题考查股东出资。股东可以以货币出资,也可以以非货币出资。股东以货币出资的,应当将货币出资足额存入为设立有限责任公司而在银行设立的账户,选项B当选。股东以非货币财产出资的,一般应在6个月内办理完财产权转移手续,选项AD当选。对于股东不按照规定缴纳出资的,除该股东应当向公司足额缴纳外,还应当向已按期足额缴纳出资的股东承担违约责任,选项C当选。该违约责任除出资部分外,还包括未出资的利息。

4.44 斯尔解析　ABD　本题考查国有独资公司组织机构。国有独资公司董事会、监事会应有职工代表担任董事、监事，选项AB正确。国有独资公司不设股东会，由国有资产监督管理机构行使股东会职权，选项D正确。国有独资公司监事会主席由国有资产监督管理机构从监事会成员中指定，选项C错误。

4.45 斯尔解析 **AB** 本题考查公司法人人格混同的认定。认定公司人格与股东人格是否存在混同，最根本的判断标准是公司是否具有独立意思和独立财产，最主要的表现是公司的财产与股东的财产是否混同且无法区分。在认定是否构成人格混同时，应当综合考虑以下因素：（1）股东无偿使用公司资金或者财产，不作财务记载的（选项A当选）；（2）股东用公司的资金偿还股东的债务，或者将公司的资金供关联公司无偿使用，不作财务记载的（选项B当选）；（3）公司账簿与股东账簿不分，"致使公司财产与股东财产无法区分的"；（4）股东自身收益与公司盈利不加区分，致使双方利益不清的；（5）公司的财产记载于股东名下，由股东占有、使用的；（6）人格混同的其他情形。公司控制股东对公司过度支配与控制的表现：（1）母子公司之间或者子公司之间进行利益输送的（选项D不当选）；（2）母子公司或者子公司之间进行交易，收益归一方，损失却由另一方承担的；（3）先从原公司抽走资金，然后再成立经营目的相同或者类似的公司，逃避原公司债务的（选项C不当选）；（4）先解散公司，再以原公司场所、设备、人员及相同或者相似的经营目的另设公司，逃避原公司债务的；（5）过度支配与控制的其他情形。

4.46 斯尔解析 **BC** 本题考查股东增资时未履行出资义务时责任主体。股东在公司增资时未履行或者未全面履行出资义务，未尽《公司法》规定的义务而使出资未缴足的董事、高级管理人员承担相应责任，董事、高级管理人员承担责任后，可以向被告股东追偿。本题应选择选项BC。

4.47 斯尔解析 **ACD** 本题考查股份有限公司监事会。股份有限公司与有限责任公司规定相同，监事会成员不得少于3人，且职工代表比例不得少于监事会成员的1/3，具体比例由公司章程规定，选项AD正确。监事会设主席1人，选项C正确。公司董事、高级管理人员不得兼任监事，选项B错误。

4.48 斯尔解析 **ABC** 本题考查股份有限公司组织机构。股份有限公司的股东大会分为年会和临时股东大会两种。年会是指依照法律和公司章程的规定每年按时召开的股东大会，选项A正确。董事会每年度至少召开2次会议，选项B正确。监事会每6个月至少召开1次会议，选项C正确。股份有限公司设董事会，其成员为5~19人，有限责任公司董事会成员为3~13人，选项D错误。本题应选择选项ABC。

4.49 斯尔解析 **AC** 本题考查临时股东会召开情形。代表1/10以上表决权的股东，1/3以上的董事，监事会或者不设监事会的公司的监事提议召开临时股东会会议的，应当召开临时股东会会议。"该公司章程对股东表决权行使事项未作特别规定"股东应按出资比例行使表决权。某股东出资20万，注册资本120万，其出资比例超过1/10，可以提议召开临时股东会，选项A正确。公司未弥补亏损达实收股本总额1/3，属于股份有限公司召开"临时股东大会"情形，选项B错误。董事会成员5人，两人提议召开，达到"1/3"董事标准，可以提议召开临时股东会，选项C正确。若公司设置监事会，则应由监事会提议召开临时股东会；若公司未设置监事会，方可由监事提议召开临时股东会，选项D错误。本题应选择选项AC。

4.50 **斯尔解析** **AD** 本题考查上市公司高级管理人员。上市公司高级管理人员包括公司的经理、副经理（选项A当选）、财务负责人、上市公司董事会秘书（选项D当选）和公司章程规定的其他人员。本题应选择选项AD。

4.51 **斯尔解析** **ABD** 本题考查股东大会特别决议事项。股东大会作出修改公司章程（选项B当选）、增加或者减少注册资本的决议，以及公司合并（选项D当选）、分立、解散或者变更公司形式的决议（选项A当选），必须经出席会议的股东所持表决权的2/3以上通过，本题应选择选项ABD。

提示：发行公司债券由股东（大）会决议，但不属于特别决议事项。

4.52 **斯尔解析** **ABC** 本题考查决议不成立情形。股东会或者股东大会、董事会决议存在下列情形之一，当事人主张决议不成立的，人民法院应当予以支持：（1）公司未召开会议的，但依法或者公司章程规定可以不召开股东会或者股东大会而直接作出决定，并由全体股东在决定文件上签名、盖章的除外；（2）会议未对决议事项进行表决的（选项A当选）；（3）出席会议的人数或者股东所持表决权不符合公司法或者公司章程规定的（选项C当选）；（4）会议的表决结果未达到公司法或者公司章程规定的通过比例的（选项B当选）；（5）导致决议不成立的其他情形。选项D所述事由可能导致决议被撤销。本题应选择选项ABC。

4.53 **斯尔解析** **ABC** 本题考查股东行使查阅权的范围。股份有限公司股东只能要求查阅而不能复制下列文件：公司章程（选项A当选）、股东大会会议记录、董事会会议决议、监事会会议决议、财务会计报告（选项C当选）、公司债券存根、股东名册（选项B当选）。本题应选择选项ABC。

提示：有限责任公司股东可以要求查阅并复制的文件包括：股东会会议记录、董事会会议决议、监事会会议决议、财务会计报告。另外，有限责任公司股东只能查阅公司但不能复制公司会计账簿。股份有限公司股东对公司会计账簿"碰不得"（不可查阅也不可复制）。

4.54 **斯尔解析** **ABD** 本题考查"名义股东与实际出资人"相关规定。法律规定，除非"股东代持"协议存在《民法典》"总则编"规定的法律行为无效的事由，原则上认可该协议的效力，选项A当选。即使李某实际履行了出资义务，但其"显名"的动作（包括由公司向李某签发出资证明书）对于其他股东来说依然应该比照一般的股权转让处理，经其他股东半数以上（≥1/2）同意方可进行，选项B当选。当实际出资人（即李某）与名义股东（即张某）因投资权益的归属发生争议，实际出资人以其实际履行了出资义务为由向名义股东主张权利的，人民法院应予支持，选项C不当选，选项D当选。本题应选择选项ABD。

4.55 **斯尔解析** **ABCD** 本题考查上市公司（股份有限公司）回购股份情形。股份有限公司一般不得收购本公司股份。但是，有下列情形之一的除外：（1）减少公司注册资本（选项D当选）；（2）与持有本公司股份的其他公司合并（选项C当选）；（3）将股份用于员工持股计划或者股权激励；（4）股东因对股东大会作出的公司合并、分立决议持异议，要求公司收购其股份；（5）将股份用于转换上市公司发行的可转换为股票的公司债券（选项B当选）；（6）上市公司为维护公司价值及股东权益所必需（选项A当选）。本题应选择选项ABCD。

4.56 　斯尔解析　BCD　本题考查强制解散之诉。单独或者合计持有公司全部股东表决权10%以上的股东，以下列事由之一提起解散公司诉讼，并符合《公司法》有关规定的，人民法院应予受理：（1）公司持续两年以上无法召开股东会或者股东大会，公司经营管理发生严重困难的（选项D当选）；（2）股东表决时无法达到法定或者公司章程规定的比例，持续两年以上不能作出有效的股东会或者股东大会决议，公司经营管理发生严重困难的（选项C当选）；（3）公司董事长期冲突，且无法通过股东会或者股东大会解决，公司经营管理发生严重困难的（选项B当选）；（4）经营管理发生其他严重困难，公司继续存续会使股东利益受到重大损失的情形。由此，人民法院受理股东提起的解散之诉的前提是"公司经营管理发生严重困难"。若股东以知情权、利润分配请求权等权益受到损害，或者公司亏损、财产不足以偿还全部债务，以及公司被吊销企业法人营业执照未进行清算等为由，提起解散公司诉讼的，人民法院不予受理，选项A不当选。本题应选择选项BCD。

4.57 　斯尔解析　ABCD　本题考查减资程序，选项ABCD所述均属于减少注册资本时应当执行的程序。

4.58 　斯尔解析　ABCD　清算组在清算期间行使下列职权：（1）清理公司财产，分别编制资产负债表和财产清单（选项A当选）；（2）通知、公告债权人；（3）处理与清算有关的公司未了结的业务（选项B当选）；（4）清缴所欠税款以及清算过程中产生的税款（选项C当选）；（5）清理债权、债务；（6）处理公司清偿债务后的剩余财产；（7）代表公司参与民事诉讼活动（选项D当选）。本题应选择选项ABCD。

三、判断题

4.59 　斯尔解析　√　本题考查股东滥用股东权的责任。本题所述正确。

4.60 　斯尔解析　×　本题考查募集设立程序。股份有限公司的认股人未按期缴纳所认股份的股款，经公司发起人催缴后在合理期间内仍未缴纳，公司发起人对该股份另行募集的，人民法院应当认定该募集行为有效。题干所述漏掉了"催缴"的步骤。本题所述错误。

4.61 　斯尔解析　×　本题考查创立大会表决事项通过标准。以募集设立方式设立的股份有限公司，发起人制定的公司章程，应当召开创立大会表决通过，并经出席会议的认股人所持表决权的过半数（＞1/2）通过即有效。本题所述错误。

4.62 　斯尔解析　×　本题考查公司不能设立时发起人如何承担债务。发起人承担责任的顺序是"约定的责任承担比例"→"出资比例"→"均等分担"。题干中漏掉了按照"约定的责任承担比例"的内容，本题所述错误。

4.63 　斯尔解析　√　本题考查公司法定代表人担任主体。本题所述正确。

4.64 　斯尔解析　×　本题考查有限责任公司股东资格解除情形。有限责任公司的股东未履行出资义务或者抽逃全部出资，经公司催告缴纳或者返还，其在合理期间内仍未缴纳或者返还出资，公司以股东会决议解除该股东的股东资格，该股东请求确认该解除行为无效的，人民法院不予支持。题干中漏掉了催告的步骤。本题所述错误。

4.65 斯尔解析 × 本题考查公司对外担保决议。公司为他人提供担保的，应当按照公司章程规定、由股东（大）会或董事会决议。公司为公司股东或者实际控制人提供担保的，必须经股东（大）会决议。本题所述错误。

4.66 斯尔解析 × 本题考查资本公积金。股份有限公司以超过股票票面金额的发行价格发行股份所得的溢价款应列为资本公积金。本题所述错误。

4.67 斯尔解析 × 本题考查违规选举"董监高"的效力。公司违反《公司法》规定选举、委派董事、监事或者聘任高级管理人员的，该选举、委派或者聘任无效。既然无效，谈何解除？本题所述错误。

4.68 斯尔解析 √ 本题考查有限责任公司董事会的职权。有限责任公司与股份有限公司股东（大）会、董事会、监事会职权相同。董事会有权决定公司的"经营计划和投资方案"。而股东会或股东大会有权决定公司"经营方针和投资计划"。本题所述正确。

4.69 斯尔解析 × 本题考查有限责任公司股东会的职权。有限责任公司与股份有限公司股东（大）会、董事会、监事会职权相同。股东（大）会选举非经职工代表担任的董事、监事并决定他们的报酬。董事会决定聘任或者解聘公司经理及其报酬事项，并根据经理的提名决定聘任或者解聘公司副经理、财务负责人及其报酬事项。本题所述错误。

4.70 斯尔解析 × 本题考查股东权利的分类。自益权是指股东仅以个人利益为目的而行使的权利，即依法从公司取得收益、财产或处分自己股权的权利，包括股利分配请求权、剩余财产分配权、新股认购优先权、股份质押权和股份转让权等。由此，自益权更多与"钱"相关。共益权是指股东依法参加公司事务的决策和经营管理的权利，它是股东基于公司利益同时兼为自己的利益而行使的权利，如表决权、参加权、知情权等。本题所述错误。

4.71 斯尔解析 √ 本题考查股东权利的分类。共益权是指股东依法参加公司事务的决策和经营管理的权利，它是股东基于公司利益同时兼为自己的利益而行使的权利，如表决权、参加权、知情权等。"查阅公司账簿"属于"知情权"范畴。本题所述正确。

4.72 斯尔解析 × 本题考查有限责任公司股东对外转股。除另有约定外，股东向股东以外的人转让股权，应当经其他股东一人一票过半数（>1/2）同意。本题中，李某、王某、朱某之间应有至少两人同意，张某方可进行上述股权转让，与李某、王某、朱某持股比例无关。本题所述错误。

4.73 斯尔解析 √ 本题考查法定公积金转增资本限额。本题所述正确。

4.74 斯尔解析 × 本题考查公司强制解散之诉。股东以知情权、利润分配请求权等权益受到损害，或者公司亏损、财产不足以偿还全部债务，以及公司被吊销企业法人营业执照未进行清算等为由，提起解散公司诉讼的，人民法院不予受理。题述情况下，对"公司被吊销营业执照未进行清算"这一事由，即使甲股东持股超过10%，也不能提起解散公司之诉。本题所述错误。

第五章 证券法律制度

一、单项选择题

5.1 下列关于股份有限公司股票发行的表述中，符合《公司法》规定的是（   ）。
A.公司历次发行股票的价格都必须相同
B.公司发行的股票面额必须为每股1元
C.公司发行的股票必须为无记名股票
D.公司股票的发行价格不得低于票面金额

5.2 张某持有甲上市公司于2021年1月首次发行的优先股。甲公司章程对优先股股东行使表决权的情形未作特别规定。甲公司的下列事项中，张某有权行使优先股表决权的是（   ）。
A.增发普通股 B.公司分立
C.首次减资5% D.对外提供大额担保

5.3 根据公司法律制度的规定，下列关于优先股与普通股股东权利的表述中，正确的是（   ）。
A.优先股股东先于普通股股东分配公司红利
B.公司清算时普通股股东先于优先股股东取得公司剩余财产
C.优先股股东和普通股股东都可以参与公司决策
D.优先股股东先于普通股股东分配公司利润

5.4 根据证券法律制度的规定，资信状况符合以下标准的公开发行公司债券，专业投资者和普通投资者可以参与认购，该标准包括（   ）。
A.发行人最近3个会计年度实现的年均可分配利润不少于债券一年利息的2倍
B.发行人净资产规模不少于200亿元
C.发行人最近36个月内累计公开发行债券不少于3期，发行规模不少于100亿元
D.发行人最近5年无债务违约或者迟延支付本息的事实

5.5 根据证券法律制度，以下有关证券承销的规定中，错误的是（   ）。
A.采用包销方式销售证券的，承销人应将发行人证券全部购入或者在承销期结束时将售后剩余证券全部自行购入
B.采用代销方式销售证券的，承销人可将未售出的证券全部退还发行人
C.代销期限届满销售股票数量达到拟公开发行股票数量70%的为发行成功
D.证券承销期限可以约定为120日

5.6 根据证券法律制度规定，下列关于证券发行规则的表述中，正确的是（　　）。
A.债券发行采用代销的，期限届满，出售的债券数量未达到拟公开发行数量70%的，为发行失败
B.证券发行采用包销或代销的，最长期限均不得超过90日
C.证券发行由证券交易所依照法定条件负责发行申请的注册
D.股票发行采用包销的，证券公司有权在包销期内预先购入并留存所包销的股票

5.7 根据证券法律制度规定，下列关于上市公司配股条件的表述中，不正确的是（　　）。
A.拟配售股份数量不超过本次配售股份前股本总额的30%
B.控股股东应当在股东大会召开前公开承诺认配股份的数量
C.采用代销方式发行
D.采用包销方式发行

5.8 下列关于证券发行承销团承销证券的表述中，不符合证券法律制度规定的是（　　）。
A.承销团承销适用于向不特定对象公开发行的证券
B.发行证券的票面总值必须超过人民币1亿元
C.承销团由主承销和参与承销的证券公司组成
D.承销团代销、包销期限最长不得超过90日

5.9 甲公司（不存在一致行动人）通过证券交易所的证券交易收购A上市公司股份，根据证券法律制度规定，以下说法中错误的是（　　）。
A.甲公司持有A上市公司有表决权股份达到5%时应编制权益变动报告书
B.甲公司编制权益变动报告书的时间为收购事实发生之日起5日内
C.甲公司编制的权益变动报告书应向相应的证券交易所进行书面报告
D.在权益变动报告书公告前，甲公司不得再行买卖A上市公司的股票

5.10 根据证券法律制度规定，关于收购上市公司的结果，以下说法中错误的是（　　）。
A.在上市公司收购中，收购人持有的被收购的上市公司的股票，在收购行为完成后的12个月内不得转让
B.收购行为完成后，收购人应当在15日内向证券交易所提交关于收购情况的书面报告，并予以公告
C.收购期限届满，被收购公司股权分布不符合上市条件的，该上市公司的股票应当由证券交易所依法终止上市交易
D.收购行为完成后，被收购公司不再具备股份有限公司条件的，应当依法变更企业形式

5.11 根据证券法律制度规定，下列关于上市公司收购的表述中，正确的是（   ）。
A.收购要约期限届满前20日内，收购人不得变更收购要约
B.收购要约可以改收购期限为40日
C.可以减少预定收购股份数额
D.可以降低价格收购

5.12 根据公司法律制度的规定，下列关于发起人转让其持有的本公司股份限制的表述中，正确的是（   ）。
A.自公司成立之日起1年内不得转让　　B.自公司成立之日起2年内不得转让
C.自公司成立之日起3年内不得转让　　D.自公司成立之日起5年内不得转让

5.13 某股份有限公司于2018年6月在上海证券交易所上市。该公司有关人员的下列股份转让行为中，不符合《公司法》规定的是（   ）。
A.监事张某2019年3月将其所持有的本公司股份总数的25%转让
B.董事吴某2019年8月将其所持有的本公司全部股份500股一次性转让
C.董事罗某2020年将其所持有的本公司股份总数的25%转让
D.经理王某2021年1月离职，8月转让其所持有的本公司所有股份

5.14 根据证券法律制度规定，以下有关上市公司信息披露的说法中，错误的是（   ）。
A.证券同时在境内境外公开发行、交易的，信息披露义务人在境外披露的信息，应当在境内同时披露
B.信息披露义务人在强制信息披露以外，自愿披露信息的，所披露的信息不得与依法披露的信息相冲突，不得误导投资者
C.上市公司应在每一会计年度结束之日起4个月内，报送并公告年度报告
D.上市公司应在每一会计年度的上半年结束之日起1个月内，报送并公告中期报告

5.15 根据公司法律制度的规定，下列关于股份有限公司股份转让限制的表述中，正确的是（   ）。
A.公司收购自身股份用于员工持股计划或者股权激励的，所收购的股份应当在2年内转让给职工
B.发起人持有的本公司股份，自公司成立之日起1年内不得转让
C.公司监事在任职期间每年转让的股份，不得超过其持有的本公司股份总数的20%
D.公司董事所持有的本公司股份，自公司股票上市交易之日起3年内不得转让

5.16 根据证券法律制度规定，下列关于证券信息披露的表述中，不正确的是（   ）。
A.信息披露义务人披露的信息应当通俗易懂
B.信息披露义务人自愿披露的信息不得与依法披露的信息相冲突
C.信息披露义务人披露的信息应当简明清晰
D.信息披露的对象是特定的社会公众

5.17 根据公司法律制度的规定,下列关于上市公司董事会秘书的表述中,正确的是（ ）。
A.董事会秘书可以代表董事长
B.董事会秘书可以代表董事会
C.董事会秘书是董事会设置的服务席位
D.董事会秘书不属于公司的高级管理人员

5.18 根据证券法律制度规定,要约收购中,收购人发出收购要约之后可以实施的行为是（ ）。
A.降低收购价格　　　　　　　　B.减少预定收购股份数额
C.延长收购期限　　　　　　　　D.撤销其收购要约

5.19 根据证券法律制度规定,下列各项中,属于上市公司持续信息披露文件的是（ ）。
A.招股说明书　　　　　　　　　B.重大事件的临时报告
C.债券募集说明书　　　　　　　D.上市公告书

5.20 甲股份有限公司公开发行股份并于主板上市。监事会有5名监事,其中监事赵某、张某为职工代表,监事任期届满,该公司职工代表大会在选举监事时,认为赵某、张某未能认真履行职责,故一致决议改选陈某、王某为监事会成员。根据证券法律制度规定,该上市公司应通过一定的方式将该信息予以披露,该信息披露的方式是（ ）。
A.中期报告　　　B.季度报告　　　C.年度报告　　　D.临时报告

二、多项选择题

5.21 根据证券法律制度规定,下列关于发行人首次公开发行股票应具备条件的表述中,正确的有（ ）。
A.具有持续经营能力
B.具备健全且运行良好的组织机构
C.实际控制人不存在债务违约情形
D.最近3年财务会计报告被出具无保留意见审计报告

5.22 根据证券法律制度规定,公司出现特定情形的,不得再次公开发行公司债券。下列各项中,属于该情形的有（ ）。
A.存在延迟支付债务本息的事实且仍处于继续状态
B.高级管理人员发生重大变化
C.发生重大资产转让
D.对已公开发行的公司债券有违约事实且仍处于继续状态

5.23 根据公司法律制度的规定，上市公司的优先股股东有权出席股东大会会议，就相关事项与普通股股东分类表决，该相关事项有（　　）。
A.修改公司章程中有关董事会人数的内容
B.公司对外转让重大资产的交易
C.发行新的优先股
D.公司吸收合并另一有限公司

5.24 根据证券法律制度规定，公司首次公开发行股票应符合的条件有（　　）。
A.具备健全且运行良好的组织机构
B.具有持续盈利能力
C.最近3年财务会计报告被出具无保留意见审计报告
D.发行人控股股东最近3年不存在破坏社会主义市场经济秩序的刑事犯罪

5.25 根据证券法律制度规定，在科创板上市的公司，其公开发行股票应满足的条件有（　　）。
A.行业、技术符合科创板定位
B.业务完整并具有直接面向市场独立持续经营的能力
C.组织机构健全，持续经营满3年
D.最近3年内主营业务和董事、高级管理人员及核心技术人员均没有发生重大不利变化

5.26 某有限责任公司拟申请首次公开发行公司债券。下列关于该公司公开发行公司债券条件的表述中，不符合证券法律制度规定的有（　　）。
A.公开发行公司债券，可以申请一次注册，分期发行
B.公开发行公司债券，只能面向专业投资者公开发行
C.筹集的资金拟用于修建职工活动中心
D.该公司最近3年平均可分配利润足以支付公司债券1年的利息

5.27 根据证券法律制度规定，下列关于公司债券非公开发行及转让的表述中，正确的有（　　）。
A.非公开发行公司债券应于每次发行完成后3个工作日内向中国证监会报备
B.非公开发行公司债券应当向专业投资者发行
C.每次发行对象不得超过200人
D.非公开发行的公司债券可以申请在证券交易场所转让

5.28 根据证券法律制度规定，下列关于公开发行债券的说法中正确的有（　　）。
A.公司具备健全且运行良好的组织机构方可公开发行债券
B.公司最近3年平均可分配利润足以支付公司债券1年的利息方可公开发行债券
C.对已公开发行的公司债券延迟支付本息，仍处于继续状态的，不得公开发行债券
D.违反证券法规定，改变公开发行公司债券所募资金用途的，不得公开发行债券

5.29 根据证券法律制度规定，下列关于公开募集基金的基金份额上市交易的表述中，正确的有（　　）。
A.基金管理人应当与证券交易所签订上市协议
B.基金合同期限为1年以上
C.基金募集金额不低于2亿元人民币
D.基金份额持有人不超过200人

5.30 甲公司公开发行股票并在上海证券交易所上市，且甲公司并未发行过公司债券。根据证券法律制度，甲公司应进行临时报告的重大事件有（　　）。
A.公司的经营方针和经营范围的重大变化
B.公司债券信用评级发生变化
C.公司发生重大损失
D.公司股东大会决议被依法撤销

5.31 根据证券法律制度规定，发生可能对上市交易的公司债券价格产生较大影响的重大事件，投资者尚未得知时，公司应当立即报送临时报告，并予公告，下列情形中，属于重大事件的有（　　）。
A.公司作出分配股利的决定
B.公司放弃债权或者财产超过上年末净资产的20%
C.公司注册资本减少的决定
D.公司发生超过上年末净资产10%的重大损失

5.32 根据证券法律制度规定，在特定情形下，如无相反证据，投资者将会被视为一致行动人，下列各项中，属于该特定情形的有（　　）。
A.投资者之间存在股权控制关系
B.投资者之间为同学、战友关系
C.投资者之间存在合伙关系
D.投资者之间存在联营关系

5.33 根据证券法律制度相关规定，以下情况中，可能导致相关主体不得收购上市公司的有（　　）。
A.甲公司具有数额较大债务，于一年前到期，目前仍未清偿
B.乙公司在去年有重大违法行为
C.张某在五年前因严重的证券市场失信行为被上海证券交易所公开谴责
D.李某因车祸成为植物人

5.34 根据证券法律制度规定，下列关于要约收购的表述中，正确的有（　　）。
A.收购人在要约收购期内不得卖出被收购公司的股票
B.收购人在收购要约确定的期限内，不得撤销其收购要约
C.收购人在证券交易所之外进行的收购，属于要约收购
D.收购人应当编制要约收购报告书，并对报告书摘要作出提示性公告

5.35 根据公司法律制度的规定，下列事项中，属于上市公司股东大会决议应经出席会议的股东所持表决权2/3以上通过的有（　　）。
A.减少公司注册资本
B.在一年内购买重大资产金额超过公司资产总额30%
C.与其他公司进行合并
D.决定经理的薪酬

5.36 根据证券法律制度规定，证券交易内幕信息的知情人包括（　　）。
A.上市公司的董事
B.因职务可以获取内幕信息的证券交易场所工作人员
C.上市公司控股子公司的经理
D.上市公司收购人

5.37 根据证券法律制度规定，下列行为属于操纵证券市场行为的有（　　）。
A.不以成交为目的，频繁或者大量申报并撤销申报
B.与他人串通，以事先约定的时间、价格和方式相互进行证券交易
C.对证券、发行人公开作出评价、预测或者投资建议，并进行反向证券交易
D.在自己实际控制的账户之间进行证券交易

5.38 根据公司法律制度的规定，下列人员中，不得担任上市公司独立董事的有（　　）。
A.在上市公司任职的人员
B.为上市公司提供法律服务的人员
C.在直接持有上市公司已发行股份5%以上的股东单位任职的人员
D.上市公司前10名股东中的自然人股东

三、判断题

5.39 上市公司同次发行的相同条款优先股，每股发行的条件、价格和票面股息率应当相同。（　　）

5.40 发行人向累计超过200人的特定对象发行证券的，视为公开发行证券，但依法实施员工持股计划的员工人数不计算在内。（　　）

5.41 股份有限公司发行股票时，对于同一种类的股票可以针对不同投资主体规定不同的发行条件和发行价格。（　　）

5.42 公开发行的股票在科创板上市的，公开发行的股份应达到公司股份总数的25%以上；公司股本总额超过人民币4亿元的，公开发行股份的比例应为10%以上。（　　）

5.43 对于记名债券的转让，只需交付即可发生债券转让的效果。（　　）

5.44 公司改变通过公开发行股票所募集资金的用途的，必须经股东大会作出决议。（　　）

5.45 投资者及其一致行动人是上市公司的第一大股东，其拥有表决权的股份达到或者超过5%但未达到20%的，应当编制简式权益变动报告书。（　　）

5.46 发行人及其控股股东、实际控制人、董事、监事、高级管理人员等作出公开承诺的，其承诺属于强制披露内容，不履行承诺给投资者造成损失的，应当依法承担赔偿责任。（ ）

5.47 禁止证券交易场所、证券公司、证券登记结算机构、证券服务机构和其他金融机构的从业人员、有关监管部门或者行业协会的工作人员，利用因职务便利获取的内幕信息以外的其他未公开的信息，违反规定，从事与该信息相关的证券交易活动，或者明示、暗示他人从事相关交易活动。（ ）

5.48 内幕信息知情人员自己未买卖证券，也未建议他人买卖证券，但将内幕信息泄露给他人，接受内幕信息的人依此买卖证券的，不属于内幕交易行为。
（ ）

答案与解析

一、单项选择题

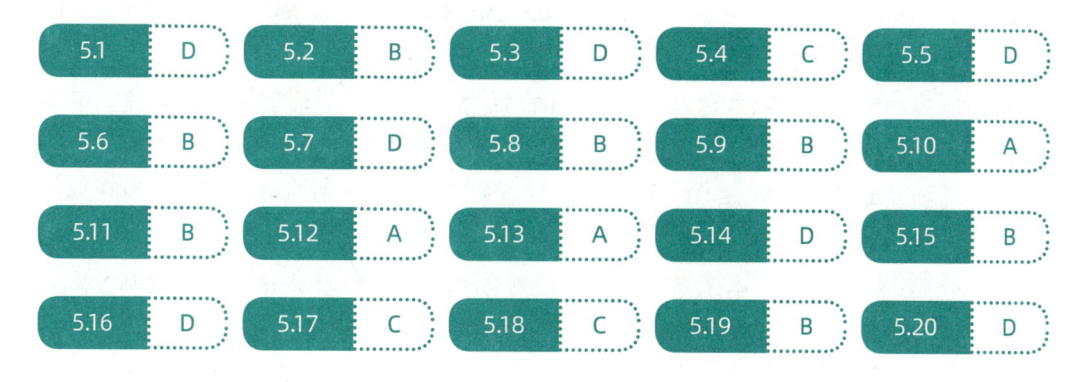

5.1	D	5.2	B	5.3	D	5.4	C	5.5	D
5.6	B	5.7	D	5.8	B	5.9	B	5.10	A
5.11	B	5.12	A	5.13	A	5.14	D	5.15	B
5.16	D	5.17	C	5.18	C	5.19	B	5.20	D

二、多项选择题

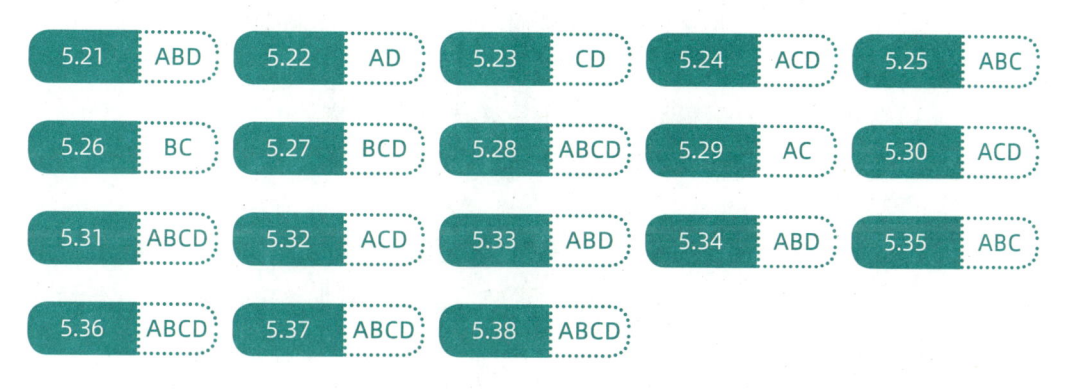

5.21	ABD	5.22	AD	5.23	CD	5.24	ACD	5.25	ABC
5.26	BC	5.27	BCD	5.28	ABCD	5.29	AC	5.30	ACD
5.31	ABCD	5.32	ACD	5.33	ABD	5.34	ABD	5.35	ABC
5.36	ABCD	5.37	ABCD	5.38	ABCD				

三、判断题

5.39	√	5.40	√	5.41	×	5.42	√	5.43	×
5.44	√	5.45	×	5.46	√	5.47	√	5.48	×

一、单项选择题

5.1 【斯尔解析】 D 本题考查股票发行价格。原则上，公司发行股票的价格（只要不违反同股同价）、面额、形式（是否记名等）都由公司自主决定。"同股同价"只约束同次发行，历次发行的价格之间不受"同股同价"的约束，选项A错误。把股票面额定为1元/股只是国内比较通行的做法，并非法律的明确要求，选项B错误。公司向发起人、法人发行的股票，应当为记名股票，并应当记载该发起人、法人的名称或者姓名，选项C错误。股票发行价格可以按票面金额，也可以超过票面金额，但不得低于票面金额，选项D正确。

5.2 【斯尔解析】 B 本题考查优先股股东可以行使表决权事项。优先股股东有权出席股东大会会议，就以下事项与普通股股东分类表决，其所持每一优先股有一表决权，但公司持有的本公司优先股没有表决权：（1）修改公司章程中与优先股相关的内容；（2）一次或累计减少公司注册资本超过10%（选项C不当选）；（3）公司合并、分立、解散或变更公司形式（选项B当选）；（4）发行优先股（选项A不当选）；（5）公司章程规定的其他情形。上述事项的决议，除须经出席会议的普通股股东（含表决权恢复的优先股股东）所持表决权的2/3以上通过之外，还须经出席会议的优先股股东（不含表决权恢复的优先股股东）所持表决权的2/3以上通过。本题应选择选项B。

5.3 【斯尔解析】 D 本题考查优先股的"优先性"。优先股股东的主要权利是优先分配利润和剩余财产，选项D正确。优先股股东不参与公司决策，不参与公司红利分配，选项AC错误。在公司进行清算时，优先股股东先于普通股股东取得公司剩余财产，选项B错误。

5.4 【斯尔解析】 C 本题考查向专业投资者和普通投资者公开发行公司债券需满足的条件。资信状况符合以下标准的公开发行公司债券，专业投资者和普通投资者可以参与认购：

（1）发行人最近3年无债务违约或者延迟支付本息的事实（选项D不当选）；

（2）发行人最近3年平均可分配利润不少于债券一年利息的1.5倍（选项A不当选）；

（3）发行人净资产规模不少于250亿元（选项B不当选）；

（4）发行人最近36个月内累计公开发行债券不少于3期，发行规模不少于100亿元（选项C当选）；

（5）中国证监会根据投资者保护的需要规定的其他条件。

5.5 【斯尔解析】 D 本题考查证券的承销。证券承销业务采取代销或者包销方式。证券代销是指证券公司代发行人发售证券，在承销期结束时，将未售出的证券全部退还给发行人的承销方式。证券包销是指证券公司将发行人的证券按照协议全部购入或者在承销期结束时将售后剩余证券全部自行购入的承销方式，选项AB不当选。股票发行采用代销方式的，代销期限届满，向投资者出售的股票数量未达到拟公开发行股票数量70%的，为发行失败，选项C不当选。证券的代销、包销期限最长不得超过90日，选项D当选。

5.6 【斯尔解析】 B 本题考查证券的承销。股票发行采用代销方式的，代销期限届满，向投资者出售的"股票"数量未达到拟公开发行股票数量70%的，为发行失败，而非"债券"，选项A错误。证券的代销、包销期限最长不得超过90日，选项B正确。国务院证券监督管理机构或者国务院授权的部门依照法定条件负责证券发行申请的注册，选项C错误。证券公司在代销、包销期内，对所代销、包销的证券应当保证先行出售给认购人，证券公司不得为本公司预留所代销的证券和预先购入并留存所包销的证券，选项D错误。本题应选择选项B。

5.7 【斯尔解析】 D 本题考查上市公司配股条件。向原股东配售股份，除符合上述公开发行证券的条件外，还应当符合下列条件：（1）配售股份数量不超过本次配售股份前股本总额的30%（选项A不当选）。（2）控股股东应当在股东大会召开前公开承诺认配股份的数量（选项B不当选）。（3）用证券法规定的代销方式发行（选项C不当选、选项D当选）。

5.8 　斯尔解析　B　本题考查证券发行承销团承销债券相关规定。向不特定对象发行证券聘请承销团的，承销团应当由主承销和参与承销的证券公司组成。向不特定对象公开发行的证券票面总值超过人民币5 000万元的，应当由承销团承销，选项AC正确，选项B错误。承销团代销、包销期限最长不得超过90日，选项D正确。本题应选择选项B。

5.9 　斯尔解析　B　本题考查上市公司收购的权益披露。通过证券交易所的证券交易，投资者及其一致行动人拥有一个上市公司已发行的有表决权股份达到5%时，应当在该事实发生之日起3日内编制权益变动报告书，向国务院证券监督管理机构、证券交易所作出书面报告，通知该上市公司，并予公告，在上述期限内不得再行买卖该上市公司的股票，但国务院证券监督管理机构规定的情形除外。选项B所述时间有误，应在"3日"内而非5日内，本题应选择选项B。

5.10 　斯尔解析　A　本题考查上市公司收购。在上市公司收购中，收购人持有的被收购的上市公司的股票，在收购行为完成后的18个月内不得转让，选项A当选。

5.11 　斯尔解析　B　本题考查上市公司收购。收购要约期限届满前15日内，收购人不得变更收购要约，但是出现竞争要约的除外，选项A错误。收购要约的变更不得存在下列情形：（1）降低收购价格（选项D错误）；（2）减少预定收购股份数额（选项C错误）；（3）缩短收购期限；（4）国务院证券监督管理机构规定的其他情形。收购要约约定的收购期限不得少于30日，并不得超过60日，但是出现竞争要约的除外，选项B正确。

5.12 　斯尔解析　A　本题考查股份有限公司发起人转股限制。发起人持有的本公司股份，自公司成立之日起1年内不得转让，本题应选择选项A。

5.13 　斯尔解析　A　本题考查股份有限公司董事、监事、高级管理人员转股限制。"董监高"所持本公司股份自公司股票上市交易之日起1年内不得转让，且在任职期间每年转让的股份不得超过其所持有本公司股份总数的25%，选项A错误（转让时间距上市时间不满1年），选项C正确（转让时间距上市时间已满1年）。董事吴某转让股份的时间距该公司上市已满1年，且其持有上市公司股份总数不超过1 000股，可以一次性转让，选项B正确。经理王某转让股份的时间距该公司上市已满1年，且其离职已满半年，选项D正确。因此，本题应选择选项A。

5.14 　斯尔解析　D　本题考查上市公司信息披露。选项AB分别是上市公司信息披露"时间一致性"和"内容一致性"的体现，均正确。上市公司披露中期报告的时间要求是上半年结束之日起2个月内，选项D当选。

5.15 　斯尔解析　B　本题考查股份有限公司股份转让限制。将股份用于员工持股计划或者股权激励的，所收购的股份应当3年内转让给职工，选项A错误。发起人持有的本公司股份，自公司成立之日起1年内不得转让，选项B正确。公司监事在任职期间每年转让的股份，不得超过其持有的本公司股份总数的25%，选项C错误。公司董事所持有的本公司股份，自公司股票上市交易之日起1年内不得转让，选项D错误。本题应选择选项B。

5.16 斯尔解析 D 本题考查证券信息披露原则。信息披露的对象是"不特定"的社会公众，信息披露义务人披露的信息，应当真实、准确、完整，简明清晰，通俗易懂，不得有虚假记载、误导性陈述或者重大遗漏。本题应选择选项D。

5.17 斯尔解析 C 本题考查上市公司董事会秘书。上市公司董事会秘书是《公司法》明确列举的公司高级管理人员，选项D错误。此外，董事会秘书并不能代表董事长，也不能代表董事会，选项AB均错误。本题应选择选项C。

5.18 斯尔解析 C 本题考查要约收购期间收购人可以实施的行为。收购人发出收购要约后不得撤销要约，选项D错误。收购要约期限届满前15日内，收购人不得变更收购要约，但是出现竞争要约的除外。收购要约的变更不得存在下列情形：（1）降低收购价格（选项A不当选）；（2）减少预定收购股份数额（选项B不当选）；（3）缩短收购期限；（4）国务院证券监督管理机构规定的其他情形。本题应选择选项C。

5.19 斯尔解析 B 本题考查上市公司持续信息披露。证券市场信息披露包括发行市场及交易市场的披露。证券发行市场披露文件为招股说明书、公司债券募集办法、上市公告书等。证券交易市场持续信息披露文件包括定期报告和临时报告（选项B当选）。定期报告包括年度报告、中期报告和季度报告。临时报告披露时间较为灵活，当出现影响股票、上市交易公司债券价格的重大事件时，应当按规定披露临时报告。

5.20 斯尔解析 D 本题考查股票发行公司发布临时报告的重大事件。"公司的董事、1/3以上监事或者经理发生变动，董事长或者经理无法履行职责"的情形属于股票发行公司发布临时报告的重大事件。监事会有5名监事，改选2名监事，意为2名监事发生变动，属于股票发行公司发布临时报告的重大事件。本题应选择选项D。

二、多项选择题

5.21 斯尔解析 ABD 本题考查发行人首次公开发行股票的一般条件。公司首次公开发行新股，应当符合下列条件：（1）具备健全且运行良好的组织机构（选项B当选）；（2）具有持续经营能力（选项A当选）；（3）最近3年财务会计报告被出具无保留意见审计报告（选项D当选）；（4）发行人及其控股股东、实际控制人最近3年不存在贪污、贿赂、侵占财产、挪用财产或者破坏社会主义市场经济秩序的刑事犯罪；（5）经国务院批准的中国证监会规定的其他条件。

5.22 斯尔解析 AD 本题考查不得公开发行债券的情形。有下列情形之一的，不得再次公开发行公司债券：（1）对已公开发行的公司债券或者其他债务有违约或者延迟支付本息的事实，仍处于继续状态（选项AD当选）；（2）违反证券法规定，改变公开发行公司债券所募资金的用途。

5.23 斯尔解析 CD 本题考查优先股股东行使表决权情形。选项A虽然是对于公司章程的修改，但其修改内容与优先股无关，优先股股东不可以参与表决，不当选。选项B所述情况并非优先股股东可以行使表决权的情况，不当选。选项CD所述为"发行优先股、公司合并"，属于优先股股东可以行使表决权的事项。因此，本题应选择选项CD。

5.24 　斯尔解析　　ACD　本题考查发行人首次公开发行股票的一般条件。公司首次公开发行新股，应当符合下列条件：（1）具备健全且运行良好的组织机构（选项A当选）；（2）具有持续经营能力，而非"持续盈利能力"（选项B不当选）；（3）最近3年财务会计报告被出具无保留意见审计报告（选项C当选）；（4）发行人及其控股股东、实际控制人最近3年不存在贪污、贿赂、侵占财产、挪用财产或者破坏社会主义市场经济秩序的刑事犯罪（选项D当选）；（5）经国务院批准的中国证监会规定的其他条件。本题应选择选项ACD。

5.25 　斯尔解析　　ABC　本题考查科创板上市条件。科创板上市公司首次公开发行股票的条件中，对于持续经营的期限要求是3年，但是对于业务、人员稳定的期限要求是2年，选项D错误。本题应选择选项ABC。

5.26 　斯尔解析　　BC　本题考查公开发行公司债券。公开发行公司债券，应当符合下列条件：（1）具备健全且运行良好的组织机构；（2）最近3年平均可分配利润足以支付公司债券1年的利息（选项D不当选）；（3）具有合理的资产负债结构和正常的现金流量；（4）国务院规定的其他条件。此外，公开发行公司债券筹集的资金，不得用于弥补亏损和非生产性支出，选项C当选。公开发行公司债券，可以申请一次注册，分期发行。中国证监会同意注册的决定自作出之日起2年有效。发行人应当在注册决定有效期内发行公司债券，并自主选择发行时点，选项A不当选。公开发行包括面向普通投资者公开发行和面向专业投资者公开发行两种方式，选项B当选。本题应选择选项BC。

5.27 　斯尔解析　　BCD　本题考查公司债券的非公开发行。非公开发行公司债券，由承销机构或依照规定自行销售的发行人在每次发行完成后5个工作日内向中国证券业协会报备，选项A错误。非公开发行的公司债券面向对象为专业投资者，每次发行对象不得超过200人，选项BC正确。非公开发行的公司债券，可以申请在证券交易场所、证券公司柜台转让。非公开发行的公司债券仅限于在专业投资者范围内转让。转让后，持有同次发行债券的专业投资者合计不得超过200人，选项D正确。

5.28 　斯尔解析　　ABCD　本题考查公开发行债券相关规定。选项ABCD所述均正确。

5.29 　斯尔解析　　AC　本题考查基金份额上市交易条件。基金份额上市交易，应当符合下列条件：（1）基金的募集符合《证券投资基金法》的规定；（2）基金合同期限为5年以上（选项B不当选）；（3）基金募集金额不低于2亿元人民币；（4）基金份额持有人不少于1 000人（选项D不当选）；（5）基金份额上市交易规则规定的其他条件。本题应选择选项AC。

5.30 　斯尔解析　　ACD　本题考查股票发行公司临时报告的重大事件。具体内容包括：（1）公司的经营方针和经营范围的重大变化（选项A当选）；（2）公司的重大投资行为，公司在一年内购买、出售重大资产超过公司资产总额30%，或者公司营业用主要资产的抵押、质押、出售或者报废一次超过该资产的30%；（3）公司订立重要合同、提供重大担保或者从事关联交易，可能对公司的资产、负债、权益和经营成果产生重要影响；（4）公司发生重大债务和未能清偿到期重大债务的违约情况；（5）公司发生重大亏损或者重大损失（选项C

当选）；（6）公司生产经营的外部条件发生的重大变化；（7）公司的董事、1/3以上监事或者经理发生变动，董事长或者经理无法履行职责；（8）持有公司5%以上股份的股东或者实际控制人持有股份或者控制公司的情况发生较大变化，公司的实际控制人及其控制的其他企业从事与公司相同或者相似业务的情况发生较大变化；（9）公司分配股利、增资的计划，公司股权结构的重要变化，公司减资、合并、分立、解散及申请破产的决定，或者依法进入破产程序、被责令关闭；（10）涉及公司的重大诉讼、仲裁，股东大会、董事会决议被依法撤销或者宣告无效（选项D当选）；（11）公司涉嫌犯罪被依法立案调查，公司的控股股东、实际控制人、董事、监事、高级管理人员涉嫌犯罪被依法采取强制措施；（12）国务院证券监督管理机构规定的其他事项。选项B所述情况系公司债券上市交易公司应发布临时报告的重大事件，甲公司并未发行过公司债券，因此无须就此情况进行临时报告。本题应选择选项ACD。

5.31 **斯尔解析** ABCD 本题考查上市交易公司债券的交易价格产生较大影响的重大事件。具体包括：（1）公司股权结构或者生产经营状况发生重大变化；（2）公司债券信用评级发生变化；（3）公司重大资产抵押、质押、出售、转让、报废；（4）公司发生未能清偿到期债务的情况；（5）公司新增借款或者对外提供担保超过上年末净资产的20%；（6）公司放弃债权或者财产超过上年末净资产的10%（选项B当选）；（7）公司发生超过上年末净资产10%的重大损失（选项D当选）；（8）公司分配股利，作出减资、合并、分立、解散及申请破产的决定，或者依法进入破产程序、被责令关闭（选项AC当选）；（9）涉及公司的重大诉讼、仲裁；加公司涉嫌犯罪被依法立案调查，公司的控股股东、实际控制人、董事、监事、高级管理人员涉嫌犯罪被依法采取强制措施；（10）国务院证券监督管理机构规定的其他事项。

5.32 **斯尔解析** ACD 本题考查一致行动人界定。仅通过选项B叙述无法推定投资者之间互为一致行动人。本题应选择选项ACD。

5.33 **斯尔解析** ABD 本题考查不得收购上市公司情形。有下列情形之一的，不得收购上市公司：（1）收购人负有数额较大债务，到期未清偿，且处于持续状态（选项A当选）；（2）收购人最近3年有重大违法行为或者涉嫌有重大违法行为（选项B当选）；（3）收购人最近3年有严重的证券市场失信行为（选项C不当选）；（4）收购人为自然人的，存在《公司法》规定的依法不得担任公司董事、监事、高级管理人员的情形，选项D李某是植物人，无民事行为能力，构成《公司法》中规定不得担任公司"董监高"的情形，也不得收购上市公司，选项D当选。（5）法律、行政法规规定以及国务院证券监督管理机构认定的不得收购上市公司的其他情形。本题应选择选项ABD。

5.34 **斯尔解析** ABD 本题考查要约收购。收购人在要约收购期内，不得卖出被收购公司的股票，也不得采取要约规定以外的形式和超出要约的条件买入被收购公司的股票，选项AB正确。要约收购属于场内交易，应当在证券交易所进行，选项C错误。收购人应当编制要约收购报告书，并对报告书摘要作出提示性公告，选项D正确。本题应选择选项ABD。

5.35 [斯尔解析] **ABC** 本题考查上市公司股东大会特别决议事项。选项AC所述均为一般股份有限公司股东大会特别决议事项。上市公司必须是股份有限公司，选项AC当选。此外，选项B所述为上市公司股东大会特别决议事项，当选。本题应选择选项ABC。

5.36 [斯尔解析] **ABCD** 本题考查内幕信息知情人。证券交易内幕信息的知情人包括：（1）发行人及其董事、监事、高级管理人员（选项A当选）；（2）持有公司5%以上股份的股东及其董事、监事、高级管理人员，公司的实际控制人及其董事、监事、高级管理人员；（3）发行人控股或者实际控制的公司及其董事、监事、高级管理人员（选项C当选）；（4）由于所任公司职务或者因与公司业务往来可以获取公司有关内幕信息的人员；（5）上市公司收购人或者重大资产交易方及其控股股东、实际控制人、董事、监事和高级管理人员（选项D当选）；（6）因职务、工作可以获取内幕信息的证券交易场所、证券公司、证券登记结算机构、证券服务机构的有关人员（选项B当选）；（7）因职责、工作可以获取内幕信息的证券监督管理机构工作人员；（8）因法定职责对证券的发行、交易或者对上市公司及其收购、重大资产交易进行管理可以获取内幕信息的有关主管部门、监管机构的工作人员；（9）国务院证券监督管理机构规定的可以获取内幕信息的其他人员。本题应选择选项ABCD。

5.37 [斯尔解析] **ABCD** 本题考查操纵证券市场行为。操纵证券市场的行为主要有以下情形：（1）单独或者通过合谋，集中资金优势、持股优势或者利用信息优势联合或者连续买卖；（2）与他人串通，以事先约定的时间、价格和方式相互进行证券交易（选项B当选）；（3）在自己实际控制的账户之间进行证券交易（选项D当选）；（4）不以成交为目的，频繁或者大量申报并撤销申报（选项A当选）；（5）利用虚假或者不确定的重大信息，诱导投资者进行证券交易；（6）对证券、发行人公开作出评价、预测或者投资建议，并进行反向证券交易（选项C当选）；（7）利用在其他相关市场的活动操纵证券市场；（8）操纵证券市场的其他手段。本题应选择选项ABCD。

5.38 [斯尔解析] **ABCD** 本题考查独立董事的消极范围。下列人员不得担任独立董事：（1）在上市公司或者其附属企业任职的人员及其直系亲属、主要社会关系（选项A当选）；（2）直接或间接持有上市公司已发行股份1%以上或者是上市公司前10名股东中的自然人股东及其直系亲属（选项D当选）；（3）在直接或间接持有上市公司已发行股份5%以上的股东单位或者在上市公司前5名股东单位任职的人员及其直系亲属（选项C当选）；（4）最近一年内曾经具有前三项所列举情形的人员；（5）为上市公司或者其附属企业提供财务、法律、咨询等服务的人员（选项B当选）；（6）公司章程规定的其他人员；（7）中国证监会认定的其他人员。直系亲属是指配偶、父母、子女等；主要社会关系是指兄弟姐妹、岳父母、儿媳女婿、兄弟姐妹的配偶、配偶的兄弟姐妹等。本题应选择选项ABCD。

三、判断题

5.39 斯尔解析 √ 本题考查股票发行条件。同次发行应当"同股同价"。本题所述正确。

5.40 斯尔解析 √ 本题考查公开发行证券的界定。本题所述正确。

5.41 斯尔解析 × 本题考查股票发行条件。每股的发行条件和价格应当是相同的，任何单位或者个人所认购的股份，每股应当支付相同价额，对于同一种类的股票不允许针对不同的投资主体规定不同的发行条件和发行价格，不问投资主体性质。本题所述错误。

5.42 斯尔解析 √ 本题考查股票的科创板上市条件。向上海证券交易所申请股票的科创板上市，发行人除应当符合中国证监会《科创板首次公开发行股票注册管理办法（试行）》规定的发行条件外，还应当满足下列条件：（1）发行后股本总额不低于人民币3 000万元；（2）公开发行的股份达到公司股份总数的25%以上，公司股本总额超过人民币4亿元的，公开发行股份的比例为10%以上；（3）市值及财务指标符合本规则规定的标准；（4）交易所规定的其他上市条件。本题所述正确。

5.43 斯尔解析 × 本题考查记名债券转让。记名公司债券的转让，转让人须在债券上背书；而无记名公司债券的转让，转让人交付债券即发生转让的法律效力。本题所述错误。

5.44 斯尔解析 √ 本题考查公司公开募集股份用途。科创板、创业板上市公司公开发行股票所募集资金，必须按照招股说明书所列资金用途使用，改变资金用途，必须经股东大会作出决议。本题所述正确。

5.45 斯尔解析 × 本题考查权益变动的披露文件。投资者及其一致行动人不是上市公司的第一大股东或者实际控制人，且其拥有表决权的股份达到或者超过5%但未达到20%的，应当编制简式权益变动报告书；投资者及其一致行动人是上市公司第一大股东或者实际控制人，或者拥有表决权的股份达到20%但未超过30%的，应当编制详式权益变动报告书。本题所述错误。

5.46 斯尔解析 √ 本题考查信息披露的民事责任。本题所述正确。

5.47 斯尔解析 √ 本题考查禁止的内幕交易。本题所述正确。

5.48 斯尔解析 × 本题考查内幕交易界定。内幕交易行为是指内幕信息知情人员利用自己掌握的内幕信息买卖证券，或者建议他人买卖证券。内幕信息知情人员自己未买卖证券，也未建议他人买卖证券，但将内幕信息泄露给他人，接受内幕信息的人依此买卖证券的，也属于内幕交易行为。本题所述错误。

第六章 合伙企业法律制度

一、单项选择题

6.1 陈某、郑某与甲有限责任公司拟共同设立一家普通合伙企业，下列关于该合伙企业设立的表述中，错误的是（　　）。
A.应当有生产经营场所
B.甲有限责任公司可以是国有企业
C.陈某、郑某均应当具有完全民事行为能力
D.合伙协议经全体合伙人签名、盖章后生效

6.2 根据合伙企业法律制度的规定，下列关于普通合伙企业设立的表述中，正确的是（　　）。
A.合伙人只能为自然人
B.合伙人不得用劳务出资
C.合伙协议可以采取口头形式
D.合伙企业名称应当标有"普通合伙"字样

6.3 根据合伙企业法律制度规定，下列主体中，可成为普通合伙企业合伙人的是（　　）。
A.甲国有独资公司　　　　　　　B.乙慈善基金会
C.公立大学　　　　　　　　　　D.丁个人独资企业

6.4 根据合伙企业法律制度规定，经其他合伙人一致同意，甲普通合伙企业的合伙人孙某将其在合伙企业中的财产份额转让给非合伙人赵某。根据合伙企业法律制度规定，赵某取得合伙人资格的时间是（　　）。
A.与合伙人孙某签订财产份额转让合同且支付相应价款之日
B.修改合伙协议，将赵某列为合伙人之日
C.企业登记机关变更登记之日
D.与合伙人孙某签订财产份额转让合同之日

6.5 根据合伙企业法律制度的规定，下列关于合伙企业财产的说法，正确的是（　　）。
A.合伙企业的原始财产是指全体合伙人实际缴纳的财产
B.合伙人以土地使用权出资，需要评估作价的，不可以由合伙人自行协商
C.合伙人在合伙清算前擅自转让合伙财产的，合伙企业不得以此对抗善意第三人
D.合伙企业清算的合伙财产应先用于缴纳税款

6.6 根据合伙企业法律制度的规定，下列不属于甲合伙企业财产的是（　　）。
A.合伙人李某对王某的货款债权
B.甲合伙企业接受丙公司捐赠的原材料
C.甲合伙企业对乙公司的应收账款
D.合伙人黄某出资的房屋

6.7 下列关于普通合伙企业合伙人转让其在合伙企业中的财产份额的表述中，不符合合伙企业法律制度规定的是（　　）。
A.合伙人向合伙人以外的人转让其在合伙企业中的财产份额的，除非合伙协议另有约定，同等条件下，其他合伙人有优先购买权
B.合伙人向合伙人以外的人转让其在合伙企业中的财产份额，其他合伙人既不同意转让也不行使优先购买权的，视为同意
C.合伙人向合伙人以外的人转让其在合伙企业中的财产份额的，除非合伙协议另有约定，须经其他合伙人一致同意
D.合伙人之间转让其在合伙企业中的财产份额的，应当通知其他合伙人

6.8 自然人甲为某普通合伙企业的合伙人，该合伙企业经营手机销售业务。甲拟再设立一家经营手机销售业务的个人独资企业。根据合伙企业法律制度的规定，下列表述中正确的是（　　）。
A.甲经其他合伙人一致同意，可以设立该个人独资企业
B.甲可以设立该个人独资企业，除非合伙协议另有约定
C.甲如不执行合伙企业事务，就可以设立该个人独资企业
D.甲只要具有该合伙人的身份，就不可以设立该个人独资企业

6.9 某普通合伙企业委托合伙人杨某执行合伙事务。根据合伙企业法律制度的规定，下列关于杨某执行合伙事务的权利义务的表述中，正确的是（　　）。
A.只能由杨某对外代表该合伙企业
B.除合伙协议另有约定外，杨某可以自行决定改变该合伙企业主要经营场所的地点
C.除合伙协议另有约定外，杨某可以自行处分该合伙企业的不动产
D.杨某可以自营与该合伙企业相竞争的业务

6.10 根据合伙企业法律制度的规定，除合伙协议另有约定外，普通合伙企业的下列事项中，无须经全体合伙人一致同意的是（　　）。
A.处分合伙企业的不动产
B.处分合伙企业的动产
C.以合伙企业名义为他人提供担保
D.改变合伙企业的经营范围

6.11 甲普通合伙企业由全体合伙人张某、李某、赵某决定，委托张某和李某负责执行合伙事务。合伙协议对合伙事务执行的决议办法未作特别规定。关于合伙事务执行的下列表述中，正确的是（   ）。
A.张某和李某可以共同决定处分合伙企业的不动产
B.执行合伙事务产生的费用和亏损由张某和李某承担
C.张某不可以对李某执行的合伙事务提出异议
D.赵某有权监督合伙事务的执行情况

6.12 赵某、刘某、郑某设立甲普通合伙企业（以下简称"甲企业"），后赵某因个人原因对张某负债100万元，且其自有资产不足以清偿，而张某欠甲企业50万元。下列关于张某对赵某债权实施方式的表述中，不符合伙企业法律制度规定的是（   ）。
A.张某可请求将赵某从甲企业分取的收益用于清偿
B.张某可申请法院强制执行赵某在甲企业中的财产份额用于清偿
C.张某可以其对赵某的债权抵销其对甲企业的债务
D.张某不可代位行使赵某在甲企业中的权利

6.13 根据合伙企业法律制度规定，下列情形中，经普通合伙企业其他合伙人一致同意，可以决议将合伙人除名的是（   ）。
A.合伙人未履行出资义务
B.合伙人死亡
C.合伙人个人丧失偿债能力
D.合伙人在合伙企业中的全部财产份额被人民法院强制执行

6.14 根据合伙企业法律制度规定，下列关于普通合伙企业新合伙人对入伙前合伙企业债务承担的表述中，正确的是（   ）。
A.新合伙人对入伙前合伙企业的债务不承担责任
B.新合伙人根据入伙协议的约定对入伙前合伙企业的债务承担责任
C.新合伙人对入伙前合伙企业的债务承担无限连带责任
D.新合伙人以实缴的出资额为限对入伙前合伙企业的债务承担责任

6.15 根据合伙企业法律制度规定，下列关于有限合伙人是否可以与本有限合伙企业交易的表述中，正确的是（   ）。
A.有限合伙人不得同本有限合伙企业进行交易，合伙协议另有约定的除外
B.有限合伙人可以同本有限合伙企业进行交易，合伙协议另有约定的除外
C.有限合伙人不得同本有限合伙企业进行交易，法律另有规定的除外
D.合伙协议不得禁止有限合伙人同本有限合伙企业进行交易

6.16 根据合伙企业法律制度的规定，有限合伙人退伙后，以特定的财产对基于其退伙前的原因发生的有限合伙企业的债务承担责任。该特定财产是（   ）。
A.该合伙人退伙时从有限合伙企业中取回的财产
B.该合伙人入伙时认缴的出资
C.该合伙人入伙时实缴的出资
D.该合伙人的合伙财产

6.17 甲为有限合伙企业的有限合伙人，经全体合伙人一致同意，甲转为普通合伙人。下列关于甲对其作为有限合伙人期间有限合伙企业发生的债务责任承担的表述中，符合合伙企业法律制度规定的是（   ）。
A.以其认缴的出资额为限承担责任   B.以其实缴的出资额为限承担责任
C.承担无限连带责任   D.不承担责任

6.18 张某等3人共同出资设立一个普通合伙企业，实缴出资比例为1∶2∶3。张某在执行合伙事务时因重大过失造成合伙企业负债。已知合伙协议未约定合伙企业亏损分担比例，合伙人之间也不能通过协商达成一致。根据合伙企业法律制度的规定，下列关于合伙企业不能清偿的剩余债务的承担方式的表述中，正确的是（   ）。
A.平均分配   B.由张某自己承担
C.按实缴出资比例1∶2∶3承担   D.按协议出资比例承担

6.19 特殊的普通合伙企业的合伙人王某在执业中因重大过失给合伙企业造成损失。下列关于合伙人对此损失承担责任的表述中，符合合伙企业法律制度规定的是（   ）。
A.王某承担无限责任，其他合伙人以其在合伙企业中的财产份额为限承担责任
B.王某与其他合伙人共同承担无限连带责任
C.王某承担无限责任，其他合伙人不承担责任
D.王某承担无限责任，其他合伙人以其实缴的出资额为限承担责任

6.20 甲普通合伙企业的合伙人赵某欠个体工商户王某10万元债务，王某欠甲合伙企业5万元债务已到期。赵某的债务到期后一直未清偿。王某的下列做法中，符合合伙企业法律制度规定的是（   ）。
A.代位行使赵某在甲合伙企业中的权利
B.自行接管赵某在甲合伙企业中的财产份额
C.请求人民法院强制执行赵某在甲合伙企业中的财产份额用于清偿
D.主张以其债权抵销其对甲合伙企业的债务

6.21 普通合伙企业中的某自然人合伙人死亡，合伙协议对合伙人的资格取得或者丧失无特殊约定。根据合伙企业法律制度的规定，下列关于该合伙人财产份额继承的表述中，不正确的是（   ）。
A.继承人当然取得合伙人资格
B.经其他合伙人一致同意，自继承开始之日起取得合伙人资格
C.继承人为无民事行为能力人的，经其他合伙人一致同意，可以转为有限合伙人，普通合伙企业依法转为有限合伙企业
D.继承人不愿意成为合伙人的，合伙企业应当向其退还被继承合伙人的财产份额

6.22 赵某为甲有限合伙企业的有限合伙人，合伙协议未就合伙人权利义务作特别约定。下列关于赵某权利义务的表述中，正确的是（   ）。
A.可以对外代表甲有限合伙企业
B.可以执行甲有限合伙企业的合伙事务
C.不可以自营与甲有限合伙企业相竞争的业务
D.可以同甲有限合伙企业进行交易

6.23 根据合伙企业法律制度的规定，下列属于普通合伙企业合伙人当然退伙的情形是（   ）。
A.合伙人执行合伙事务时有不当行为
B.合伙人个人丧失偿债能力
C.合伙人因故意或者重大过失给合伙企业造成损失
D.合伙人未履行出资义务

6.24 2020年10月，李某、王某共同投资设立了甲有限合伙企业（以下简称"甲企业"），李某为普通合伙人，出资10万元；王某为有限合伙人，认缴出资15万元。2021年6月，张某、孟某加入甲企业，其中张某为普通合伙人，孟某为有限合伙人，二人各认缴出资30万元。同年12月，甲企业无力清偿欠乙银行的60万元债务。下列关于该债务承担的表述中，正确的是（   ）。
A.李某以出资额10万元为限对该债务承担责任
B.乙银行可以要求孟某承担全部60万元债务
C.乙银行可以要求王某承担全部60万元债务
D.乙银行可以要求张某承担全部60万元债务

6.25 根据合伙企业法律制度规定，下列关于合伙企业清算人确定的表述中，正确的是（   ）。
A.自合伙企业解散事由出现之日起15日内未确定清算人的，合伙人可以申请人民法院指定清算人
B.清算人只能在执行合伙企业事务的合伙人中选任
C.合伙企业不可以委托合伙人以外的第三人担任清算人
D.合伙人担任清算人必须经全体合伙人一致同意

6.26 张某、李某、刘某共同出资设立的甲普通合伙企业（以下简称"甲企业"），经全体合伙人一致同意决定解散。清算过程中，甲企业的财产及其合伙人的财产不足以清偿合伙企业的债务。清算结束后，下列关于甲企业可否注销及其剩余债务解决方法的表述中，符合合伙企业法律制度规定的是（　　）。
A.可以注销甲企业，剩余债务由张某、李某、刘某承担无限连带责任
B.不能注销甲企业，债权人在清算结束后连续5年内，享有继续请求清偿的权利
C.不能注销甲企业，剩余债务由张某、李某、刘某承担无限连带责任
D.可以注销甲企业，剩余债务不再清偿

二、多项选择题

6.27 根据合伙企业法律制度的规定，下列关于普通合伙人的出资，表述正确的有（　　）。
A.普通合伙人必须一次性缴纳出资
B.普通合伙人可以土地使用权出资
C.实物作价可由全体合伙人协商确定
D.劳务出资评估办法由全体合伙人协商确定

6.28 根据合伙企业法律制度规定，下列属于甲合伙企业财产的有（　　）。
A.甲合伙企业合伙人李某出资的机器设备
B.甲合伙企业合伙人王某对张某的借款债权
C.甲合伙企业经营所得现金
D.甲合伙企业承租的房产

6.29 根据合伙企业法律制度的规定，除合伙协议另有约定外，普通合伙企业的下列事务中，应当经全体合伙人一致同意的有（　　）。
A.改变合伙企业的名称
B.以合伙企业的名义为他人提供担保
C.聘任合伙人以外的人担任合伙企业的经营管理人员
D.合伙人之间转让在合伙企业中的部分财产份额

6.30 下列关于普通合伙企业事务执行的表述中，符合合伙企业法律制度规定有（　　）。
A.除合伙协议另有约定外，处分合伙企业的不动产须经全体合伙人一致同意
B.除合伙协议另有约定外，合伙人不得自营与本企业相竞争的业务
C.除合伙协议另有约定外，改变合伙企业的经营范围须经全体合伙人一致同意
D.除合伙协议另有约定或者经全体合伙人一致同意外，合伙人不得同本企业进行交易

6.31 根据合伙企业法律制度规定，除有限合伙企业合伙协议另有约定外，下列行为中，有限合伙人可以实施的有（　　）。
A.将其在有限合伙企业中的财产份额出质
B.对外代表有限合伙企业
C.同本有限合伙企业进行交易
D.同他人合作经营与本有限合伙企业相竞争的业务

6.32 根据合伙企业法律制度规定，下列关于特殊的普通合伙企业中的某个合伙人在执业活动中因故意造成合伙企业债务时合伙人承担责任的表述中，正确的有（　　）。
A.该合伙人承担无限责任
B.其他合伙人承担无限连带责任
C.其他合伙人不承担责任
D.其他合伙人以其在合伙企业中的财产份额为限承担责任

6.33 根据合伙企业法律制度的规定，下列可以作为有限合伙人出资形式的有（　　）。
A.专利权　　　　B.房屋所有权　　　　C.土地使用权　　　　D.劳务

6.34 根据合伙企业法律制度的规定，下列关于有限合伙人未按期足额缴纳出资的法律后果的表述中，正确的有（　　）。
A.普通合伙人应当承担连带出资责任
B.该有限合伙人应当承担补缴义务
C.其他有限合伙人应当承担连带出资责任
D.该有限合伙人应当对其他合伙人承担违约责任

6.35 根据合伙企业法律制度的规定，有限合伙人的下列行为不视为执行合伙事务的有（　　）。
A.参与决定普通合伙人入伙事宜
B.参与选择承办有限合伙企业审计业务的会计师事务所
C.就有限合伙企业中的特定事项对外代表本合伙企业
D.对合伙企业的经营管理提出建议

6.36 根据合伙企业法律制度的规定，除合伙协议另有约定外，有限合伙人可以从事的行为有（　　）。
A.同本企业进行交易　　　　　　　　B.将其在合伙企业中的财产份额出质
C.执行合伙企业事务　　　　　　　　D.经营与本企业相竞争的业务

6.37 根据合伙企业法律制度的规定，下列各项中，属于合伙企业应当解散的情形有（　　）。
A.合伙人已不具备法定人数满30天
B.合伙期限届满，合伙人决定不再经营
C.合伙协议约定的解散事由出现
D.合伙企业被责令停业整顿

三、判断题

6.38 某上市公司拟与张某、李某设立一家合伙企业，该拟设立的合伙企业可以是普通合伙企业。（　　）

6.39 有限合伙人可以将其在有限合伙企业中的财产份额出质，合伙协议另有约定的除外。（　　）

6.40 合伙企业应当根据合伙人出资比例分配合伙企业事务的执行权利。（　　）

6.41 甲、乙等6人设立了一个普通合伙企业，并委托甲和乙执行合伙企业事务，甲对乙执行的事务提出异议，其他合伙人对如何解决此问题也产生了争议，由于合伙协议未约定争议解决的表决办法，合伙人实行了一人一票的表决办法，后经全体合伙人过半数表决通过了同意甲意见的决定。上述解决争议的做法不符合法律规定。（　　）

6.42 新入伙的有限合伙人对入伙前有限合伙企业的债务，承担无限连带责任。（　　）

6.43 有限合伙人参与选择承办有限合伙企业审计业务的会计师事务所，视为执行合伙事务。（　　）

6.44 第三人有理由相信有限合伙人为普通合伙人并与其交易的，该有限合伙人对该笔交易承担与普通合伙人同样的责任。（　　）

答案与解析

一、单项选择题

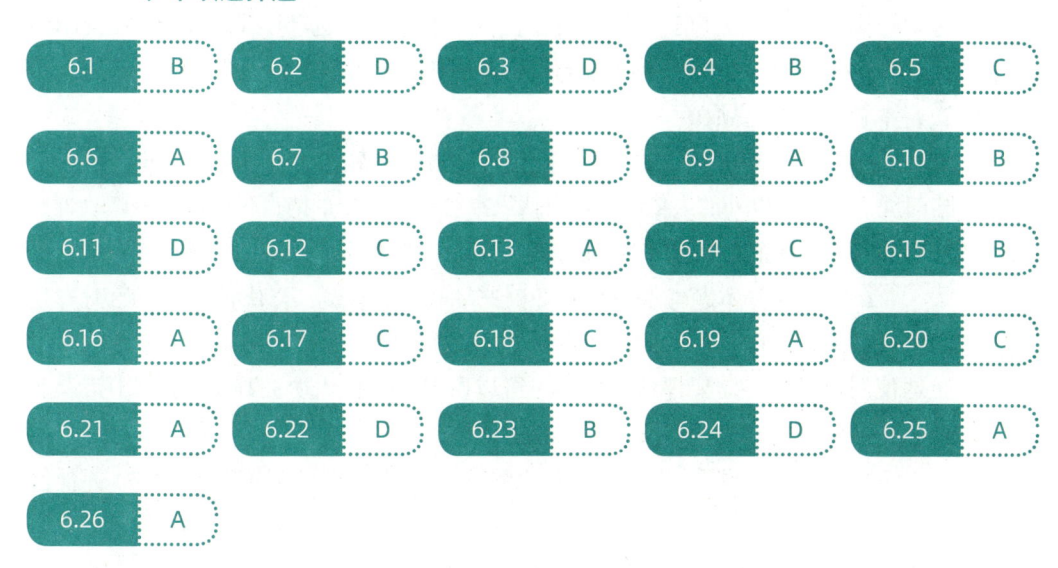

6.1	B	6.2	D	6.3	D	6.4	B	6.5	C
6.6	A	6.7	B	6.8	D	6.9	A	6.10	B
6.11	D	6.12	C	6.13	A	6.14	C	6.15	B
6.16	A	6.17	C	6.18	C	6.19	A	6.20	C
6.21	A	6.22	D	6.23	B	6.24	D	6.25	A
6.26	A								

二、多项选择题

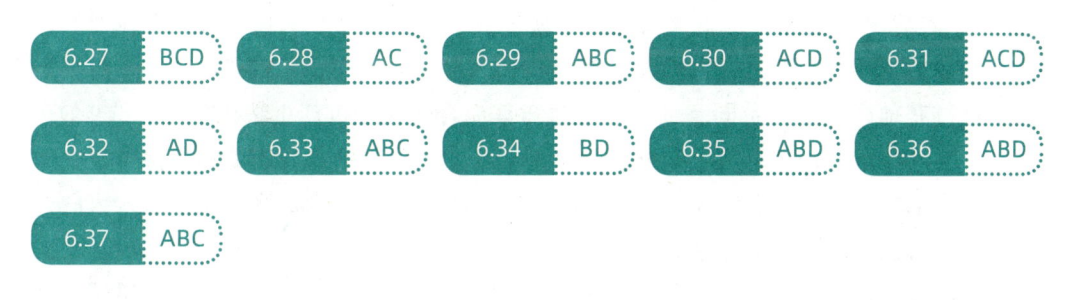

6.27	BCD	6.28	AC	6.29	ABC	6.30	ACD	6.31	ACD
6.32	AD	6.33	ABC	6.34	BD	6.35	ABD	6.36	ABD
6.37	ABC								

三、判断题

6.38	×	6.39	√	6.40	×	6.41	×	6.42	×
6.43	×	6.44	√						

一、单项选择题

6.1 【斯尔解析】 B 本题考查普通合伙企业设立。设立普通合伙企业应当有合伙企业名称和生产经营场所。选项A不当选。合伙协议经全体合伙人签名、盖章后生效，选项D正确，不当选。自然人可以成为普通合伙人，合伙人为自然人的，应当具有完全民事行为能力，选项C不当选。国有独资公司、国有企业、上市公司以及公益性的事业单位、社会团体不得成为普通合伙人，但可以成为有限合伙人。普通合伙企业只有普通合伙人无有限合伙人，因此，合伙人中包含"国有独资公司、国有企业、上市公司以及公益性的事业单位、社会团体"只能是有限合伙企业，选项B当选。

6.2　斯尔解析　D　本题考查普通合伙企业的设立。合伙人可以是自然人，也可以是法人，选项A错误。普通合伙企业的合伙人可以用劳务出资，选项B错误。合伙协议内容繁多，法律规定合伙人应以书面形式订立合伙协议，选项C错误。普通合伙企业应当在其名称中标明"普通合伙"字样，选项D正确。

6.3　斯尔解析　D　本题考查普通合伙企业合伙人。国有独资公司（选项A不当选）、国有企业、上市公司以及公益性的事业单位（选项C不当选）、社会团体（选项B不当选）不得成为普通合伙人。法律未限制个人独资企业成为普通合伙人，本题应选择选项D。

6.4　斯尔解析　B　本题考查合伙企业财产份额对外转让时，受让方取得合伙人资格时间。合伙人以外的人依法受让合伙人在合伙企业中的财产份额的，经修改合伙协议即成为合伙企业的合伙人，依法享有权利、履行义务。本题应选择选项B。

6.5　斯尔解析　C　本题考查合伙企业财产。选项A错误，合伙企业的原始财产是全体合伙人认缴的财产，而非各合伙人实际缴纳的财产。选项B错误，合伙人以土地使用权出资，需要评估作价的，可以由全体合伙人协商确定。选项D错误，合伙企业的财产首先用于支付合伙企业的清算费用。

6.6　斯尔解析　A　本题考查合伙企业财产。合伙企业的财产包括：（1）合伙人的出资（选项D不当选）。（2）以合伙企业名义取得的收益（选项C不当选）。（3）依法取得的其他财产（选项B不当选）。李某对王某的货款债权属于合伙人个人财产，而非甲合伙企业财产，选项A当选。

6.7　斯尔解析　B　本题考查普通合伙人转让财产份额。普通合伙人转让财产份额包括两种情形：对内转让、对外转让。合伙人内部转让财产份额，不需要经过其他合伙人一致同意，只需要通知其他合伙人即可产生法律效力，选项D正确。除合伙协议另有约定外，合伙人向合伙人以外的人转让其在合伙企业中的全部或者部分财产份额时，须经其他合伙人一致同意，选项C正确。合伙人向合伙人以外的人转让其在合伙企业中的财产份额的，在同等条件下，其他合伙人有优先购买权；但是，合伙协议另有约定的除外，选项A正确。选项B错误，其所述情形并不能视为其他合伙人同意转让，但拟对外转让财产份额的普通合伙人可以要求退伙。

6.8　斯尔解析　D　本题考查普通合伙人的义务。合伙人不得自营或者同他人合作经营与本合伙企业相竞争的业务。甲作为普通合伙人，不得设立该个人独资企业，选项D正确。

6.9　斯尔解析　A　本题考查普通合伙企业，考点较为综合。执行合伙事务的合伙人对外代表合伙企业，选项A正确。除非合伙协议另有约定，合伙企业改变主要经营场所的地点、处分合伙企业的不动产均须经合伙人一致同意，选项BC错误。普通合伙人不得自营与该合伙企业相竞争的业务，选项D错误。本题应选择选项A。

6.10　斯尔解析　B　本题考查"约定一致决"情形。选项ACD所述情形均属于"约定一致决"情形。本题应选择选项B。

6.11　斯尔解析　D　本题考查普通合伙企业合伙事务的执行。除合伙协议另有约定外，处分合伙企业不动产应经全体合伙人一致同意，选项A错误。合伙协议不得约定将全部利润分配给部分合伙人或者由部分合伙人承担全部亏损，选项B错误。合伙人分别执行合伙事务的，执行事务合伙人可以对其他合伙人执行的事务提出异议，不执行合伙事务的合伙人有权监督执行事务合伙人执行合伙事务的情况，选项C错误、选项D正确。

6.12 **斯尔解析** C 本题考查合伙人债务清偿。合伙人发生与合伙企业无关的债务，相关债权人不得以其债权抵销其对合伙企业的债务；也不得代位行使合伙人在合伙企业中的权利（选项D不当选）。合伙人的自有财产不足清偿其与合伙企业无关的债务的，该合伙人可以其从合伙企业中分取的收益用于清偿（选项A不当选）；债权人也可以依法请求人民法院强制执行该合伙人在合伙企业中的财产份额用于清偿（选项B不当选）。本题应选择选项C。

6.13 **斯尔解析** A 本题考查合伙人除名事由。合伙人有下列情形之一的，经其他合伙人一致同意，可以决议将其除名：（1）未履行出资义务（选项A当选）；（2）因故意或者重大过失给合伙企业造成损失；（3）执行合伙事务时有不正当行为；（4）发生合伙协议约定的事由。当然退伙情形包括：（1）作为合伙人的自然人死亡或者被依法宣告死亡；（2）个人丧失偿债能力；（3）作为合伙人的法人或者其他组织依法被吊销营业执照、责令关闭、撤销，或者被宣告破产；（4）法律规定或者合伙协议约定合伙人必须具有相关资格而丧失该资格；（5）合伙人在合伙企业中的全部财产份额被人民法院强制执行。选项BCD均为当然退伙的事由。

6.14 **斯尔解析** C 本题考查普通合伙人入伙前责任承担。新合伙人对入伙前合伙企业的债务承担无限连带责任。本题应选择选项C。

6.15 **斯尔解析** B 本题考查有限合伙人是否能同合伙企业相交易。有限合伙人可以自营或者同他人合作经营与本有限合伙企业相竞争的业务；但是，合伙协议另有约定的除外。基于此，有限合伙企业可以通过合伙协议限制有限合伙企业与合伙企业进行交易。本题应选择选项B。

6.16 **斯尔解析** A 本题考查有限合伙人退伙后责任承担。有限合伙人退伙后，对基于其退伙前的原因发生的有限合伙企业债务，以其退伙时从有限合伙企业中取回的财产承担责任。本题应选择选项A。

6.17 **斯尔解析** C 本题考查有限合伙企业合伙人性质转变后的特殊规定。除合伙协议另有约定外，普通合伙人转变为有限合伙人，或者有限合伙人转变为普通合伙人，应当经全体合伙人一致同意。有限合伙人转变为普通合伙人的，对其作为有限合伙人期间有限合伙企业发生的债务承担无限连带责任。因此，甲应当作为有限合伙人期间有限合伙企业发生的债务责任承担无限连带责任。本题应选择选项C。

6.18 **斯尔解析** C 本题考查合伙企业亏损分担。合伙企业的利润分配、亏损分担，按照合伙协议的约定办理；合伙协议未约定或者约定不明确的，由合伙人协商决定；协商不成的，由合伙人按照实缴出资比例分配、分担；无法确定出资比例的，由合伙人平均分配、分担。本题中，合伙协议未约定合伙企业亏损分担比例，合伙人之间也不能通过协商达成一致，因此各合伙人应按照实缴出资比例分担合伙企业亏损，即按照1∶2∶3的比例进行分担，本题应选择选项C。

6.19 斯尔解析 A 本题考查特殊的普通合伙企业普通合伙人责任承担。合伙人本人执业行为中因故意或者重大过失引起的合伙企业债务，该合伙人承担无限（连带）责任。其他合伙人以其在合伙企业中（认缴）的财产份额为限承担责任。本题应选择选项A。

6.20 斯尔解析 C 本题考查合伙人债务承担。合伙人发生与合伙企业无关的债务，相关债权人不得以其债权抵销其对合伙企业的债务（选项D错误）；也不得代位行使合伙人在合伙企业中的权利（选项A错误）。债权人不得自行接管债务人在合伙企业中的财产份额（选项B错误）。债权人可以从该合伙人从合伙企业中分取的收益用于清偿；债权人也可以依法请求人民法院强制执行该合伙人在合伙企业中的财产份额用于清偿。本题应选择选项C。

6.21 斯尔解析 A 本题考查普通合伙人财产份额继承。合伙人死亡或者被依法宣告死亡的，对该合伙人在合伙企业中的财产份额享有合法继承权的继承人，按照合伙协议的约定或者经全体合伙人一致同意，从继承开始之日起，取得该合伙企业的合伙人资格；因此，该合伙人的继承人并非当然取得合伙人资格，选项A当选。

6.22 斯尔解析 D 本题考查有限合伙人的权利、义务。有限合伙人不得执行合伙事务，不得对外代表合伙企业，选项AB错误。有限合伙人可以自营或者同他人合作经营与本有限合伙企业相竞争的业务，但是，合伙协议另有约定的除外，选项C错误。本题应选择选项D。

6.23 斯尔解析 B 本题考查普通合伙人当然退伙情形。当然退伙情形包括：（1）作为合伙人的自然人死亡或者被依法宣告死亡；（2）个人丧失偿债能力（选项B当选）；（3）作为合伙人的法人或者其他组织依法被吊销营业执照、责令关闭、撤销，或者被宣告破产；（4）法律规定或者合伙协议约定合伙人必须具有相关资格而丧失该资格；（5）合伙人在合伙企业中的全部财产份额被人民法院强制执行。选项ACD均为经其他合伙人一致同意可以决议将其除名的事由。本题应选择选项B。

6.24 斯尔解析 D 本题考查合伙人入伙后对入伙前的债务承担。李某、张某均为普通合伙人，应对合伙企业债务承担无限连带责任，选项A错误，选项D正确。王某、孟某均为有限合伙人，以其认缴的出资额为限对合伙企业债务承担责任。由于王某、孟某认缴的出资均未达到60万元，选项BC错误。本题应选择选项D。

6.25 斯尔解析 A 本题考查合伙企业清算人的确定。合伙企业解散，应当由清算人进行清算；清算人由全体合伙人担任，选项B错误。经全体合伙人过半数同意，可以自合伙企业解散事由出现后15日内指定一个或者数个合伙人，或者委托第三人担任清算人，选项CD错误。本题应选择选项A。

6.26 斯尔解析 A 本题考查合伙企业清算。（1）清算结束后，只要清算报告经全体合伙人签章并报送给登记机关，就可以申请注销登记，不存在拖着不能注销的情况，选项BC错误。（2）注销登记完，原普通合伙人对合伙企业存续期间的债务还是承担无限连带责任，选项A正确，选项D错误。

二、多项选择题

6.27 💡斯尔解析　**BCD**　本题考查普通合伙人的出资，考点较为综合。选项BCD均正确。缴纳出资的金额、时间均由合伙人之间自主协商，并通过合伙协议明确即可。法律并不要求普通合伙人必须一次性缴纳出资，选项A错误。

6.28 💡斯尔解析　**AC**　本题考查合伙企业财产。合伙企业的财产包括：（1）合伙人的出资（选项A当选）。（2）以合伙企业名义取得的收益（选项C当选）。（3）依法取得的其他财产。选项BD所述财产分别属于王某本人以及相关房产的所有者，并非属于甲合伙企业的财产。本题应选择选项AC。

6.29 💡斯尔解析　**ABC**　本题考查合伙企业"约定一致决"的情形。选项ABC所述均属于"除合伙协议另有约定外，须经全体合伙人一致同意"的情形。选项D属于，合伙人内部转让合伙财产份额，通知其他合伙人即可，无须其他合伙人一致同意。本题应选择选项ABC。

6.30 💡斯尔解析　**ACD**　本题考查普通合伙企业合伙事务执行。选项ACD所述正确。选项B错误，普通合伙人不得自营或同他人合作经营与合伙企业相竞争的业务。"竞业"不问约定，属于绝对禁止情形。本题应选择选项ACD。

6.31 💡斯尔解析　**ACD**　本题考查有限合伙人的权利、义务。有限合伙人不执行合伙事务，不得对外代表有限合伙企业，选项B不当选。此外，选项ACD所述行为对有限合伙人而言原则上均可自由实施，除非合伙协议另有约定。本题应选择选项ACD。

6.32 💡斯尔解析　**AD**　本题考查特殊普通合伙企业。特殊普通合伙企业中一个合伙人或者数个合伙人在执业活动中因故意或者重大过失造成合伙企业债务的，应当承担无限责任或者无限连带责任，选项A正确。其他合伙人以其在合伙企业中的财产份额为限承担责任，选项D正确，选项BC错误。本题应选择选项AD。

6.33 💡斯尔解析　**ABC**　本题考查有限合伙人出资形式。有限合伙人可以用货币、实物、知识产权、土地使用权或者其他财产权利作价出资。有限合伙人不得以劳务出资。本题应选择选项ABC。

6.34 💡斯尔解析　**BD**　本题考查有限合伙人未履行出资义务的违约责任。有限合伙人应当按照合伙协议的约定按期足额缴纳出资；未按期足额缴纳的，应当承担补缴义务，并对其他合伙人承担违约责任。本题应选择选项BD。

6.35 💡斯尔解析　**ABD**　本题考查有限合伙企业事务执行的特殊规定。有限合伙企业由普通合伙人执行合伙事务。执行合伙事务的普通合伙人对外代表合伙企业，选项C不当选。有限合伙人的下列行为，不视为执行合伙事务：（1）参与决定普通合伙人入伙、退伙（选项A当选）；（2）对企业的经营管理提出建议（选项D当选）；（3）参与选择承办有限合伙企业审计业务的会计师事务所（选项B当选）；（4）获取经审计的有限合伙企业财务会计报告；（5）对涉及自身利益的情况，查阅有限合伙企业财务会计账簿等财务资料；（6）在有限合伙企业中的利益受到侵害时，向有责任的合伙人主张权利或者提起诉讼；（7）执行事务合伙人怠于行使权利时，督促其行使权利或者为了本企业的利益以自己的名义提起诉讼；（8）依法为本企业提供担保。本题应选择选项ABD。

6.36 　斯尔解析　　ABD　本题考查有限合伙人权利。除合伙协议另有约定外，有限合伙人可以同本有限合伙企业进行交易；有限合伙人可以自营或者同他人合作经营与本有限合伙企业相竞争的业务；有限合伙人可以将其在有限合伙企业中的财产份额出质，选项ABD正确。有限合伙企业由普通合伙人执行合伙事务，有限合伙人不执行合伙事务，选项C错误。本题应选择选项ABD。

6.37 　斯尔解析　　ABC　本题考查合伙企业解散事由。合伙企业被依法被吊销营业执照、责令关闭或者被撤销的，其才应当解散。如仅被"责任停业整顿"，尚不构成合伙企业应当解散的事由，选项D不当选。

三、判断题

6.38 　斯尔解析　　×　本题考查普通合伙人的消极范围。国有独资公司、国有企业、上市公司以及公益性的事业单位、社会团体不得成为普通合伙人，但可以成为有限合伙人。题述的合伙企业一定是有限合伙企业。本题所述错误。

6.39 　斯尔解析　　√　本题考查财产份额出质。

6.40 　斯尔解析　　×　本题考查合伙事项的表决。"合伙人对执行合伙事务享有同等的权利"在委托一个或者数个合伙人执行合伙事务的情况下亦适用。"委托"事项在合伙协议里已有约定或由全体合伙人表决通过，是共同意志的体现。本题所述错误。

6.41 　斯尔解析　　×　本题考查普通合伙企业合伙事务执行。合伙人分别执行合伙事务的，执行事务合伙人可以对其他合伙人执行的事务提出异议。提出异议时，应当暂停该项事务的执行。如果发生争议，依照有关规定作出决定，即，合伙协议有约定的，按照约定表决；无约定或约定不明的，一人一票过半数同意方可通过。本题所述争议解决办法正确，但结论有误。

6.42 　斯尔解析　　×　本题考查新人入伙责任承担。新入伙的有限合伙人对入伙前有限合伙企业的债务，以其认缴的出资额为限承担责任，并不承担无限连带责任，本题所述错误。

6.43 　斯尔解析　　×　有限合伙人的下列行为，不视为执行合伙事务：（1）参与决定普通合伙人入伙、退伙；（2）对企业的经营管理提出建议；（3）参与选择承办有限合伙企业审计业务的会计师事务所（题述情形）；（4）获取经审计的有限合伙企业财务会计报告；（5）对涉及自身利益的情况，查阅有限合伙企业财务会计账簿等财务资料；（6）在有限合伙企业中的利益受到侵害时，向有责任的合伙人主张权利或者提起诉讼；（7）执行事务合伙人怠于行使权利时，督促其行使权利或者为了本企业的利益以自己的名义提起诉讼；（8）依法为本企业提供担保。本题所述错误。

6.44 　斯尔解析　　√　本题考查有限合伙企业事务执行的特殊规定。

第七章 保险法律制度

一、单项选择题

7.1 张某作为投保人，以其母李某为被保险人购买一份人身保险，经其母同意，指定朱某为受益人。某日，李某与朱某一同乘车出游，遭遇车祸，二人均在该次车祸中丧生，且无法确定死亡的先后顺序。根据保险法律制度的规定，下列说法中错误的是（　　）。
A.应推定朱某死亡在先
B.应推定李某死亡在先
C.该笔保险的保险金成为李某的遗产
D.张某对李某具有保险利益

7.2 甲公司购进一台价值180万元的机器设备，向保险公司投保。保险合同约定保险金额为180万元，但未约定保险金的计算方法。后保险期间发生了保险事故，造成该设备实际损失80万元；甲公司为防止损失的扩大，花费了6万元施救费；此外，为鉴定本次保险事故的性质，花费了2万元的鉴定费。根据保险法律制度的规定，保险公司应当支付给甲公司的保险金数额是（　　）。
A.80万元　　　B.82万元　　　C.86万元　　　D.88万元

7.3 根据保险法律制度的规定，下列关于保险经纪人的表述中，正确的是（　　）。
A.保险经纪人是专门从事保险经纪活动的个人
B.保险经纪人是投保人的代理人
C.保险经纪人是保险人的代理人
D.保险经纪人可以依法收取佣金

7.4 王某以其母亲为被保险人投保了人寿保险，但其向保险公司申报其母亲的年龄并不真实，且其母亲的真实年龄并不符合该份保险合同约定的年龄限制。该情况下，根据保险法律制度的规定，下列说法中正确的是（　　）。
A.保险人不可以解除合同，但可以要求投保人按照真实年龄调整保险费
B.保险人可以解除合同，并要求投保人承担违约责任
C.保险人可以解除合同，并按照合同约定退还保险单的现金价值
D.保险人可以解除合同，并退还保险费

7.5 根据保险法律制度的规定，投保人故意或者因重大过失未履行如实告知义务，足以影响保险人决定是否同意承保或者提高保险费率的，保险人有权解除合同。保险人解除合同的权利，自保险人知道解除事由之日起超过一定期限不行使而消灭，该期限是（　　）。
A.1年　　　B.30日　　　C.2年　　　D.3个月

7.6 根据保险法律制度的规定，下列不属于保险公司终止原因的是（　　）。
A.解散　　　　　　　B.被撤销　　　　　　C.破产　　　　　　　D.被接管

7.7 根据保险法律制度的规定，依据保险标的的保险价值是否可以确定可以将保险合同分为（　　）。
A.足额保险合同、不足额保险合同和超额保险合同
B.人身保险合同与财产保险合同
C.定值保险合同与不定值保险合同
D.特定危险保险合同与一切险保险合同

7.8 根据保险法律制度的规定，采用保险人提供的格式条款订立的保险合同，保险人与投保人、被保险人或者受益人对合同条款有争议的，应当适用的解释规则是（　　）。
A.按照有利于投保人解释　　　　　　B.按照有利于保险人解释
C.按照有利于被保险人或者受益人解释　　D.按照通常理解予以解释

7.9 张某为其妻子李某投保时，隐瞒李某健康状况。李某真实健康状况不符合保险合同约定的投保条件。保险合同生效后60天，李某因隐瞒的疾病死亡。下列关于投保人违反告知义务后果的表述中，正确的是（　　）。
A.保险人有权解除合同，但应退还保险费
B.保险人不可以解除合同，且应当给付保险金
C.保险人有权解除合同，且不退还保险费
D.保险人不可以解除合同，但可以要求投保人承担违约责任

二、多项选择题

7.10 根据保险法律制度的规定，下列关于保险利益的表述中，正确的有（　　）。
A.财产保险的被保险人在保险事故发生时，对保险标的应当具有保险利益
B.保险利益必须是确定的、客观存在的利益，包括现有利益和期待利益
C.人身保险的投保人在保险合同订立时，对被保险人应当具有保险利益
D.保险利益必须是得到法律认可和保护的合法利益

7.11 根据保险法律制度的规定，人身保险的投保人在订立保险合同时，对某些人员具有保险利益。该人员包括（　　）。
A.投保人的母亲　　　　　　　　　　B.投保人抚养的外甥女
C.投保人的朋友　　　　　　　　　　D.投保人的儿子

7.12 李某为其母购买人身意外险，根据保险法律制度的规定，关于受益人的确定，下列说法中正确的有（　　）。
A.李某可以指定受益人　　　　　　　B.李某的母亲可以指定受益人
C.李某指定受益人应经其母同意　　　D.只有李某的母亲才可以指定受益人

7.13 根据保险法律制度的规定，被保险人死亡后，保险金在一定情形下作为被保险人的遗产。下列各项中，属于该情形的有（　　）。
A.唯一受益人放弃受益权
B.受益人指定不明无法确定
C.唯一受益人故意造成被保险人死亡
D.唯一受益人先于被保险人死亡

7.14 下列关于保险代位求偿制度的表述中，符合保险法律制度规定的有（　　）。
A.保险人向被保险人赔偿保险金后，被保险人未经保险人同意放弃对第三者请求赔偿权利的，该行为无效
B.保险人在赔偿金额范围内代位行使被保险人对第三者请求赔偿的权利
C.保险人应以被保险人的名义行使代位求偿权
D.被保险人因故意致使保险人不能行使代位请求赔偿权利的，保险人可以扣减或者要求返还相应的保险金

7.15 根据保险法律制度的规定，下列属于保险人可以单方解除合同的情形有（　　）。
A.投保人故意隐瞒与保险标的有关的重要事实，未履行如实告知义务，足以影响保险人是否决定同意承保的
B.投保人谎称发生保险事故，向保险人提出赔偿的
C.投保人在保险标的的危险程度显著增加时未按照合同约定及时通知保险人的
D.投保人对保险事故的发生有重大过失的

7.16 根据保险法律制度规定，下列关于保险合同特征的表述中，正确的有（　　）。
A.保险合同是实践合同
B.保险合同是最大诚信合同
C.保险合同是双务有偿合同
D.保险合同是射幸合同

7.17 根据保险法律制度的规定，保险合同中记载内容不一致时，下列关于认定规则的表述中，不正确的有（　　）。
A.投保单与保险单不一致的，以投保人选择的内容为准
B.保险凭证存在手写和打印两种方式的，以双方签字、盖章的手写部分的内容为准
C.非格式条款与格式条款不一致的，以非格式条款为准
D.保险凭证记载的时间不同的，以形成时间在后的为准

三、判断题

7.18 财产保险的被保险人在保险事故发生时，对保险标的应当具有保险利益，否则，该保险合同无效。（　　）

7.19 投保人或者被保险人变更受益人未通知保险人，保险人主张变更对其不发生效力的，人民法院应予支持。（　　）

7.20 受益人与被保险人在同一事件中死亡，且不能确定死亡先后顺序的，推定受益人死亡在先。（　　）

7.21 人身保险合同订立后，因投保人丧失对被保险人的保险利益，当事人主张保险合同无效的，人民法院应予支持。（　　）

7.22 受益人故意造成被保险人死亡的，该受益人丧失受益权。（　　）

7.23 重复保险的投保人可以就保险金额总和超过保险价值的部分，请求各保险人按比例返还保险费。（　　）

7.24 保险金额低于保险价值的，除合同另有约定外，保险人按照保险金额与保险价值的比例承担赔偿保险金的责任。（　　）

7.25 财产保险合同中，保险金额可以超过保险价值。（　　）

7.26 因第三者对保险标的的损害而造成的保险事故发生后，保险人未赔偿保险金之前，即使被保险人放弃对第三者请求赔偿的权利，保险人仍应承担赔偿保险金的责任。（　　）

7.27 保险人接受了投保人提交的投保单并收取了保险费，尚未作出是否承保的意思表示，发生保险事故，被保险人或者受益人请求保险人按照保险合同承担赔偿或者给付保险金责任的，人民法院应予支持。（　　）

7.28 保险事故发生后，保险人已支付了全部保险金额，并且保险金额等于保险价值的，受损保险标的的全部权利归于保险人；保险金额低于保险价值的，保险人按照保险金额与保险价值的比例取得受损保险标的的部分权利。（　　）

7.29 重复保险的各保险人赔偿保险金的总和不得超过保险价值。除合同另有约定外，各保险人按照其保险金额与保险金额总和的比例承担赔偿保险金的责任。在法律规定的比例责任分摊方式下，各保险人承担的保险责任构成连带责任。（　　）

7.30 因被保险人张某抗拒依法采取的刑事强制措施致其自身伤残的，保险人应承担给付保险金的责任。（　　）

7.31 某保险公司的代理人周某向刘某推介一款保险产品，刘某认为不错，于是双方约定了签订合同的时间。订立保险合同时，刘某无法亲自到场签字，就由周某代为签字。后刘某交纳了保险费。此时，应视为刘某对周某代签字行为的追认。（　　）

答案与解析

一、单项选择题

| 7.1 | B | 7.2 | D | 7.3 | D | 7.4 | C | 7.5 | B |
| 7.6 | D | 7.7 | C | 7.8 | D | 7.9 | C | | |

二、多项选择题

| 7.10 | ABCD | 7.11 | ABD | 7.12 | ABC | 7.13 | ABCD | 7.14 | ABD |
| 7.15 | ABC | 7.16 | BCD | 7.17 | BCD | | | | |

三、判断题

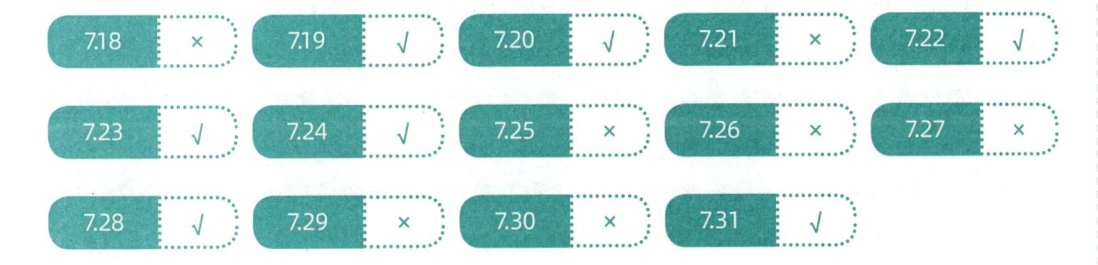

7.18	×	7.19	√	7.20	√	7.21	×	7.22	√
7.23	√	7.24	√	7.25	×	7.26	×	7.27	×
7.28	√	7.29	×	7.30	×	7.31	√		

一、单项选择题

7.1 【斯尔解析】 B 本题考查无法确定死亡先后顺序的推定。受益人与被保险人在同一事件中死亡，且不能确定死亡先后顺序的，推定受益人死亡在先。在本题中，该保险关系的受益人是朱某，应推定朱某死亡在先，选项A不当选、选项B当选。受益人先于被保险人死亡，没有其他受益人的，保险金作为被保险人的遗产，选项C不当选。投保人对下列人员具有保险利益：（1）本人；（2）配偶、子女、父母（选项D不当选）；（3）上述人员以外的与投保人有抚养、赡养或者扶养关系的家庭其他成员、近亲属；（4）与投保人有劳动关系的劳动者。本题应选择选项B。

7.2 【斯尔解析】 D 本题考查保险金额与保险价值相等时保险金支付方式。本题中，保险金额等于保险价值，出险时保险人应全额赔付，即就保险标的损失部分赔付80万元保险金。此外，甲公司施救费用和鉴定费用均属于"其他合理、必要费用"，应由保险人承担。综上，本题中保险公司应当支付给甲公司的保险金数额=80+6+2=88（万元）。本题应选择选项D。

7.3 【斯尔解析】 D 本题考查保险经纪人。保险经纪人是指基于投保人的利益，为投保人与保险人订立保险合同提供中介服务，并依法收取佣金的机构，选项D

正确。保险经纪人只能是机构，个人不能成为保险经纪人，选项A错误。保险经纪人虽然代表投保人的利益，但其以自己的名义独立实施保险经济行为，并非投保人或者保险人的代理人，选项BC均错误。本题应选择选项D。

7.4 斯尔解析　C　本题考查投保人申报被保险人的年龄不真实的处理规则。投保人申报的被保险人年龄不真实，并且其真实年龄不符合合同约定的年龄限制的，保险人可以解除合同，并按照合同约定退还保险单的现金价值，选项C正确、选项BD错误。但若真实年龄符合保险合同约定年龄限制，投保人申报的被保险人的年龄不真实，致使投保人支付的保险费少于应付保险费的，保险人有权更正并要求投保人补交保险费，或在给付保险金时按照实付保险费与应付保险费的比例支付。但若投保人为此支付的保险费多于应交的保险费，保险人应当将多收的保险费退还投保人，选项A错误。本题应选择选项C。

7.5 斯尔解析　B　本题考查保险人解除保险合同期限。保险人解除合同的权利，自保险人知道有解除事由之日起，超过30日不行使而消灭；自合同成立之日起超过2年的，保险人不得解除合同。请大家注意区分法条中30日和2年。本题应选择选项B。

7.6 斯尔解析　D　本题考查保险公司终止原因。此考点较为冷门，学习、复习过程中容易忽略。考试时遇到复习时未覆盖的考点切勿慌张，需要冷静分析选项。题干要求选择不是终止原因的情况，优先选择程度"最轻"的一个，即"被接管"。根据规定，接管期限届满，被接管的公司已恢复正常经营能力的，由中国银保监会决定终止接管并予以公告。故"被接管"并不一定导致机构终止，选项D正确。

7.7 斯尔解析　C　本题考查保险合同的分类。根据保险合同中的保险价值是否先予确定为标准，可将保险合同分为定值保险合同与不定值保险合同，选项C当选。根据保险价值与保险金额的关系，可将保险合同分为足额保险合同、不足额保险合同和超额保险合同，选项A不当选。根据保险标的的不同，保险合同还可分为人身保险合同和财产保险合同，选项B不当选。根据保险人所承担的危险状况不同，可将保险合同分为特定危险保险合同和一切险保险合同，选项D不当选。

7.8 斯尔解析　D　本题考查格式条款争议的解决规则。格式条款的解释有两层规则，以保险合同中的格式条款为例：（1）采用保险人提供的格式条款订立的保险合同，保险人与投保人、被保险人或者受益人对合同条款有争议的，应当按照通常理解予以解释（"有争议，先通常"），选项D当选。（2）对合同条款有两种以上解释的，人民法院或仲裁机构应当作出有利于被保险人和受益人的解释。注意，只有当存在两种以上解释时，才要采取不利于格式条款提供方的解释。

7.9 斯尔解析　C　本题考查保险人的单方解除权。投保人故意或者因重大过失未履行规定的如实告知义务，足以影响保险人决定是否同意承保或者提高保险费率的，保险人有权解除合同，选项BD错误。投保人故意不履行如实告知义务的，保险人对于合同解除前发生的保险事故，不承担赔偿或者给付保险金的责任，并不退还保险费，选项A错误，选项C正确。

二、多项选择题

7.10 💡斯尔解析　**ABCD**　本题考查保险利益原则。选项ABCD表述均正确。

7.11 💡斯尔解析　**ABD**　本题考查具有保险利益的主体。在人身保险中，与投保人具有保险利益的对象有：（1）本人、配偶、子女、父母（选项AD当选）；（2）上述人员以外的与投保人有抚养、赡养或者扶养关系的家庭其他成员、近亲属（选项B当选）；（3）与投保人有劳动关系的劳动者。法律规定投保人具有保险利益的对象并不包括朋友，选项C不当选。本题应选择选项ABD。

7.12 💡斯尔解析　**ABC**　本题考查受益人相关规定。据题述，李某为其母购买人身意外险，李某是投保人，李某的母亲是被保险人。受益人可以由投保人或者被保险人指定，选项AB正确，选项D错误。投保人指定受益人须经被保险人同意，选项C正确。本题应选择选项ABC。

7.13 💡斯尔解析　**ABCD**　本题考查保险金作为被保险人遗产的情形。本题选项中，有下列情形之一的，保险金作为被保险人的遗产，由保险人依照《继承法》的规定履行给付保险金的义务：（1）没有指定受益人，或者受益人指定不明无法确定的（选项B当选）。（2）受益人先于被保险人死亡，没有其他受益人的。（3）受益人依法丧失受益权或者放弃受益权，没有其他受益人的（选项AD当选）。（4）受益人与被保险人在同一事件中死亡，且不能确定死亡先后顺序的，推定受益人死亡在先。受益人故意造成被保险人死亡，则其丧失受益权；唯一受益人丧失受益权的，保险金也应成为被保险人的遗产，选项C当选。因此，本题应选择选项ABCD。

7.14 💡斯尔解析　**ABD**　本题考查代位求偿制度。因第三者对保险标的的损害而造成的保险事故发生后，保险人未赔偿保险金之前，被保险人放弃对第三者请求赔偿的权利的，保险人不承担赔偿保险金的责任。保险人向被保险人赔偿保险金后，被保险人未经保险人同意放弃对第三者请求赔偿权利的，该行为无效。如果因被保险人故意或重大过失致使保险人不能行使代位请求赔偿的权利的，保险人可以扣减或者要求返还相应的保险金，选项AD正确。因第三者对保险标的的损害而造成保险事故的，保险人自向被保险人赔偿保险金之日起，在赔偿金额范围内代位行使被保险人对第三者请求赔偿的权利，选项B正确。保险人应以自己的名义行使保险代位求偿权，选项C错误。

7.15 💡斯尔解析　**ABC**　本题考查保险人单方解除合同情形。保险法规定的保险人具有解除合同权利的情形有：（1）投保人故意或者因重大过失未履行如实告知义务，足以影响保险人决定是否同意承保或者提高保险费率的（选项A当选）。（2）被保险人或者受益人未发生保险事故，谎称发生了保险事故，向保险人提出赔偿或者给付保险金请求的，保险人有权解除合同，并不退还保险费（选项B当选）。投保人、被保险人故意制造保险事故的，保险人有权解除合同，不承担赔偿或者给付保险金的责任。（3）投保人、被保险人未按照合同约定履行其对保险标的的安全应尽责任的。（4）在合同有效期内，保险标的的危险程度显著增加，被保险人未按合同约定及时通知保险人的或者保险人要求增加保险费被拒绝的（选项C当选）。（5）投保人申报的被保险人年龄不真实，并且其真实年龄不符合合同约定的年龄限制的。（6）人身保险合同效力中止后两年保险合同双方当事人未达成协议恢复合同效力的。本题应选择选项ABC。

7.16 斯尔解析 BCD 本题考查保险合同特征。保险合同是诺成合同，并非实践合同，选项A不当选。选项BCD所述均正确。

7.17 斯尔解析 BCD 本题考查保险合同条款。投保单与保险单或者其他保险凭证不一致的，以投保单为准，选项A错误，选项BCD均正确。

三、判断题

7.18 斯尔解析 × 本题考查保险合同效力。财产保险的被保险人在保险事故发生时，对保险标的应当具有保险利益，否则，被保险人不得向保险人请求赔偿保险金，但保险合同的效力并不受影响，本题所述错误。

7.19 斯尔解析 √ 本题考查受益人变更。

7.20 斯尔解析 √ 本题考查死亡顺序的推定。

7.21 斯尔解析 × 本题考查保险利益的效力（人身保险）。人身保险合同仅在合同订立时要求投保人对被保险人具有保险利益，并不要求保险责任期间始终存在保险利益关系。出现题述情况，人民法院不予支持，本题所述错误。

7.22 斯尔解析 √ 本题考查受益人丧失受益权的情形。

7.23 斯尔解析 √ 本题考查重复保险的保费处理。

7.24 斯尔解析 √ 本题考查保险责任的承担。

7.25 斯尔解析 × 本题考查财产保险合同。财产保险合同中，保险金额不可以超过保险价值，这是保险制度的损失补偿原则的表现之一，本题所述错误。

7.26 斯尔解析 × 本题考查代位求偿权。因第三者对保险标的的损害而造成的保险事故发生后，保险人未赔偿保险金之前，被保险人放弃对第三者请求赔偿的权利的，保险人不承担赔偿保险金的责任，本题所述错误。

7.27 斯尔解析 × 本题考查"特定情形"保险人是否承担保险责任。应特别注意，题述情况下，虽然保险人也是"揣着明白装糊涂"，但处理方式不可一概而论：对于被保险人或者受益人的赔偿请求，要视该次业务是否符合承保条件，确定保险人是否承担保险责任，本题所述错误。

7.28 斯尔解析 √ 本题考查保险金额与保险价值的关系。

7.29 斯尔解析 × 本题考查重复保险的分摊制度。同一投保人对同一保险标的、同一保险利益、同一保险事故分别与两个以上保险人订立保险合同，各保险合同的保险金额总和并未超过保险标的价值，也不是重复保险，此种情况称为共同保险，共同保险的单个保险合同均为不足额保险，各个保险合同的保险人只就其承保部分在保险事故发生时，按比例承担保险赔偿的责任，而非承担承担连带责任，本题所述错误。

7.30 斯尔解析 × 本题考查人身保险合同的特殊条款。因被保险人故意犯罪或者抗拒依法采取的刑事强制措施导致其伤残或者死亡的，保险人不承担给付保险金的责任。投保人已交足2年以上保险费的，保险人应当按照合同约定退还保险单的现金价值，本题所述错误。

7.31 斯尔解析 √ 本题考查保险合同的成立。投保人或者投保人的代理人订立保险合同时没有亲自签字或者盖章，而由保险人或者保险人的代理人代为签字或者盖章的，对投保人不生效。但投保人已经交纳保险费的，视为其对代签字或者盖章行为的追认。本题所述正确。

第八章 票据法律制度

一、单项选择题

8.1 根据票据法律制度规定，下列各项中，属于汇票出票的相对记载事项的是（　　）。
A.付款日期　　　　B.付款人名称　　　　C.确定的金额　　　　D.收款人名称

8.2 根据票据法律制度规定，下列有关票据的追索的说法中，错误的是（　　）。
A.持票人可以不按照汇票债务人的先后顺序进行追索
B.持票人对汇票债务人中的一人或数人已开始进行追索的，对其他汇票债务人不得追索
C.持票人为出票人的，对其前手无追索权
D.持票人为背书人的，对其后手无追索权

8.3 根据票据法律制度的规定，支票的下列记载事项中，出票人可以授权补记的是（　　）。
A.出票日期　　　　B.出票人签章　　　　C.付款人名称　　　　D.收款人名称

8.4 根据票据法律制度规定，在票据上更改特定记载事项的，将导致票据无效。下列各项中，属于该记载事项的是（　　）。
A.付款人名称　　　　B.收款人名称　　　　C.付款地　　　　D.出票地

8.5 根据票据法律制度规定，持票人对支票出票人的追索权，应当在一定期间内行使。该期间是（　　）。
A.自出票日起3个月　　　　　　　　B.自出票日起6个月
C.自出票日起2年　　　　　　　　　D.自到期日起2年

8.6 根据票据法律制度规定，下列关于票据伪造的表述中，说法正确的是（　　）。
A.持票人行使追索权时，在票据上的真实签章人可以票据伪造为由进行抗辩
B.票据被伪造人应向持票人承担票据责任
C.出票人假冒他人名义签发票据的行为属于票据伪造
D.票据伪造人应向持票人承担票据责任

8.7 根据票据法律制度规定，下列关于本票和支票的特征对比，说法正确的是（　　）。
A.收款人名称均为绝对记载事项　　　　B.出票人均只能是银行
C.未记载付款地、出票地均不影响效力　　D.本票和支票均为远期票据

8.8 根据票据法律制度规定，下列关于本票的表述中，不正确的是（   ）。
A.本票自出票日起，最长付款期限为3个月
B."无条件支付的承诺"是绝对记载事项之一
C.本票无须承兑
D.仅限于银行本票，且为记名本票

8.9 根据票据法律制度规定，下列各项中，属于银行本票的相对记载事项的是（   ）。
A.收款人名称　　　　B.确定的金额　　　　C.出票日期　　　　D.出票地

8.10 根据票据法律制度规定，下列关于支票记载事项的表述中，正确的是（   ）。
A.支票上未记载付款日期的，该票据无效
B.支票上未记载付款地的，出票人的营业场所为付款地
C.支票上未记载出票日期的，该票据无效
D.支票的出票人不得记载"禁止转让"字样

8.11 根据票据法律制度规定，不同的票据所涉及的票据行为是不同的，有些票据行为是汇票、本票、支票共有的行为，有的只是某一种票据所独有的行为。下列票据行为中，属于汇票独有的是（   ）。
A.背书　　　　　　B.出票　　　　　　C.承兑　　　　　　D.保证

8.12 甲公司于2021年2月10日签发一张汇票给乙公司，付款日期为2021年3月20日。乙公司将该汇票提示承兑后背书转让给丙公司，丙公司又将该汇票背书转让给丁公司。丁公司于2021年3月23日向承兑人请求付款时遭到拒绝。根据票据法律制度规定，丁公司向甲公司行使追索权的期限是（   ）。
A.自2021年2月10日至2023年2月10日
B.自2021年3月20日至2023年3月20日
C.自2021年3月23日至2021年9月23日
D.自2021年3月23日至2021年6月23日

8.13 甲公司与乙公司签订一份买卖合同，约定采用见票即付的商业汇票支付货款，后乙公司以自己为付款人签发汇票并交付给甲公司，因甲公司欠丙公司货款，故甲公司将该汇票背书转让给丙公司。丙公司持票向乙公司行使付款请求权时，乙公司以甲公司未供货为由拒付。经查，丙公司对甲公司未供货不知情。下列关于乙公司的拒付主张是否成立的表述中，符合票据法律制度规定的是（   ）。
A.不成立，因丙公司为善意持票人，乙公司不得以对抗甲公司的抗辩事由对抗丙公司
B.成立，因甲公司未供货，乙公司当然可以拒绝付款
C.不成立，因甲公司已转让该汇票并已退出票据关系
D.成立，因丙公司与乙公司并无合同关系

8.14 根据票据法律制度规定，下列关于票据伪造的表述中，正确的是（　　）。
A.票据伪造是指无权更改票据的人变更票据金额的行为
B.被伪造人应向善意且支付了对价的持票人承担票据责任
C.票据上有伪造签章的，不影响票据上其他真实签章的效力
D.伪造人因未在票据上以自己的名义签章，故不承担票据责任之外的民事责任

二、多项选择题

8.15 根据票据法律制度规定，下列情形中，导致汇票无效的有（　　）。
A.汇票上的金额为"不超过五十万元"
B.汇票上未记载出票日期
C.汇票上未记载付款地
D.汇票上记载了本次交易的合同编号

8.16 根据票据法律制度规定，汇票的相对记载事项有（　　）。
A.付款日期　　　　B.出票地　　　　C.付款地　　　　D.出票日期

8.17 根据票据法律制度规定，持票人行使追索权的实质条件有（　　）。
A.汇票到期被拒绝付款
B.汇票在到期日前被拒绝承兑
C.在汇票到期日前，出票人或付款人死亡、逃匿
D.在汇票到期日前，承兑人或付款人被依法宣告破产或因违法被责令终止业务活动

8.18 根据票据法律制度规定，本票的绝对记载事项有（　　）。
A.确定的金额　　　B.付款人名称　　　C.出票人签章　　　D.出票日期

8.19 根据票据法律制度规定，票据债务人基于票据本身存在的一定事由发生的抗辩，可以对抗任何持票人。该类事由有（　　）。
A.票据上未有出票人签章　　　　B.票据上的背书不连续
C.票据未记载付款地　　　　　　D.票据的付款附有条件

8.20 根据票据法律制度规定，下列有关汇票的保证的说法中，正确的有（　　）。
A.保证人在汇票或者粘单上未记载被保证人的名称的，已承兑的汇票，以承兑人为被保证人
B.保证人在汇票或者粘单上未记载被保证人的名称的，未承兑的汇票，以出票人为被保证人
C.保证人在汇票或者粘单上未记载保证日期的，以出票日期为保证日期
D.保证不得附有条件，附有条件的，保证无效

8.21 根据票据法律制度规定，当事人合法取得票据权利的方式有（　　）。
A.背书转让　　　　B.税收　　　　C.赠与　　　　D.继承

8.22 根据票据法律制度规定，下列情形中，汇票不得背书转让的有（　　）。
A.汇票上未记载付款日期的　　　　B.汇票被拒绝付款的
C.汇票被拒绝承兑的　　　　D.汇票超过付款提示期限的

8.23 根据票据法律制度规定，票据签章符合规定的有（　　）。
A.商业汇票的出票人签章为法人公章加企业法定代表人签名
B.银行本票的出票人在票据上的签章应为该银行批准使用的该银行本票专用章加其法定代表人或者授权的代理人的签名或者盖章
C.支票出票人在票据上签章应为其预留银行的签章
D.单位在票据上的签章可以是合同专用章

8.24 根据票据法律制度的规定，下列有关涉外票据适用法律的说法，正确的有（　　）。
A.票据的背书、承兑、付款和保证行为，适用行为地法律
B.票据追索权的行使期限，适用付款地法律
C.汇票、本票出票时的记载事项，适用出票地法律
D.票据的提示期限适用付款地法律

三、判断题

8.25 甲公司签发一张由自己承兑的商业承兑汇票交付给乙公司，乙公司在票据背面记载"不得转让"字样并签章后背书转让给丙公司，丙公司又背书转让给丁公司，丁公司在该票据到期日后5天内向甲公司请求付款时遭到拒绝。此时，丁公司只能向丙公司行使追索权。（　　）

8.26 甲公司与乙公司进行货物买卖交易，由乙公司向甲公司发出货物，甲公司向乙公司开出一张汇票，由某银行承兑。在该汇票上，甲公司在出票时记载"不得转让"。其后，乙公司与丙公司进行货物买卖交易，又将该汇票支付给丙公司。丙公司持有该汇票后，有权要求票据上的付款人某银行向其付款。
（　　）

8.27 如果背书人不作成记名背书，而将票据交付他人的，持票人在票据被背书人栏内记载自己的名称与背书人记载具有同等法律效力。（　　）

8.28 银行本票是见票即付的票据，收款人或持票人在取得银行本票后，在提示付款期限内，随时可以向出票人请求付款。（　　）

8.29 无法辨别当事人在票据被变造之前还是之后签章的，视同在变造之后签章。
（　　）

答案与解析

一、单项选择题

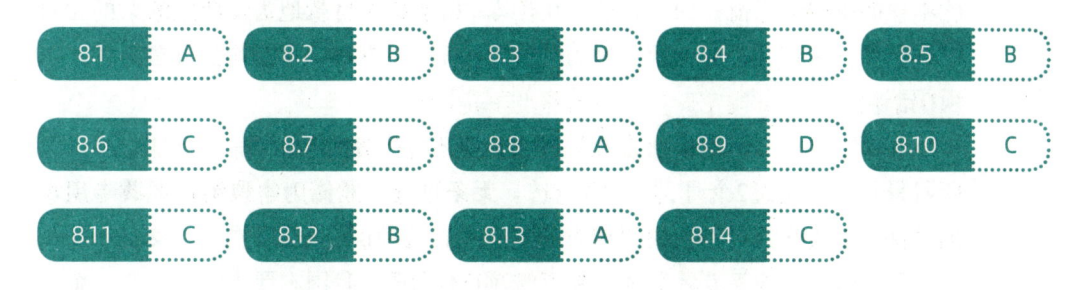

8.1	A	8.2	B	8.3	D	8.4	B	8.5	B
8.6	C	8.7	C	8.8	A	8.9	D	8.10	C
8.11	C	8.12	B	8.13	A	8.14	C		

二、多项选择题

| 8.15 | AB | 8.16 | ABC | 8.17 | ABD | 8.18 | ACD | 8.19 | ABD |
| 8.20 | ABC | 8.21 | ABCD | 8.22 | BCD | 8.23 | ABC | 8.24 | ACD |

三、判断题

| 8.25 | × | 8.26 | × | 8.27 | √ | 8.28 | √ | 8.29 | × |

一、单项选择题

8.1 【斯尔解析】 A 本题考查汇票相对记载事项。汇票出票相对记载事项包括：付款日期、付款地、出票地，选项A当选。付款人名称、确定的金额、收款人名称均属于汇票出票绝对记载事项，选项BCD不当选。

8.2 【斯尔解析】 B 本题考查票据追索权行使。持票人对汇票债务人中的一人或者数人已经开始进行追索的，对其他汇票债务人仍然可以行使追索权，选项B当选。选项ACD所述均正确，不当选。

8.3 【斯尔解析】 D 本题考查支票授权补记。在支票中，金额和收款人名称可以由出票人授权补记。本题应选择选项D。

8.4 【斯尔解析】 B 本题考查更改后导致票据无效的记载事项。金额、收款人名称、日期不得更改，更改的票据无效。本题应选择选项B。

8.5 【斯尔解析】 B 本题考查追索权行使期限。做此类型题目时，需要看清楚追索对象。持票人对支票出票人的权利，自出票日起6个月。本题应选择选项B。

8.6 【斯尔解析】 C 本题考查票据伪造。票据上有伪造签章的，不影响票据上其他真实签章的效力。持票人依法提示承兑、提示付款或行使追索权时，在票据上真实签章人不能以票据伪造为由进行抗辩，选项A错误。票据被伪造人没有以其真实意思表示在票据上签章，无须向持票人承担票据责任，选项B错误。票据伪造包含假冒他人名义或者虚构他人名义进行票据行为两种情形，选项C正确。

票据伪造人的名称未记载于票据上，无须承担票据责任，但可能承担民事责任或刑事责任，选项D错误。

8.7 斯尔解析　C　本题考查支票与本票的特征。收款人名称为本票绝对记载事项，在支票中，付款人名称才是绝对记载事项，"一收一付"一定区分好，选项A错误。支票的出票人是单位和个人，而我国目前的本票仅限于银行本票，因此本票的出票人只能是银行，选项B错误。出票地、付款地为支票、本票的相对记载事项，未记载不影响票据效力，选项C正确。支票、本票均为见票即付，选项D错误。

8.8 斯尔解析　A　本题考查本票。考点较为综合。银行本票自出票日起，付款期限最长不得超过2个月，选项A当选。无条件支付承诺为本票绝对记载事项。无条件支付委托为汇票、支票绝对记载事项，选项B不当选。本票、支票无须承兑，只有远期商业汇票才需要承兑，选项C不当选。我国本票为银行本票，企业不能签发本票。且签发本票时，收款人确定，应属记名本票，选项D不当选。本题应选择选项A。

8.9 斯尔解析　D　本题考查银行本票相对记载事项。银行本票和支票的相对记载事项均为"出票地、付款地"，选项D当选。选项ABC所述均为银行本票的绝对记载事项。

8.10 斯尔解析　C　本题考查支票记载事项。支票限于见票即付，不得另行记载付款日期；另行记载付款日期的，该记载无效，但支票有效，选项A错误。支票上未记载付款地的，付款人的营业场所为付款地，选项B错误。在票据上记载"不得转让"等字样，属于票据任意记载事项。出票人在票据上记载"不得转让"字样，该票据不得转让，选项D错误。本题应选择选项C。

8.11 斯尔解析　C　本题考查票据行为。承兑是远期汇票特有的行为。本题应选择选项C。

8.12 斯尔解析　B　本题考查追索权行使期限。除见票即付的汇票外，汇票持票人对出票人和承兑人的权利（包括付款请求权和追索权），自票据到期日起2年。本题所述票据类型为远期汇票，票据到期日是2021年3月20日，丁公司行使追索权的期限为2021年3月20日至2023年3月20日，本题应选择选项B。

8.13 斯尔解析　A　本题考查对人抗辩。票据债务人不得以自己与持票人的前手之间的抗辩事由对抗持票人，明知出票人对持票人前手存在抗辩事由取得票据除外。题干叙述"丙公司对甲公司未供货不知情"，就是为了提示大家，丙公司是善意持票人。本题中，票据债务人是乙公司，甲公司是持票人丙公司的前手。乙公司不得以其对甲公司的抗辩事由对抗丙公司，选项A正确。假设甲公司没有欠丙公司货款，而是将这张汇票送给了丙公司（即丙公司取得该汇票无对价），则其享有的权利不能优于其前手（甲公司），乙公司可以其对甲公司的抗辩事由对抗丙公司。故本题应选择选项A。

8.14 斯尔解析　C　本题考查票据伪造。票据伪造与票据变造的区别是：票据伪造是"签章造假"，票据变造，变更的是除了签章的其他记载事项。选项A错误，其所述属于票据变造而非票据伪造。票据伪造构成票据抗辩中对物抗辩的事由，持票人即使是善意，也不能对被伪造人行使票据权利，选项B错误。票据上有伪造签章的，不影响票据上其他真实签章的效力。持票人依法提示承兑、提示付款或行使追索权时，在票据上真实签章人不能以票据伪造为由进行抗辩，选项C正确。伪造人未在票据上以自己的名义签章，无须承担票据责任，但可能视情况承担民事赔偿责任和刑事责任，选项D错误。故本题应选择选项C。

二、多项选择题

8.15 斯尔解析 **AB** 本题考查票据无效情形。若票据上缺少绝对记载事项会导致票据无效。确定的金额和出票日期为汇票上的绝对记载事项，因此，汇票金额若为"非确定的数字"或"汇票缺少出票日期"等情况均会导致汇票无效，选项AB当选。付款地和该票据项下交易的合同编号分别为汇票的相对记载事项和非法定记载事项，汇票未记载该等事项并不会导致其无效，选项CD不当选。

8.16 斯尔解析 **ABC** 本题考查汇票相对记载事项。出票地、付款地、付款日期为汇票相对记载事项，选项ABC当选。出票日期为汇票的绝对记载事项，选项D不当选。

8.17 斯尔解析 **ABD** 本题考查追索权发生的实质条件。追索权发生的实质要件包括：（1）汇票到期被拒绝付款（选项A当选）。（2）汇票在到期日前被拒绝承兑（选项B当选）。（3）在汇票到期日前，承兑人或付款人死亡、逃匿的（选项C不当选）。（4）在汇票到期日前，承兑人或付款人被依法宣告破产或因违法被责令终止业务活动（选项D当选）。发生上述情形之一的，持票人可以对背书人、出票人以及汇票的其他债务人行使追索权。值得注意的是（3）与（4），若出票人发生上述事由，不属于追索权发生的实质条件。

8.18 斯尔解析 **ACD** 本题考查绝对记载事项。本票的绝对记载事项包括：（1）表明"本票"字样；（2）无条件支付的承诺；（3）确定的金额（选项A当选）；（4）收款人名称；（5）出票日期（选项D当选）；（6）出票人签章（选项C当选）。对于本票而言，付款人名称并非绝对记载事项。本票的出票人即付款人，无须再行记载付款人名称，选项B不当选。

8.19 斯尔解析 **ABD** 本题考查票据的对物抗辩。对物抗辩是基于票据本身存在的事由而发生的抗辩。票据缺少绝对记载事项（出票人签章和无条件支付的委托/承诺），该票据无效，构成物的抗辩事由，选项AD当选。票据上的背书不连续属于对物的抗辩事由，选项B当选。付款地属于三类票据的相对记载事项，缺少该事项不会导致票据无效，也并不构成物的抗辩事由，选项C不当选。故本题应选择选项ABD。

8.20 斯尔解析 **ABC** 本题考查票据保证。保证人在汇票或者粘单上未记载被保证人的名称的，已承兑的汇票，以承兑人为被保证人；未承兑的汇票，以出票人为被保证人，选项AB正确。保证日期为相对记载事项，未记载保证日期的，以出票日期为保证日期，选项C正确。保证不得附有条件，附有条件的，不影响对汇票的保证责任。即"保证有效，条件无效"，选项D错误。值得注意的是，背书、承兑附条件情形：（1）背书时附有条件的，所附条件不具有汇票上的效力。即背书有效，条件无效（同保证）。（2）承兑时附条件的，则视为拒绝承兑。本题应选择选项ABC。

8.21 斯尔解析 **ABCD** 本题考查票据权利的取得方式。选项ABCD所述均属于票据权利的取得方式。

8.22 斯尔解析 **BCD** 本题考查票据法定禁止背书情形。汇票被拒绝承兑、被拒绝付款或者超过付款提示期限的，不得背书转让；背书转让的，背书人应当承担汇票责任，选项BCD当选。付款日期属于汇票相对记载事项，未记载不会导致汇票无效或拒付，未记载付款日期的汇票可以背书转让，选项A不当选。

8.23 斯尔解析 **ABC** 本题考查票据签章。商业汇票的出票人在票据上的签章，为该法人或者该单位的财务专用章或者公章加其法定代表人、单位负责人或者其授权的代理人的签名或者盖章，选项A正确。银行本票的出票人在票据上签章，应为该银行批准使用的该银行本票专用章加其法定代表人或者授权的代理人的签名或者盖章，选项B正确。支票出票人在票据上签章应为其预留银行的签章，选项C正确。单位在票据上的签章，应为该单位的财务专用章或者公章加其法定代表人或其授权的代理人的签名或者盖章；个人在票据上的签章，应为该个人的签名或者盖章，选项D错误。综上所述，单位的签章应为公章或财务专用章，个人章应为法定代表人、单位负责人或其授权的人签名或盖章。故本题应选择ABC。

8.24 斯尔解析 **ACD** 本题考查涉外票据适用法律的规定。票据追索权的行使期限，适用出票地法律，选项B错误，不当选。值得注意的是，汇票、本票出票时的记载事项，适用出票地法律。支票出票时的记载事项，适用出票地法律，经当事人协议，也可以适用付款地法律。本题应选择选项ACD。

三、判断题

8.25 斯尔解析 **×** 本题考查汇票追索权行使顺序。一般情况下，持票人可以对背书人、出票人、承兑人、保证人行使追索权。本题所述情况中：
（1）乙公司在票据背面记载"不得转让"字样并签章后背书转让给丙公司，其后手（丙公司）再背书转让的，原背书人（乙公司）对其后手的被背书人（丁公司）不承担保证责任。因此，丁公司不得向乙公司行使追索权，但丁公司可以向其直接的前手丙公司行使追索权。
（2）除此之外，丁公司还可以向该汇票的出票人（也是甲公司）行使追索权。本题所述错误。

8.26 斯尔解析 **×** 本题考查记载"不得转让"后票据权利的取得。出票人在汇票上记载"不得转让"字样的，汇票不得转让，背书转让后的受让人不得享有票据权利，本题所述错误。

8.27 斯尔解析 **√** 本题考查背书的"授权补记"。持票人（不限于直接后手）在票据被背书人栏内记载自己的名称与背书人记载具有同等法律效力。本题所述正确。

8.28 斯尔解析 **√** 本题考查银行本票的性质。银行本票是见票即付的票据。提示付款期限自出票日最长不超过2个月。本题所述正确。

8.29 斯尔解析 **×** 本题考查变造的效力。我们可以借此再梳理下相关规则：
（1）如果当事人签章在变造之前，应按原记载的内容负责。因为签章时，当事人还没看到变造的内容，其意思表示不包括变造的内容，所以不应对变造的内容负责。

（2）如果当事人签章在变造之后，则应按变造后的记载内容负责。因为签章时，当事人已经看到了变造的内容，"签章"意味着对变造后内容的认可，所以要对此负责。

（3）如果无法辨别是在票据被变造之前或之后签章的，视同在变造之前签章。毕竟变造是可能对当事人不利的情况，在不明时间的情况下，应保护居于不利地位的当事人的利益。综上，本题所述错误。

第九章　其他法律制度

一、单项选择题

9.1 根据企业国有资产管理法律制度的规定，下列国家出资企业的人员中，履行出资人职责的机构不得任免的是（　　）。
A.国有独资企业的副经理
B.国有资本控股公司的董事
C.国有独资企业的财务负责人
D.国有独资公司的监事

9.2 根据企业国有资产管理法律制度的规定，下列行为中，未经履行出资人职责的机构同意，国有独资企业、国有独资公司可以进行交易的是（　　）。
A.与关联方订立财产转让、借款的协议
B.为关联方提供担保
C.以公平的价格与关联方进行交易
D.向关联方企业投资

9.3 关于行政事业性国有资产的管理体制和原则，下列各项表述错误的是（　　）。
A.国务院财政部门负责制定行政事业单位国有资产管理规章制度并负责组织实施和监督检查
B.各级人民政府应当建立健全行政事业性国有资产管理机制，加强对本级行政事业性国有资产的管理
C.行政事业性国有资产实行人大及其常委会分级监管、各部门及其所属单位直接支配的管理体制
D.各部门根据职责负责本部门及其所属单位国有资产管理工作，应当明确管理责任，指导、监督所属单位国有资产管理工作

9.4 甲公司为国有独资公司，根据《企业国有资产法》规定，以下不属于甲公司关联方的是（　　）。
A.甲公司的经理
B.甲公司的财务负责人
C.甲公司副经理的朋友李某
D.甲公司监事实际控制的乙公司

9.5 重要的国有独资公司发生的下列事项，无需由国有资产监督管理机构审核后，报本级人民政府批准的是（　　）。
A.分立
B.合并
C.解散
D.发行公司债券

9.6 根据企业国有资产法律制度的规定，下列关于国有资本经营预算的表述中，不正确的是（　　）。
A.国有资本经营预算草案的编制由财政部门负责
B.国有资本经营预算的执行情况应接受审计监督
C.国有资本经营预算可列赤字
D.国有资本经营预算按年度单独编制

9.7 根据政府采购法律制度的规定，下列说法中错误的是（　　）。
A.采购人不得将应当以公开招标方式采购的货物或者服务化整为零或者以其他任何方式规避公开招标采购
B.采用公开招标方式的费用占政府采购项目总价值比例过大的，可以采取邀请招标的方式进行采购
C.只能从唯一供应商处采购的，可以采取单一来源采购的方式进行采购
D.邀请招标中，招标采购单位从评审合格投标人中通过随机方式选择2家以上的投标人，并向其发出投标邀请书

9.8 根据政府采购法律制度的规定，采购文件要求中标或者成交供应商提交履约保证金的，履约保证金的数额不得超过政府采购合同金额的一定比例。该比例是（　　）。
A.30%　　　　　　B.10%　　　　　　C.5%　　　　　　D.20%

9.9 根据政府采购法律制度的规定，下列关于邀请招标的表述中，正确的是（　　）。
A.投标人应在资格预审公告期结束之日后3个工作日内提交履约保证金
B.采用邀请招标方式采购，资格预审公告的期限为5个工作日
C.采用公开招标方式的费用占政府采购项目总价值比例过大的，可以采用邀请招标方式
D.招标采购单位应从评审合格的投标人中选择资质级别最高的两家投标人，发出投标邀请书

9.10 根据政府采购法律制度的规定，采用招标方式进行政府采购的，自招标文件开始发出之日起至投标人提交投标文件截止之日止，不得少于一定期间，该期间为（　　）。
A.7日　　　　　　B.15日　　　　　　C.20日　　　　　　D.30日

9.11 根据政府采购法律制度的规定，下列关于公开招标的表述中，正确的是（　　）。
A.地方招标项目招标文件规定的各项技术标准符合地方标准即可
B.进行公开招标的地方项目，应当明确只能由当地法人参加投标
C.应当采用公开招标方式的项目的具体数额标准，一律由国务院规定
D.评标委员会成员人数为5人以上的单数

9.12 根据政府采购法律制度的规定，政府采购文件从采购结束之日起至少保存（　　）。
A.10年　　　　　　　　B.15年　　　　　　　　C.20年　　　　　　　　D.25年

9.13 根据预算法律制度的规定，中央预算由以下哪个机构审查和批准（　　）。
A.国务院　　　　　　　　　　　　　B.财政部
C.全国人民代表大会　　　　　　　　D.全国人民代表大会常务委员会

9.14 根据预算法律制度的规定，中央决算草案在编制后应经特定机关审查和批准。该特定机关是（　　）。
A.国务院　　　　　　　　　　　　　B.全国人民代表大会常务委员会
C.财政部　　　　　　　　　　　　　D.全国人民代表大会

9.15 根据预算法律制度的规定，审查和批准县级决算草案的机关是（　　）。
A.县级人民政府　　　　　　　　　　B.县级人民代表大会常务委员会
C.县级人民代表大会　　　　　　　　D.县级财政部门

9.16 根据预算法律制度的规定，下列收入中，不属于转移性收入的是（　　）。
A.下级上解收入　　　　　　　　　　B.上级税收返还
C.调入资金　　　　　　　　　　　　D.国有资源有偿使用收入

9.17 根据预算法律制度规定，下列说法中错误的是（　　）。
A.乡、民族乡、镇政府应当及时将经本级人民代表大会批准的本级预算报上一级政府备案
B.县级以上地方各级政府应当及时将经本级人民代表大会批准的本级预算及下一级政府报送备案的预算汇总，报上一级政府备案
C.县级以上地方各级政府将下一级政府报送备案的预算汇总后，报本级人民代表大会常务委员会备案
D.国务院将省、自治区、直辖市政府报送备案的预算汇总后，报全国人民代表大会备案

9.18 根据预算法律制度的规定，下列不属于应当进行预算调整的情形是（　　）。
A.需要增加预算总支出的
B.需要调入预算稳定调节基金的
C.需要调减预算安排的重点支出数额的
D.地方各级政府因上级政府增加不需要本级政府提供配套资金的专项转移支付而引起的预算支出变化的

9.19 根据预算法律制度的规定，各级一般公共预算应当按照本级一般公共预算支出额的（　　）设置预备费，用于当年预算执行中的自然灾害等突发事件处理增加的支出及其他难以预见的开支。
A.1%～3%　　　　　　B.2%～5%　　　　　　C.3%～6%　　　　　　D.4%～7%

9.20 集合资金信托计划，还要求委托人必须是合格投资者，若委托人为自然人，其人数不得超过（　　）。
A.50人　　　　B.100人　　　　C.150人　　　　D.200人

9.21 委托人设立信托不得损害债权人利益，设立信托损害其债权人利益的，债权人自知道或应当知道撤销原因之日起（　　）内向申请人民法院撤销该信托。
A.1年　　　　B.2年　　　　C.3年　　　　D.5年

9.22 根据信托法律制度的规定，如信托文件无特别规定，受益人享有信托受益权的时间是（　　）。
A.签订信托合同之日　　　　　　B.委托人指定受益人之日
C.信托生效之日　　　　　　　　D.受托人承诺信托之日

二、多项选择题

9.23 根据国有资产管理法律制度的规定，代表本级政府履行出资人职责的机构有（　　）。
A.国务院国有资产监督管理机构
B.地方人民政府国有资产监督管理机构
C.国务院财政部
D.地方人民代表大会

9.24 根据国有资产管理法律制度的规定，国有独资公司、国有独资企业的以下经济行为中，须由履行出资人职责的机构决定的有（　　）。
A.合并　　　　　　　　　　B.发行债券
C.解散　　　　　　　　　　D.增加注册资本

9.25 各部门及其所属行政事业单位发生的下列情形中，应当进行资产清查的有（　　）。
A.因自然灾害造成资产毁损、灭失　　B.会计信息严重失真
C.发生重大资产调拨、划转　　　　　D.单位改制

9.26 根据政府采购法律制度的规定，下列各项中，属于政府采购方式的有（　　）。
A.询价　　　　B.邀请招标　　　　C.公开招标　　　　D.竞争性谈判

9.27 根据政府采购法律制度的规定，下列关于政府采购合同签订和履行的表述中，正确的有（　　）。
A.供应商不得采取分包方式履行政府采购合同
B.履约保证金的数额不得超过政府采购合同金额的10%
C.采购人不得委托采购代理机构代表其与供应商签订政府采购合同
D.政府采购合同签订后，采购人应当将合同副本报同级政府采购监督管理部门和有关部门备案

9.28 根据政府采购法律制度的规定，下列各项中，属于采购人以不合理的条件对供应商实行差别待遇的情形有（   ）。
A.采购需求中的技术指向特定供应商
B.以特定行政区域为加分条件
C.要求供应商有良好的商业信用
D.就同一采购项目向供应商提供有差别的项目信息

9.29 根据政府采购法律制度的规定，在招标采购中，应予废标的情况有（   ）。
A.有两家主体联合投标的
B.出现影响采购公正的违法、违规行为的
C.投标人的报价均超过了采购预算，采购人不能支付的
D.因重大事故，采购任务取消的

9.30 根据预算法律制度的规定，以下属于预算收入的有（   ）。
A.税收收入   B.行政事业性收费收入
C.国有产权转让收入   D.社会保险费收入

9.31 根据预算法律制度的规定，预算公开原则的内容包括（   ）。
A.涉及国家秘密的预算也可以公开
B.经本级人民代表大会及其常委会批准的预算、预算调整、决算、预算执行情况的报告及报表（不涉及国家秘密），应当在批准后10日内由本级政府财政部门向社会公开
C.经本级政府财政部门批复的部门预算、决算及报表（不涉及国家秘密），应当在批复后20日内由各部门向社会公开
D.各级政府、各部门、各单位应当将政府采购的情况（不涉及国家秘密）向社会公开

9.32 根据预算法律制度的规定，经批准的中央预算在执行中出现下列情形时，应当进行预算调整的有（   ）。
A.需要增加预算总支出的   B.需要减少举借债务数额的
C.需要调减预算安排的重点支出数额的   D.需要调入预算稳定调节基金的

9.33 根据预算法律制度的规定，全国人民代表大会和地方各级人民代表大会对预算草案及其报告、预算执行情况的报告重点审查内容有（   ）。
A.预算安排是否贯彻国民经济和社会发展的方针政
B.对下级政府的转移性支出预算是否规范、适当
C.上一年预算执行情况是否符合本级人民代表大会预算决议的要求
D.重点支出和重大投资项目的预算安排是否适当

9.34 根据预算法律制度的规定，预算年度开始后，各级预算草案在本级人民代表大会批准前，可以安排的支出有（　　）。
A.用于自然灾害等突发事件处理的支出
B.法律规定必须履行支付义务的支出
C.参照上一年同期的预算支出数额安排必须支付的本年度部门基本支出
D.上一年度结转的支出

9.35 根据预算法律制度的规定，国有资源（资产）有偿使用收入包括有偿使用（　　）取得的收入。
A.矿藏　　　　　　　　　　B.海域
C.水流　　　　　　　　　　D.无居民海岛

9.36 根据信托法律制度的规定，信托的主要法律特征有（　　）。
A.信托管理的连续性　　　　B.财产权主体与利益主体相分离
C.信托财产独立　　　　　　D.有限责任

9.37 根据信托法律制度的规定，下列属于信托绝对无效的情形有（　　）。
A.信托财产不能确定　　　　B.专以诉讼或者讨债为目的设立信托
C.信托成立后损害债权人利益　D.受益人不能确定

9.38 根据信托法律制度的规定，下列财产中，能够充当信托财产的有（　　）。
A.生产设备　　B.商誉　　C.商标权　　D.名誉权

9.39 根据信托法律制度的规定，对信托财产可以强制执行的情形有（　　）。
A.设立信托前债权人已对该信托财产享有优先受偿的权利，并依法行使该权利的
B.受托人处理信托事务所产生债务，债权人要求清偿该债务的
C.受托人自有财产不足以偿还其债务的
D.信托财产本身应担负的税款

三、判断题

9.40 国务院确定的关系国家安全的大型国家出资企业由国务院代表国家履行出资人职责。（　　）

9.41 国有独资企业、国有独资公司、国有资本控股公司不得无偿向关联方提供资金、商品、服务或者其他资产，不得与关联方进行交易。（　　）

9.42 行政单位接受捐赠并确认为国有的资产属于行政事业性国有资产。（　　）

9.43 未经股东会、股东大会同意国有资本控股公司的董事长不得兼任经理。（　　）

9.44 两个以上的自然人、法人或者其他组织可以组成一个联合体，以一个供应商的身份共同参加政府采购。联合体中有同类资质的供应商按照联合体分工承担相同工作的，应当按照资质等级较高的供应商确定资质等级。（　　）

9.45 采购未纳入集中采购目录的政府采购项目，可以自行采购，也可以委托集中采购机构在委托的范围内代理采购。（　）

9.46 以联合体形式参加政府采购活动的，联合体中资质等级较高的供应商可以再单独参加同一合同项下的政府采购活动。（　）

9.47 两个以上的自然人、法人或者其他组织可以组成一个联合体，以一个供应商的身份共同参加政府采购。（　）

9.48 我国的预算年度为当年4月1日起，至次年3月31日止。（　）

9.49 各级决算经批准后，财政部门应当在15日内向本级各部门批复决算。（　）

9.50 乡镇预算的调整方案应当提请本级人民代表大会审查和批准。（　）

9.51 经本级政府批准，各级政府财政部门可以设置预算周转金，额度不得超过本级一般公共预算支出总额的5%。（　）

9.52 一般情况下，各级预算的收入和支出实行权责发生制。（　）

9.53 原则上，委托人可以成为信托关系中的受益人。（　）

9.54 信托一旦有效设立，其财产变成为独立运作的财产。（　）

9.55 自然人可以成为金融信托的受托人。（　）

9.56 受托人管理运用、处分不同委托人的信托财产所产生的债权债务，不得相互抵销。（　）

9.57 委托人死亡或者依法解散、被依法撤销、被宣告破产而终止时，信托财产不属于其遗产或者清算财产。（　）

9.58 共同受托人处理信托事务对第三人所负债务，应当承担连带清偿责任。（　）

答案与解析

一、单项选择题

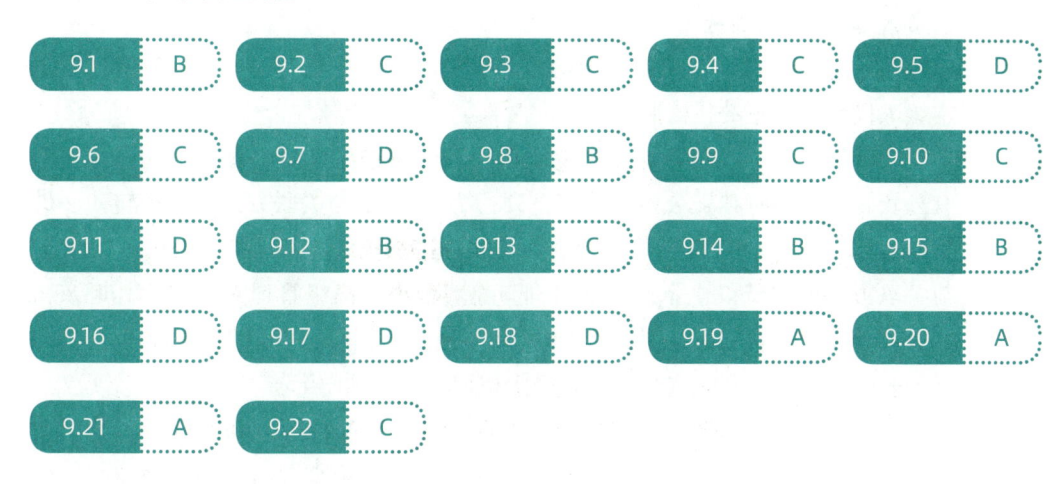

9.1 B	9.2 C	9.3 C	9.4 C	9.5 D
9.6 C	9.7 D	9.8 B	9.9 C	9.10 C
9.11 D	9.12 B	9.13 C	9.14 B	9.15 B
9.16 D	9.17 D	9.18 D	9.19 A	9.20 A
9.21 A	9.22 C			

二、多项选择题

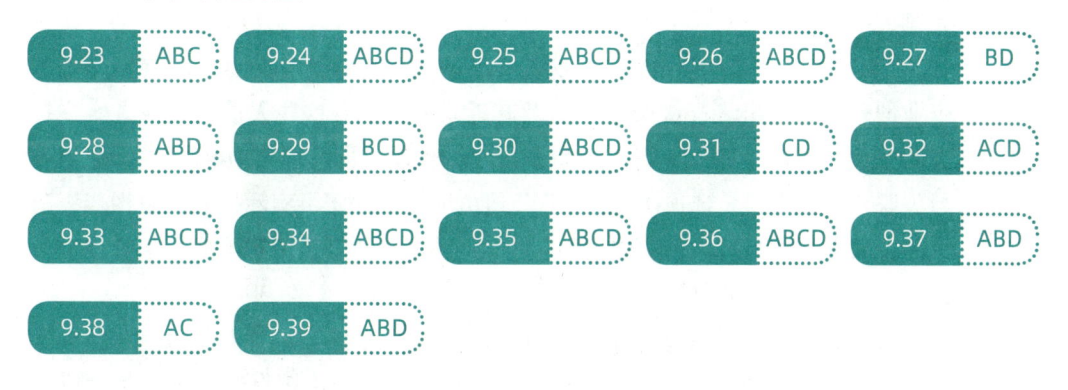

9.23 ABC	9.24 ABCD	9.25 ABCD	9.26 ABCD	9.27 BD
9.28 ABD	9.29 BCD	9.30 ABCD	9.31 CD	9.32 ACD
9.33 ABCD	9.34 ABCD	9.35 ABCD	9.36 ABCD	9.37 ABD
9.38 AC	9.39 ABD			

三、判断题

9.40 √	9.41 ×	9.42 √	9.43 √	9.44 ×
9.45 √	9.46 ×	9.47 √	9.48 ×	9.49 ×
9.50 √	9.51 ×	9.52 ×	9.53 √	9.54 √
9.55 ×	9.56 √	9.57 ×	9.58 √	

一、单项选择题

9.1 【斯尔解析】 B 本题考查履行出资人机构的任免权。履行出资人职责的机构依照法律、行政法规以及企业章程的规定，任免或者建议任免国家出资企业的下列人员：

（1）任免国有独资企业的经理、副经理、财务负责人和其他高级经理人员（选项AC不当选）；

（2）任免国有独资公司的董事长、副董事长、董事、监事会主席和监事（选项D不当选）；

（3）向国有资本控股公司、国有资本参股公司的股东会、股东大会提出董事、监事人选（选项B当选）。

上述第（1）项、第（2）项规定的企业管理者，国务院和地方人民政府规定由本级人民政府任免的，依照其规定。

9.2 斯尔解析　C　本题考查关联方交易。未经履行出资人职责的机构同意，国有独资企业、国有独资公司不得有下列行为：（1）与关联方订立财产转让、借款的协议（选项A不当选）；（2）为关联方提供担保（选项B不当选）；（3）与关联方共同出资设立企业，或者向董事、监事、高级管理人员或者其近亲属所有或者实际控制的企业投资（选项D不当选）。国有独资企业、国有独资公司以公平的价格与关联方进行交易不受上述限制，选项C当选。

9.3 斯尔解析　C　本题考查行政事业性国有资产的管理体制和原则。行政事业性国有资产实行政府分级监管、各部门及其所属单位直接支配的管理体制。而非由人大及其常委会进行分级监管，选项C所述错误，当选。选项ABD均为正确表述，不当选。

9.4 斯尔解析　C　本题考查《企业国有资产法》所称的关联方。关联方包括本企业的董事、监事、高级管理人员及其近亲属，以及这些人员所有或者实际控制的企业。经理、财务负责人均为公司高级管理人员，选项AB所述人员为甲公司关联方，不当选。选项D所述的乙公司由甲公司的监事实际控制，也构成甲公司的关联方，不当选。选项C所述的朋友关系，在《企业国有资产法》的规定下并不当然是关联方的范围，当选。

9.5 斯尔解析　D　本题考查企业国有资产及重大事项管理。重要的国有独资企业、国有独资公司分立、合并、破产、解散的，应当由国有资产监督管理机构审核后，报本级人民政府批准。发行公司债券不属于上述事项，无需履行上述程序，选项D当选。

9.6 斯尔解析　C　本题考查国有资本经营预算。企业国有资本经营预算按年度单独编制，纳入本级人民政府预算，报本级人民代表大会批准，选项D不当选。其预算支出按照当年预算收入规模安排，不列赤字，选项C当选。国务院和有关地方人民政府财政部门负责国有资本经营预算草案的编制工作，履行出资人职责的机构向财政部门提出由其履行出资人职责的国有资本经营预算建议草案，选项A不当选。国务院和地方人民政府审计机关依法对国有资本经营预算的执行情况和属于审计监督对象的国家出资企业进行审计监督，选项B不当选。

9.7 斯尔解析　D　本题考查政府采购方式的具体规定。邀请招标中，招标采购单位应从评审合格投标人中通过随机方式选择3家以上的投标人，并向其发出投标邀请书，而非2家以上，选项D当选。

9.8 斯尔解析　B　本题考查政府采购中履约保证金数额。履约保证金的数额不得超过政府采购合同金额的10%，选项B当选。

9.9 斯尔解析 C 本题考查邀请招标的主要程序。投标人应当在资格预审公告期结束之日起3个工作日前，按公告要求提交资格证明文件，选项A错误。采购信息媒体发布资格预审公告，公布投标人资格条件，资格预审公告的期限不得少于7个工作日，选项B错误。有下列情形之一的，可以采用邀请招标的方式采购：（1）具有特殊性，只能从有限范围的供应商处采购的；（2）采用公开招标方式的费用占政府采购项目总价值比例过大的（选项C正确）。招标采购单位从评审合格投标人中通过随机方式选择3家以上的投标人，并向其发出投标邀请书，选项D错误。

9.10 斯尔解析 C 本题考查政府采购的程序（招投标）。实行招标方式采购的，自招标文件开始发出之日起至投标人提交投标文件截止之日止，不得少于20日。本题应选择选项C。

9.11 斯尔解析 D 本题考查公开招标。招标文件规定的各项技术标准应当符合国家强制性标准，并非"地方招标项目招标文件规定的各项技术标准符合地方标准即可"，选项A错误。任何单位和个人不得违法限制或者排斥本地区、本系统以外的法人或者其他组织参加投标，不得以任何方式非法干涉招标投标活动，选项B错误。采购人采购货物或者服务应当采用公开招标方式的，其具体数额标准，属于中央预算的政府采购项目，由国务院规定；属于地方预算的政府采购项目，由省、自治区、直辖市人民政府规定，选项C错误。评标委员会由招标人的代表和有关技术、经济等方面的专家组成，成员人数为5人以上单数，其中技术、经济等方面的专家不得少于成员总数的2/3，选项D正确。

9.12 斯尔解析 B 本题考查政府采购文件的保存期限。政府采购文件从采购结束之日起至少保存15年。本题应选择选项B。

9.13 斯尔解析 C 本题考查中央预算审查和批准机构。中央预算由全国人民代表大会审查和批准；地方各级预算由本级人民代表大会审查和批准。本题应选择选项C。

9.14 斯尔解析 B 本题考查中央决算草案的审查和批准。国务院财政部门编制中央决算草案，经国务院审计部门审计后，报国务院审定，由国务院提请全国人民代表大会常务委员会审查和批准。本题应选择选项B。

9.15 斯尔解析 B 县级以上地方各级政府财政部门编制本级决算草案，经本级政府审计部门审计后，报本级政府审定，由本级政府提请本级人民代表大会常务委员会审查和批准。本题应选择选项B。

9.16 斯尔解析 D 本题考查转移性收入。转移性收入包括：上级税收返还（选项B不当选）、下级上解收入（选项A不当选）、调入资金以及按照财政部规定列入转移性收入的无隶属关系政府的无偿援助（选项C不当选），国有资源（(资产)）有偿使用收入，不属于转移性收入，本题应选择选项D。本题应选择选项D。

9.17 斯尔解析 D 本题考查预算审查和批准。国务院将省、自治区、直辖市政府报送备案的预算汇总后，报全国人民代表大会常务委员会备案，选项D当选。

9.18 斯尔解析 D 本题考查应当预算调整的情形。需要进行预算调整的情形有：（1）需要增加或者减少预算总支出的（选项A不当选）；（2）需要调入预算稳定调节基金的（用于弥补以后年度预算资金的不足）（选项B不当选）；（3）需要调减预算安排的重点支出数额的（选项C不当选）；（4）需要增加举借债务数额的。选项D所述不属于预算调整的情形。

9.19 斯尔解析 A 本题考查预备费的比重。各级一般公共预算应当按照本级一般公共预算支出额1%～3%设置预备费，用于当年预算执行中的自然灾害等突发事件处理增加的支出及其他难以预见的开支。

9.20 斯尔解析 A 本题考查信托当事人。委托人应当是具有完全民事行为能力的自然人、法人或者依法成立的其他组织。对于集合资金信托计划，还要求委托人必须是合格投资者，且对自然人人数有不能超过50人的限定。本题应选择选项A。

9.21 斯尔解析 A 本题考查信托的相对无效。债权人的申请权，自债权人知道或者应当知道撤销原因之日起1年内不行使的，归于消灭。本题应选择选项A。

9.22 斯尔解析 C 本题考查受益人享有信托受益权的时间。签订了信托合同、委托人指定了受益人以及受托人承诺的信托，并不一定是有效的信托，只有信托生效，受益人才实际享有信托受益权。本题应选择选项C。

二、多项选择题

9.23 斯尔解析 ABC 本题考查履行出资人职责的机构。国务院国有资产监督管理机构和地方人民政府按照国务院规定所设立的国有资产监督管理机构，根据本级人民政府的授权，代表本级人民政府对国家出资企业履行出资人职责，选项AB正确。财政部等有关部门是国务院授权代表国务院对金融类国家出资企业履行出资人职责的机构，选项C正确。

9.24 斯尔解析 ABCD 本题考查由履行出资人职责的机构决定事项。国有独资企业、国有独资公司合并（选项A正确）、分立，增加（选项D正确）或者减少注册资本，发行债券（选项B正确），分配利润，以及解散（选项C正确）、申请破产，须由履行出资人职责的机构决定。本题应选择选项ABCD。

9.25 斯尔解析 ABCD 本题考查行政事业性单位应当进行资产清查的情形。有下列情形之一的，各部门及其所属单位应当对行政事业性国有资产进行清查：（1）根据本级政府部署要求；（2）发生重大资产调拨、划转以及单位分立、合并、改制、撤销、隶属关系改变等情形（选项CD当选）；（3）因自然灾害等不可抗力造成资产毁损、灭失（选项A当选）；（4）会计信息严重失真（选项B当选）；（5）国家统一的会计制度发生重大变更，涉及资产核算方法发生重要变化；（6）其他应当进行资产清查的情形。本题应选择选项ABCD。

9.26 斯尔解析 ABCD 本题考查政府采购方式。政府采购采用以下方式：公开招标（选项C正确）、邀请招标（选项B正确）、竞争性谈判（选项D正确）、单一来源采购、询价（选项A正确）和国务院政府采购监督管理部门认定的其他采购方式。本题应选择ABCD。

9.27 斯尔解析 BD 本题考查政府采购合同签订和履行。经采购人同意，中标、成交供应商可以依法采取分包方式履行合同，选项A错误。履约保证金的数额不得超过政府采购合同金额的10%，选项B正确。采购人可以委托采购代理机构代表其与供应商签订政府采购合同，选项C错误。政府采购项目的采购合同自签订之日起7个工作日内,采购人应当将合同副本报同级政府采购监督管理部门和有关部门备案,选项D正确。本题应选择BD。

9.28 【斯尔解析】 **ABD** 本题考查采购人对供应商实行差别待遇或者歧视待遇的情形。有下列情形之一的,属于以不合理的条件对供应商实行差别待遇或者歧视待遇:(1)就同一采购项目向供应商提供有差别的项目信息(选项D正确);(2)设定的资格、技术、商务条件与采购项目的具体特点和实际需要不相适应或者与合同履行无关;(3)采购需求中的技术、服务等要求指向特定供应商、特定产品(选项A正确);(4)以特定行政区域或者特定行业的业绩、奖项作为加分条件或者中标、成交条件(选项B正确);(5)对供应商采取不同的资格审查或者评审标准;(6)限定或者指定特定的专利、商标、品牌或者供应商;(7)非法限定供应商的所有制形式、组织形式或者所在地;(8)以其他不合理条件限制或者排斥潜在供应商。"有良好的商业信用"是供应商的法定条件,不属于差别待遇,选项C错误。

9.29 【斯尔解析】 **BCD** 本题考查招标采购应予废标情形。在招标采购中,出现下列情形之一的,应予废标:(1)符合专业条件的供应商或者对招标文件作实质响应的供应商不足3家的;(2)出现影响采购公正的违法、违规行为的(选项B正确);(3)投标人的报价均超过了采购预算,采购人不能支付的(选项C正确);(4)因重大事故,采购任务取消的(选项D正确)。"有两家主体联合投标的"系法律允许的联合投标的情况,选项A错误,本题应选择选项BCD。

9.30 【斯尔解析】 **ABCD** 本题考查预算收入分类。预算收入包括一般公共预算收入、行政事业性收费收入(选项B当选)、国有资本经营预算收入、社会保险费收入。税收收入属于一般公共预算收入,选项A当选。国有产权转让收入属于国有资本经营预算收入,选项C当选。社会保险费收入属于社会保险基金预算收入,选项D当选。

9.31 【斯尔解析】 **CD** 本题考查预算公开。预算公开是指除涉及国家秘密的以外(选项A不当选),(1)经本级人民代表大会或者本级人民代表大会常务委员会批准的预算、预算调整、决算、预算执行情况的报告及报表,应当在批准后20日内由本级政府财政部门向社会公开,并对本级政府财政转移支付安排、执行的情况以及举借债务的情况等重要事项作出说明(选项B不当选);(2)经本级政府财政部门批复的部门预算、决算及报表,应当在批复后20日内由各部门向社会公开,并对部门预算、决算中机关运行经费的安排、使用情况等重要事项作出说明(选项C当选);(3)各级政府、各部门、各单位应当将政府采购的情况向社会公开(选项D当选)。

9.32 【斯尔解析】 **ACD** 本题考查应当进行预算调整的情形。经全国人民代表大会批准的中央预算和经地方各级人民代表大会批准的地方各级预算,在执行中出现下列情况之一的,应当进行预算调整:(1)需要增加或者减少预算总支出的(选项A正确);(2)需要调入预算稳定调节基金的(选项D正确);(3)需要调减预算安排的重点支出数额的(选项C正确);(4)需要增加举借债务数额的(选项B错误)。

9.33 【斯尔解析】 **ABCD** 本题考查预算重点审查内容。全国人民代表大会和地方各级人民代表大会对预算草案及其报告、预算执行情况的报告重点审查下列内容：

（1）上一年预算执行情况是否符合本级人民代表大会预算决议的要求（选项C正确）。

（2）预算安排是否符合《预算法》的规定。

（3）预算安排是否贯彻国民经济和社会发展的方针政策，收支政策是否切实可行（选项A正确）。

（4）重点支出和重大投资项目的预算安排是否适当（选项D正确）。

（5）预算的编制是否完整，是否细化到符合《预算法》的规定，即本级一般公共预算支出，按其功能分类应当编列到项；按其经济性质分类，基本支出应当编列到款。本级政府性基金预算、国有资本经营预算、社会保险基金预算支出，按其功能分类应当编列到项。

（6）对下级政府的转移性支出预算是否规范、适当（选项B正确）。

（7）预算安排举借的债务是否合法、合理，是否有偿还计划和稳定的偿还资金来源。

（8）与预算有关重要事项的说明是否清晰。

9.34 【斯尔解析】 **ABCD** 本题考查"空白期"支出。各级预算草案在本级人民代表大会批准前，可以安排下列支出：（1）上一年度结转的支出（选项D正确）；（2）参照上一年同期的预算支出数额安排必须支付的本年度部门基本支出、项目支出以及对下级政府的转移性支出（选项C正确）；（3）法律规定必须履行支付义务的支出，以及用自然灾害等突发事件处理的支出（选项AB正确），本题应选择选项ABCD。

9.35 【斯尔解析】 **ABCD** 本题考查国有资源（资产）有偿使用收入。国有资源（资产）有偿使用收入，是指矿藏、水流、海域、无居民海岛以及法律规定属于国家所有的森林、草原等国有资源有偿使用收入，按照规定纳入一般公共预算管理的国有资产收入等。本题应选择选项ABCD。

9.36 【斯尔解析】 **ABCD** 本题考查信托主要法律特征。选项ABCD均正确。

9.37 【斯尔解析】 **ABD** 本题考查信托绝对无效的情形。有下列情形之一的，信托无效：

（1）信托目的违反法律、行政法规或者损害社会公共利益；

（2）信托财产不能确定（选项A正确）；

（3）委托人以非法财产或者法律规定不得设立信托的财产设立信托；

（4）专以诉讼或者讨债为目的设立信托（选项B正确）；

（5）受益人或者受益人范围不能确定（选项D正确）；

（6）法律、行政法规规定的其他情形。

选项C所述为信托的相对无效的情形，不当选，本题应选择选项ABD。

9.38 【斯尔解析】 **AC** 本题考查信托财产。原则上，只要满足可转让性、确定性与合法所有性，以下财产均可以作为信托财产，如金钱、不动产、动产、有价证券、知识产权等。生产设备属于动产、商标权属于知识产权，可以作为信托财产，选项AC正确。商誉、经营控制权等营业上的利益；人身权，如姓名权、名誉权、身份权等具有专属性质的权利不得作为信托财产，选项BD不当选。

9.39 斯尔解析 ABD 本题考查信托财产可以强制执行的情形。法律规定，除因下列情形之一外，对信托财产不得强制执行：

（1）设立信托前债权人已对该信托财产享有优先受偿的权利，并依法行使该权利的（选项A正确）；

（2）受托人处理信托事务所产生债务，债权人要求清偿该债务的（选项B正确）；

（3）信托财产本身应担负的税款（选项D正确）；

（4）法律规定的其他情形。

受托人无权用信托财产清偿其与信托无关的个人债务，债权人也无权要求通过强制执行或拍卖信托财产来满足其与这种债务相对应的债权，选项C不当选。

三、判断题

9.40 斯尔解析 √ 本题考查出资人职责代表机构。

9.41 斯尔解析 × 本题考查关联方交易。国有独资企业、国有独资公司、国有资本控股公司不得无偿向关联方提供资金、商品、服务或者其他资产，不得以不公平的价格与关联方进行交易，而非不得与关联方进行交易，本题所述错误。

9.42 斯尔解析 √ 本题考查行政事业性国有资产的范围。行政事业性国有资产，是指行政单位、事业单位通过以下方式取得或者形成的资产：（1）使用财政资金形成的资产；（2）接受调拨或者划转、置换形成的资产；（3）接受捐赠并确认为国有的资产；（4）其他国有资产。本题所述正确。

9.43 斯尔解析 √ 本题考查国有资本控股公司董事长兼任经理的条件。

9.44 斯尔解析 × 本题考查供应商资质等级的确定。两个以上的自然人、法人或者其他组织可以组成一个联合体，以一个供应商的身份共同参加政府采购。联合体中有同类资质的供应商按照联合体分工承担相同工作的，应当按照资质等级较低的供应商确定资质等级（而非按"等级较高"确定），本题所述错误。

9.45 斯尔解析 √ 本题考查政府采购人。采购人采购纳入集中采购目录的政府采购项目，必须委托集中采购机构代理采购；采购未纳入集中采购目录的政府采购项目，可以自行采购，也可以委托集中采购机构在委托的范围内代理采购。请大家注意区分不同情形，本题所述正确。

9.46 斯尔解析 × 本题考查政府采购供应商。以联合体形式参加政府采购活动的，联合体各方不得再单独参加或者与其他供应商另外组成联合体参加同一合同项下的政府采购活动，本题所述错误。

9.47 斯尔解析 √ 本题考查政府采购的供应商。

9.48 斯尔解析 × 本题考查预算年度起止。我国的预算年度为1月1日至当年12月31日，本题所述错误。

9.49 斯尔解析 × 本题考查财政部分批复决算的时间。各级决算经批准后，财政部门应当在20日内向本级各部门批复决算。本题所述错误。

9.50 [斯尔解析] √ 乡、民族乡、镇预算的调整方案应当提请本级人民代表大会审查和批准。未经批准，不得调整预算。本题所述正确。

9.51 [斯尔解析] × 本题考查预算周转金额度。经本级政府批准，各级政府财政部门可以设置预算周转金，额度不得超过本级一般公共预算支出总额的1%。本题所述错误。

9.52 [斯尔解析] × 本题考查各级预算收入的会计基础。各级预算的收入和支出实行收付实现制。特定事项按照国务院的规定实行权责发生制的有关情况，应当向本级人民代表大会常务委员会报告。本题所述错误。

9.53 [斯尔解析] √ 本题考查信托的当事人。本题所述正确。

9.54 [斯尔解析] √ 本题考查信托财产的独立性。本题所述正确。

9.55 [斯尔解析] × 本题考查金融信托业务受托人资格。自然人不得成为金融信托的受托人。本题所述错误。

9.56 [斯尔解析] √ 本题考查信托财产抵销方面的独立性。本题所述正确。

9.57 [斯尔解析] × 本题考查信托财产的独立性。信托财产与委托人未设立信托的其他财产相区别。设立信托后，委托人死亡或者依法解散、被依法撤销、被宣告破产时：

（1）委托人是唯一受益人的，信托终止，信托财产作为其遗产或者清算财产；

（2）委托人不是唯一受益人的，信托存续，信托财产不作为其遗产或者清算财产。但是，作为共同受益人的委托人死亡或者依法解散、被依法撤销、被宣告破产时，其信托受益权作为其遗产或者清算财产。本题所述错误。

9.58 [斯尔解析] √ 本题考查存在共同受托的情况下对第三人所负债务的清偿责任。共同受托人处理信托事务对第三人所负债务，应当承担连带清偿责任。第三人对共同受托人之一所作的意思表示，对其他受托人同样有效。本题所述正确。

专题一 物权、合同法律制度

物权、合同法律制度既可能在简答题中考查，也可能在综合题中考查。此部分与生活联系紧密，出题时也很百搭。其中，综合题在考查合同法律制度时一般会搭配一两个其他章节的考点，如仲裁条款效力的独立性、合伙企业相关规定等。

主观题考查合同法律制度时有三种常见的"套路"。第一种，单纯考查分则中的某一类合同（一般是租赁合同、融资租赁合同和借款合同）。第二种，结合担保方式考查，考查频率较高的为抵押权、保证，会涉及借款合同相关考点。值得注意的，2022年教材加入了物权法律制度，主观题中的考查方式可能更为综合。第三种，单纯考查合同法总则的知识，如合同的解除，但是这种考法出现的频率相对较低。

从难度上看，第一种考法难度相对高些，因为涉及的规则面更广，需要进行有针对性的记忆。第二种考法的难度是最低的。虽然看起来很有"综合性"，但是高频的考点非常突出，比如人保与物保并存的处理，约定不明或没有约定时保证方式的确定，实际拿分并不难。

一、考查分则中的某一类合同

10.1 （2021年简答题）

2021年1月10日，出租人刘某和承租人王某签订房屋租赁合同，约定租赁期限为30年，第一年租金为2万元，从第二年起租金按一定比例逐年增加。次日，王某搬入该房屋。

2021年4月，刘某将该房屋出售给张某并办理了房屋产权转移登记。张某随后要求王某搬离该房屋，王某以租赁期限尚未届满为由拒绝。

2021年5月，王某向刘某表示自己愿意购买该房屋，以刘某侵害其承租人的优先购买权为由，主张刘某与张某之间的房屋买卖合同无效。

要求：

根据上述资料和合同法律制度的规定，不考虑其他因素，回答下列问题：

（1）刘某和王某对房屋租赁期限的约定，是否符合法律规定？简要说明理由。

（2）张某要求王某搬离该房屋，是否符合法律规定？简要说明理由。

（3）王某主张刘某与张某之间的房屋买卖合同无效，是否符合法律规定？简要说明理由。

10.2 （2015年简答题）

2005年3月，甲公司与乙公司签订的租赁合同约定：甲公司将其面积为500平方米的办公用房出租给乙公司，租期25年，租金每月1万元，以每年官方公布的通货膨胀率为标准逐年调整，乙公司应一次性支付两年的租金。合同签订后，乙公司依约支付租金，甲公司依约交付了该房屋。

2010年6月，乙公司为改善条件，未经甲公司同意，在该房屋内改建一间休息室，并安装了整体橱柜等设施。甲公司得知后要求乙公司拆除该休息室及设施，乙公司拒绝。其后该地区房屋价格飙升，租金大涨，甲公司要求提高租金，乙公司拒绝。甲公司遂欲出售该房屋，并通知了乙公司，乙公司表示不购买。甲公司于2012年9月将该房屋出售给丙公司，并办理了所有权变更登记手续。

要求：

根据上述资料和合同法律制度的规定，不考虑其他因素，回答下列问题：

(1) 租赁合同约定的25年租期效力如何？简要说明理由。

(2) 甲公司是否有权要求乙公司拆除休息室及设施？简要说明理由。

(3) 甲公司将房屋出售给丙公司后，租赁合同是否继续有效？简要说明理由。

10.3 （2019年简答题）

2017年1月15日，甲公司向乙公司借款1 000万元。双方签订借款合同约定：借款期限1年，年利率为20%，借款期满还本付息。甲公司将厂房抵押给乙公司，办理了抵押权登记。2017年2月1日，甲公司将该厂房出租给丙公司，但未将厂房抵押情况告知丙公司。

借款到期后，甲公司无力还款，所剩主要资产为该出租的厂房。2018年2月25日，由于甲公司法定代表人陈某与乙公司存在利益关联关系，甲、乙公司订立如下折价协议：将市场价值1 500万元的该厂房折价为1 200万元；该厂房由乙公司取得所有权；折价所得款项全部偿还所欠乙公司的借款本息。此时，丙公司对厂房的租期还有1年才到期。

2018年3月，乙公司接收厂房的过程中，先后发生如下事项：

（1）乙公司要求丙公司在一周内腾退厂房，丙公司要求乙公司继续履行原租赁合同。

（2）一周后，乙公司实际控制了厂房，丙公司不得不搬离，丙公司遂要求甲公司赔偿因租约未到期搬离导致的各项损失。

（3）甲公司债权人丁公司因甲公司不能清偿其于2018年1月31日到期的200万元债权，向人民法院起诉请求撤销甲乙公司的厂房折价协议。

要求：

根据上述资料和合同法律制度的规定，不考虑其他因素，回答下列问题：

(1) 丙公司能否要求乙公司继续履行原租赁合同？简要说明理由。

(2) 丙公司能否要求甲公司赔偿因租约未到期搬离导致的损失？简要说明理由。

(3) 丁公司是否可以起诉要求撤销甲、乙公司的厂房折价协议？简要说明理由。

10.4 （2017年简答题改编）

2020年9月，甲个人独资企业（以下简称"甲企业"）向陈某借款50万元，双方签订了借款合同。合同约定：借款期限为6个月，年利率15%，利息在返还借款时一并支付。合同未约定逾期利率。王某、李某为该笔借款提供了保证担保。在王某、李某与陈某签订的保证合同中，当事人未约定保证方式。

借款期限届满，甲企业无力偿还借款本息，陈某要求保证人承担保证责任。因在保证责任承担上存在分歧，陈某以甲企业、王某、李某为被告，向法院提起了诉讼，要求甲企业偿还借款本息，包括按年利率15%计算的逾期利息；王某、李某为该债务承担

连带保证责任。

庭审中，保证人王某、李某答辩如下：

（1）本案中借款年利率高达15%，明显属于不合法的高利贷，贷款利息应按照银行同期贷款年利率6%计算；

（2）借款合同未约定逾期利率，逾期利息应按照银行同期贷款年利率6%计算；

（3）本案中，保证人享有先诉抗辩权，陈某应先就甲企业财产申请法院强制执行，不足部分再请求保证人承担保证责任。

假设2020年9月一年期贷款市场报价利率为3.85%。

要求：

根据上述资料和合同法律制度的规定，不考虑其他因素，回答下列问题：

（1）王某、李某的答辩（1）是否成立？简要说明理由。

（2）王某、李某的答辩（2）是否成立？简要说明理由。

（3）王某、李某的答辩（3）是否成立？简要说明理由。

10.5 （2019年简答题）

2018年1月，甲公司与乙公司签订融资租赁合同。甲公司根据乙公司的选择，向丙公司购买了1台大型设备，出租给乙公司使用。设备保修期过后，该设备不能正常运行，且在某次事故中造成员工李某受伤。乙公司要求甲公司履行维修义务，承担设备不符合约定的违约责任，并对李某所受损害承担赔偿责任。甲公司表示拒绝，乙公司遂以此为由拒绝支付租金。

已知：对于租赁物维修义务，以及租赁物不符合约定及其造成第三人损害的责任承担，融资租赁合同未作特别约定。

要求：

根据上述资料和合同法律制度的规定，不考虑其他因素，回答下列问题：

（1）甲公司是否应履行维修义务？简要说明理由。

（2）甲公司是否应承担设备不符合约定的违约责任？简要说明理由。

（3）甲公司是否应对李某所受损害承担赔偿责任？简要说明理由。

二、考查担保相关规则

10.6 （2021年简答题改编）

2021年2月1日，甲乙公司签订承揽合同，合同约定，甲提供图纸和材料，定做一件具有特殊功能的仪器，2月5日支付定金2万元，3月10日支付加工费30万元，乙公司于3月20日交付仪器，若有一方违约，须支付违约金5万元。合同签订后，甲公司依约定提供了图纸和材料，并支付定金2万元。乙公司收到图纸和材料后立即开始制作，2月20日，甲提出对图纸的修改方案，此时乙公司已完成部分工作，不得不返工。

3月15日，乙通知甲仪器已完成，要求甲公司立即支付加工费，并赔偿其因返工多支付的人工费3万元，甲未予回复。

3月20日，乙公司因甲公司未支付加工费主张留置该仪器，同时，乙主张因甲违约，不仅应承担定金责任，还应支付违约金。

要求：

根据上述资料和合同法律制度的规定，不考虑其他因素，回答下列问题：

（1）乙主张留置该仪器是否符合法律规定？说明理由。

（2）乙主张甲公司同时承担定金责任和违约金是否合法？说明理由。

10.7　（2020年综合题）

2018年1月，陈某、王某、林某共同出资设立甲普通合伙企业（以下简称"甲企业"）。合伙人一致决定，由陈某执行合伙企业事务，并约定，标的额超过50万元的交易，包括借贷，需经全体合伙人一致同意。

2018年10月，为扩大合伙企业经营规模，陈某未经其他合伙人同意，代表甲企业向善意的郑某借款100万元，双方签订借款合同，约定借款期限为1年，月利率为2%。陈某的朋友李某应陈某的请求向郑某出具书面保证书，承诺为甲企业的借款提供连带责任保证，郑某予以接受。陈某的另一朋友蔡某与郑某签订抵押合同，以其车辆为该借款提供抵押担保，但未办理抵押登记。

2019年1月，经陈某、王某同意，林某退出甲企业。同月，赵某加入甲企业。

2019年10月，借款期满，甲企业无力清偿借款本息，郑某以甲企业、陈某、王某、林某、赵某、李某、蔡某为被告，向法院提起诉讼，请求甲企业清偿借款本息，陈某、王某、林某、赵某对该债务承担无限连带责任，请求李某对该债务承担保证责任，请求实现在蔡某抵押车辆上设立的抵押权。

对于郑某的诉讼请求，王某抗辩称：陈某代表甲企业向郑某借款，超出了甲企业对陈某的交易限制，该借款合同应属无效。

林某抗辩称：自己已经退出甲企业，无须对该借款承担无限连带责任。

赵某抗辩称：自己在借款合同签订之后才加入甲企业，无须对该借款承担无限连带责任。

李某抗辩称：（1）自己未曾与郑某签订保证合同，无须承担保证责任；（2）即使保证成立郑某也应先实现在蔡某车辆上设立的抵押权。

蔡某抗辩称：车辆抵押未办理登记，抵押权未设立。

已知：郑某与李某、蔡某就实现担保权利的顺序未作约定。

要求：

根据上述资料和合伙企业、合同、担保法律制度的规定，不考虑其他因素，回答下列问题：

（1）借款合同是否有效？说明理由。

（2）林某的抗辩是否成立？说明理由。

（3）赵某的抗辩是否成立？说明理由。

（4）李某的抗辩（1）是否成立？说明理由。

（5）李某的抗辩（2）是否成立？说明理由。

（6）蔡某的抗辩是否成立？说明理由。

10.8 （2018年简答题）

2016年5月，甲公司将一厂房出租给乙公司，租期5年，月租金3万元。租赁合同签订前，甲公司书面告知乙公司该厂房已为丙银行设定抵押权，用以担保甲公司向丙银行的借款本金1 000万元及其利息。

2018年6月，甲公司不能履行对丙银行的到期借款债务，致使厂房被人民法院依法查封，此时，乙公司已拖欠甲公司3个月租金9万元。丙银行通知乙公司应向其交付租金，乙公司认为厂房租赁合同的出租人是甲公司，而非丙银行，因此拒绝向丙银行交付租金。乙公司转而向甲公司请求赔偿因厂房被查封所遭受的损失，并主张将损失赔偿与所欠租金在对等数额内相互抵销。

2018年8月，厂房被依法拍卖，由于厂房带租拍卖无人应买，丙银行向乙公司主张租赁终止。

要求：

根据上述资料和合同、担保法律制度的规定，不考虑其他因素，回答下列问题：

（1）乙公司拒绝向丙银行交付租金是否符合法律规定？简要说明理由。

（2）乙公司是否有权请求甲公司赔偿损失？简要说明理由。

（3）丙银行是否有权向乙公司主张租赁终止？简要说明理由。

10.9 （2019年综合题改编）

2020年10月1日，甲公司向乙公司借款3 000万元，双方签订借款合同约定：借款期限1年；借款年利率10%；逾期年利率15%；借款方违约，须以借款本金为基数承担日0.2‰的违约金（按365天计，折算成年违约金为7.3‰）。

为担保借款，甲公司将其一闲置厂房抵押给乙公司，办理了抵押登记。甲公司另以其生产设备、原材料、半成品产品为乙公司设定浮动抵押，办理了抵押登记。此外，甲公司的董事长陈某为该借款提供保证担保，与乙公司签订保证合同，保证合同未约定保证方式。甲公司、陈某与乙公司未约定担保权利行使的顺序。

2021年6月1日，甲公司将抵押厂房出租给丙公司，租期3年。出租前，甲公司书面告知丙公司该厂房已为他人设定抵押。

借款期满，甲公司无力清偿到期债务。乙公司调查发现，甲公司用以设定浮动抵押的两台生产设备，抵押之后，一台被丁修理厂依法留置，另一台被戊公司支付合理价款购买取得。

2021年11月1日，因债权实现纠纷，乙公司以甲公司、陈某、丁修理厂为被告向人民法院起诉，主张如下：甲公司承担返还借款本息及违约金责任；就甲公司设定抵押的厂房、生产设备等抵押物行使抵押权，包括被丁修理厂留置及被戊公司购买的生产设备；陈某承担连带保证责任。

甲公司抗辩：乙公司不得同时主张逾期利息与违约金。

陈某抗辩如下：（1）乙公司应先行使抵押权；（2）自己只承担一般保证责任，享有先诉抗辩权，乙公司在就债务人甲公司财产依法强制执行仍不能实现债权之前，不能要求保证人承担保证责任。

丁修理厂主张，其留置权行使应优先于甲公司抵押权的行使戊公司主张：乙公司无权在其购买的生产设备上行使抵押权。

2021年12月，乙公司依法拍卖了抵押厂房，丙公司被迫搬离，丙公司遂要求甲公司赔偿因此产生的损失。

已知：一年期贷款市场报价利率为3.85%。

要求：

根据上述资料和合同法律制度、担保法律制度的规定，不考虑其他因素，回答下列问题：

（1）乙公司能否同时主张逾期利息和违约金？说明理由。

（2）陈某的抗辩（1）是否成立？说明理由。

（3）陈某是否享有先诉抗辩权？说明理由。

（4）丁修理厂的主张是否成立？说明理由。

（5）乙公司能否在戊公司购买的生产设备上行使抵押权？说明理由。

（6）丙公司能否要求甲公司赔偿损失？说明理由。

三、考查合同法总则

10.10 （2020年简答题）

2020年2月1日，王某向李某购买一套二手房，双方签订买卖合同约定：房屋总价款200万元；合同签订当日，王某须向李某交付定金40万元；合同签订后15天内，王某交付购房款30万元，剩余款项在2020年3月31日前付清；房款付清的当日交付房屋并办理登记过户手续。任何一方违约致使合同目的不能实现，须按合同总价款的20%向对方支付违约金。

合同签订当日，王某将30万元作为定金交付给李某。2020年3月20日，王某向李某交付购房款30万元。

2020年3月26日，李某告知王某，其3日前和陈某签订该房屋买卖合同，并已将房屋转移登记给陈某。因违约赔偿纠纷，王某于2020年4月1日向法院提起诉讼，请求事项如下：（1）解除与李某签订的房屋买卖合同；（2）李某返还30万元购房款及其利息；（3）李某双倍返还定金80万元；（4）李某支付违约金40万元。（5）李某承担已付购房款1倍的赔偿责任30万元。

李某答辩如下：（1）定金应为实际交付的数额30万元，双倍返还定金数额应为60万元；（2）王某不能同时主张定金和违约金责任；（3）赔偿应以实际损失为准，王某未证实实际损失，无权请求已付购房款1倍的赔偿。

要求：

根据上述资料和合同法律制度的规定，不考虑其他因素，回答下列问题：

（1）李某抗辩（1）是否成立？简要说明理由。

（2）王某是否可以同时主张定金和违约金责任？简要说明理由。

（3）王某是否可以请求已付购房款1倍的赔偿？简要说明理由。

10.11 （2013年简答题）

A市甲公司向B市乙公司购买10台专用设备，双方于7月1日签订了买卖合同。买卖合同约定：专用设备每台10万元，总价100万元；乙公司于7月31日交货，甲公司在收货后10日内付清款项；甲公司在合同签订后5日内向乙公司交付定金5万元；双方因合同违约而发生的纠纷，提交C市仲裁委员会仲裁。

7月3日，甲公司向乙公司交付了5万元定金。

7月20日，甲公司告知乙公司，因向甲公司订购该批专业设备的丙公司明确拒绝购买该批货物，甲公司一时找不到新的买家，将不能履行合同。

7月22日，乙公司通知甲公司解除合同，定金不予返还，并要求甲公司赔偿定金未能弥补的损失。甲公司不同意赔偿损失，乙公司遂向C市仲裁委员会申请仲裁。

对于乙公司的仲裁申请，甲公司认为：（1）只有当合同履行期满甲公司未履行合同，乙公司才可以解除合同，所以，乙公司于7月22日主张解除合同不合法，应承担相应法律责任；（2）即使合同可以解除，那么合同被解除后，合同中的仲裁条款即失去效力，所以，乙公司应向A市法院提起诉讼；（3）甲公司愿意承担定金责任，但乙公司不能再要求甲公司赔偿损失。

据查，甲公司不履行合同给乙公司造成10万元损失。

要求：

根据上述资料和合同法律制度的规定，不考虑其他因素，回答下列问题：

（1）乙公司7月22日通知解除合同是否符合法律规定？简要说明理由。

（2）甲公司主张乙公司应向A市法院提起诉讼是否符合法律规定？简要说明理由。

（3）甲公司认为乙公司不能要求赔偿损失是否符合法律规定？简要说明理由。

答案与解析

一、考查分则中的某一类合同

10.1 斯尔解析

（1）本题考查租赁合同期限。

刘某和王某对房屋租赁期限的约定不符合法律规定。根据合同法律制度的规定，租赁期限不得超过20年。超过20年的，超过部分无效。

（2）本题考查"买卖不破租赁"。

张某要求王某搬离该房屋不符合法律规定。根据合同法律制度的规定，租赁物在租赁期间发生所有权变动的，不影响租赁合同的效力。因此，张某要求王某搬离房屋不符合规定。

（3）本题考查侵害承租人优先购买权所订立的房屋买卖合同是否有效。

王某主张刘某与张某之间的房屋买卖合同无效不符合法律规定。根据合同法律制度的规定，出租人未通知承租人或者有其他妨害承租人行使优先购买权情形的，承租人可以请求出租人承担赔偿责任。但是，出租人与第三人订立的房屋买卖合同的效力不受影响。王某只能要求刘某承担赔偿责任，但不得主张其与张某之间所订立的买卖合同无效。

10.2 斯尔解析

（1）本题考查租赁合同期限。

20年之内的部分有效，超过的5年租期无效。根据合同法律制度的规定，租赁合同的期限超过20年的，超过部分无效。

（2）本题考查租赁物的改善。

甲公司有权要求乙公司拆除休息室及设施。根据合同法律制度的规定，承租人经出租人同意，可以对租赁物进行改善或者增设他物；如未经出租人同意，出租人可以要求承租人恢复原状或者赔偿损失。

（3）本题考查租期内所有权变动对租赁合同效力的影响。

租赁合同继续有效。根据合同法律制度的规定，租赁物在租赁期间发生所有权变动的，不影响租赁合同的效力。

10.3 斯尔解析

（1）本题考查抵押权与租赁关系的优先性。

丙公司无权要求乙公司继续履行原租赁合同。根据合同法律制度的规定，抵押权设立后抵押财产出租的，该租赁关系不得对抗已登记的抵押权，即因租赁关系的存在致使抵押权实现时无人应买抵押物，或出价降低导致不足以清偿抵押债权等情况下，抵押权人有权主张租赁终止。题述情况下，乙公司可以主张甲公司与丙公司之间的租赁合同关系终止，丙公司无权要求乙公司继续履行原租赁合同。

（2）本题考查抵押人是否承担赔偿责任。

丙公司有权要求甲公司赔偿因租约未到期搬离导致的损失。根据合同法律制度的规定，抵押人将已抵押的财产出租时，如果抵押人未书面告知承租人该财产已抵押的，抵押人对出租抵押物造成承租人的损失承担赔偿责任。题述情况下，甲公司抵押该房屋在先，出租该房屋在后，且并未将该房屋已经抵押的情况书面告知承租人丙公司。因此，丙公司因抵押权人实现抵押权而遭受的损失应由甲公司赔偿。

（3）本题考查债权人撤销权。

丁公司不可起诉要求撤销甲、乙公司的厂房折价协议。根据合同法律制度的规定，以明显不合理的低价转让财产，对债权人造成损害的，债权人可以就此行使撤销权。此处"明显不合理的低价"一般是指低于交易时交易地的指导价或者市场交易价70%的。题述情况下，该房屋市价值为1 500万元，而甲乙双方就其转让的定价高于该市场价格的70%（即1 050万元），因此，丁公司不得就此行使撤销权。

10.4 斯尔解析

（1）本题考查借款合同利率上限。

王某、李某的答辩（1）不成立。根据合同法律制度的规定，出借人请求借款人按照合同约定利率支付利息的，人民法院应予支持，但是双方约定的利率超过合同成立时一年期贷款市场报价利率四倍的除外。该借款合同成立时（2020年9月），一年期贷款市场报价利率为3.85%，该借款合同约定的利率15%并未超过3.85%的四倍（15.4%），所以该笔借款并不属于违法的高利贷，应按照约定利率（年利率15%）确定利率。

（2）本题考查逾期利率确定方式。

王某、李某的答辩（2）不成立。根据合同法律制度的规定，借贷双方约定了借期内的利率但未约定逾期利率，出借人主张借款人自逾期还款之日起按照借期内的利率支付资金占用期间利息的，人民法院应予支持。题述情况下，甲企业与陈某约定了借期内的年利率为15%但未约定逾期利率，逾期利息应按照借期内利率（年利率15%）计算。

（3）本题考查未约定保证方式保证人如何承担保证责任。

王某、李某的答辩（3）成立。根据合同法律制度的规定，如果当事人在保证合同中对保证方式没有约定或者约定不明确的，按照一般保证承担保证责任。题述情况下，保证合同未约定保证方式，王某和李某承担一般保证责任，享有先诉抗辩权。

10.5 斯尔解析

（1）本题考查融资租赁合同维修义务履行主体。

甲公司无须履行维修义务。根据合同法律制度的规定，承租人应在占有融资租赁的租赁物期间对其履行维修义务。据题述，甲公司为出租人，无须承担维修义务。

（2）本题考查出租人是否承担设备不符合约定的违约责任。

甲公司无须承担设备不符合约定的违约责任。根据合同法律制度的规定，租赁物不符合约定或者不符合使用目的的，出租人不承担责任；但承租人依赖出租人的技能确定租赁物或者出租人干预选择租赁物的除外。题述情况下，甲公司根据乙公司的选择购买该设备，并未提及乙公司依赖甲公司技能确定租赁物或者甲公司干预乙公司选择租赁物的情况，所以甲公司无须承担设备不符合约定的违约责任。

（3）本题考查出租人是否承担设备致人损害的赔偿责任。

甲公司无须对李某所受损害承担赔偿责任。根据合同法律制度的规定，承租人占有租赁物期间，租赁物造成第三人的人身伤害或者财产损害的，出租人不承担责任。因此，甲公司作为出租人无须对租赁物导致李某受伤的情况承担责任。

二、考查担保相关规则

10.6 斯尔解析

（1）本题考查留置权行使条件。

乙主张留置该仪器符合规定。根据合同法律制度的规定，定作人未向承揽人支付报酬或者材料费等价款的，承揽人对完成的工作成果享有留置权，但当事人另有约定的除外。据题述，甲未向乙公司支付加工费和人工费，乙公司可以留置仪器。

（2）本题考查定金、违约金的适用。

乙主张甲公司同时承担定金责任和违约金不合法。根据合同法律制度的规定，在同一合同中，当事人既约定违约金，又约定定金的，一方违约时，对方可以选择适用违约金或者定金条款，即二者不能同时主张。因此，乙主张甲公司同时承担定金责任和违约金不合法。

10.7 斯尔解析

（1）本题考查普通合伙企业对合伙人执行合伙事务的限制。

借款合同有效。根据合伙企业法律制度的规定，合伙企业对合伙人执行合伙事务以及对外代表合伙企业权利的限制，不得对抗善意第三人。本题中，陈某虽然超出权限以甲企业名义向郑某借款，但郑某为善意第三人，因此郑某与甲企业之间的借款合同有效。

（2）本题考查普通合伙人对于退伙前债务承担。

林某的抗辩不成立。根据合伙企业法律制度的规定，退伙的普通合伙人对基于其退伙前的原因发生的合伙企业债务，应当承担无限连带责任。

（3）本题考查普通合伙人入伙后责任承担。

赵某的抗辩不成立。根据合伙企业法律制度的规定，新入伙的普通合伙人对入伙前合伙企业的债务承担无限连带责任。

（4）本题考查保证合同形式。

李某的抗辩（1）不成立。根据合同法律制度的规定，第三人单方以书面形式向债权人作出保证，债权人接收且未提出异议的，保证合同成立。

（5）本题考查共同担保的责任承担。

李某的抗辩（2）不成立。根据合同法律制度的规定，被担保的债权既有物的担保又有人的担保的，债务人不履行到期债务或者发生当事人约定的实现担保物权的情形，债权人应当按照约定实现债权；没有约定或者约定不明确，债务人自己提供物的担保的，债权人应当先就该物的担保实现债权；第三人提供物的担保的，债权人可以就物的担保实现债权，也可以请求保证人承担保证责任。本题中，物的担保由蔡某提供（而非由借款人甲企业提供），因此债权人郑某有权选择由李某承担保证责任，或者就蔡某提供的抵押实现抵押权。

（6）本题考查动产抵押的设立。

蔡某的抗辩不成立。根据担保法律制度的规定，以动产抵押的，抵押权自抵押合同生效时设立；未经登记，不得对抗善意第三人。

10.8 斯尔解析

（1）本题考查抵押权人收取抵押财产法定孳息情形。

乙公司拒绝向丙银行交付租金不符合规定。根据合同法律制度的规定，债务人不履行到期债务或者发生当事人约定的实现抵押权的情形，致使抵押财产被人民法院依法扣押的，自扣押之日起抵押权人有权收取该抵押财产的法定孳息，但抵押权人未通知应当清偿法定孳息的义务人的除外。题述情况下，作为抵押物的厂房已经被法院查封，且抵押权人丙银行已就此通知承租人乙公司，因此，丙银行有权向乙公司收取该厂房的法定孳息（即本题中该厂房的租金）。

（2）本题考查抵押与出租。

乙公司无权请求甲公司赔偿损失。根据合同法律制度的规定，如果抵押人已书面告知承租人该财产已抵押的，抵押权实现造成承租人的损失，由承租人自己承担。题述情况下，甲公司在将该厂房出租给乙公司时即以书面形式告知乙公司该厂房已经被抵押。其后，乙公司因此遭受损失应该自行承担。

（3）本题考查抵押与出租。

丙银行有权向乙公司主张租赁终止。根据合同法律制度的规定，抵押权设立后抵押财产出租的，该租赁关系不得对抗已登记的抵押权，即因租赁关系的存在致使抵押权实现时无人应买抵押物，或者出价降低导致不足以清偿抵押债权等情况下，抵押权人有权主张租赁终止。题述情况下，该厂房之上的抵押在出租之前设立，由于作为抵押物的厂房已经出租，在拍卖时无人应买。此时，抵押权人丙银行有权主张租赁终止。

10.9 斯尔解析

（1）本题考查逾期利息与违约金的主张。

乙公司可以同时主张逾期利息和违约金。根据合同法律制度的规定，出借人和与借款人既约定了逾期利率又约定了违约金或者其他费用，出借人可以选择主张逾期利息、违约金或者其他费用，也可以一并主张，但是总计超过合同成立时一年期贷款市场报价利率的4倍的部分，人民法院不予支持。题述情况下，乙公司与甲公司约定的逾期利率为15%，年违约金为7.3%，总计超过了一年期贷款市场报价利率的4倍15.4%，对超过部分利率（6.9%）计算的利息，人民法院不予支持。

（2）本题考查共同担保。

陈某的抗辩（1）成立。根据担保法律制度规定，被担保的债权既有物的担保又有人的担保，债务人不履行到期债务或发生当事人约定的实现担保物权的情形，债权人应当按照约定实现债权；没有约定或者约定不明确，债务人自己提供物的担保的，债权人应当先就该物的担保实现债权。题述情况下，抵押物均为债务人甲公司自己提供，且相关方并未就担保实现的顺位另行约定，因此债权人应当先行使抵押权。

（3）本题考查未约定保证方式如何承担保证责任，以及一般保证人的先诉抗辩权。

陈某享有先诉抗辩权。根据合同法律制度的规定，当事人对保证方式没有约定或者约定不明确的，保证人按照一般保证承担保证责任。题述情况下，陈某与债权人之间并未就保证方式作出约定，因此陈某应按照一般保证承担保证责任，并享有先诉抗辩权。

（4）本题考查担保物权的优先性。

丁修理厂的主张成立。根据担保法律制度规定，同一动产上已设立抵押权或者质权，该动产又被留置的，留置权人优先受偿。题述情况下，丁修理厂留置的财产之上设立了抵押权，根据该规定，丁修理厂有权优先受偿。

（5）本题考查动产浮动抵押。

乙公司无权在戊公司购买的生产设备上行使抵押权。戊公司购买的生产设备被甲公司用以设定动产浮动抵押。虽然该笔抵押已经登记，但根据担保法律制度规定，动产浮动抵押不得对抗正常经营活动中已支付合理价款并取得抵押财产的买受人。题述情况下，戊公司支付合理价款购买并取得该设备，因此，该设备之上的抵押不得对抗戊公司，乙公司无权在戊公司购买的生产设备上行使抵押权。

（6）本题考查抵押与出租。

丙公司无权要求甲公司赔偿损失。根据担保法律制度规定，如果抵押人已书面告知承租人该财产已抵押的，抵押权实现造成承租人的损失，由承租人自己承担。题述情况下，甲公司在出租前已经书面告知丙公司该厂房已为他人设定抵押；其后，乙公司拍卖该厂房导致丙公司被迫搬离，丙公司应自行承担相关损失。

三、考查合同法总则

10.10 斯尔解析

（1）本题考查定金数额的变更。

李某抗辩（1）成立，根据合同法律制度的规定，实际交付的定金数额多于或者少于约定数额，视为变更约定的定金数额。题述情形下，李某接受了王某交付30万定金，视为对定金合同的变更，定金数额为30万。

（2）本题考查定金、违约金的适用。

王某不能同时主张定金罚则和违约金责任。根据合同法律制度的规定，在同一合同中，当事人既约定违约金，又约定定金的，一方违约时，对方可以选择适用违约金或者定金条款，但二者不得同时适用。

（3）本题考查商品房买卖合同的界定以及惩罚性赔偿的适用。

王某不可以请求已付购房款1倍的赔偿。根据合同法律制度的规定，商品房买卖合同订立后，出卖人又将该房屋出卖给第三人，买受人可以请求解除合同、返还已付购房款及利息、赔偿损失，并可以请求出卖人承担不超过已付购房款1倍的赔偿责任。题述情形下，该房屋买卖合同并不属于商品房买卖合同，因此，王某不可以请求已付购房款1倍的赔偿。

10.11 斯尔解析

（1）本题考查合同的法定解除。

乙公司7月22日通知解除合同符合法律规定。根据合同法律制度的规定，在履行期限届满之前，当事人一方明确表示或者以自己的行为表明不履行主要债务的，对方当事人可以解除合同。题述情况下，甲公司于7月20日明确告知乙公司其将不能履行合同，因此，乙公司可以就此行使合同的法定解除权，无须等到合同履行期届满。

（2）本题考查仲裁条款的独立性。

甲公司主张乙公司应向A市法院提起诉讼不符合法律规定。根据仲裁法律制度规定，仲裁条款的效力具有独立性，合同的变更、解除、终止或者无效，不影响仲裁条款的效力。题述情况下，买卖合同虽然被解除，仲裁条款的效力并不受影响，这意味着，乙公司可以就题述争议提请C市仲裁委员会仲裁，且双方不得就该争议向法院起诉。

（3）本题考查定金与损害赔偿。

甲公司认为乙公司不能要求赔偿损失不符合法律规定。根据合同法律制度的规定，买卖合同约定的定金不足以弥补一方违约造成的损失，对方请求赔偿超过定金部分的损失的，人民法院可以并处，但定金和损失赔偿的数额总和不应高于因违约造成的损失。题述情况下，甲公司支付的5万元定金不足以弥补其违约行为给乙公司造成的10万元损失，因此，乙公司有权要求甲公司赔偿超过定金部分的损失。

专题二 公司法律制度

公司法律制度主要在简答题和综合题中考查。在考查知识点的范围上，主要涉及出资、组织机构和有限公司的股权转让、股权代持等规则。

部分年度会结合证券法的相关规则共同考查，主要涉及股票限售规则（尤其是原始股锁定、短线交易、董监高股份锁定等）、上市公司特别决议事项、上市公司独立董事以及禁止的交易行为（如内幕交易）。

在2021年度某一批次考题中，公司法律制度时结合票据法律制度共同考查，但二者在题目中各自独立，"公司是公司、票据是票据"。"多元"、"综合"或许会成为命题趋势，但不必过于紧张，即使未来考试呈现此类趋势，也不会太难，分开作答即可。

一、纯粹考查公司法

11.1 （2021年简答题）

赵某、钱某等5位股东设立甲有限责任公司（以下简称"甲公司"），赵某持有该公司1.7%的股权。鉴于甲公司连续7年盈利且符合法定利润分配条件，但均未向股东分配利润，赵某书面提出查阅公司账簿的请求，甲公司拒绝，理由是赵某的持股比例太低，无权查阅公司账簿。

2020年5月，股东钱某意欲退出公司并与非股东孙某就股权转让事宜进行磋商，确认按价格120万元、现金支付方式转让其全部股权。钱某将上述详情书面通知赵某和其他股东征求同意。其他股东均同意，赵某要求行使优先购买权，并提出以市场价格为120万元的名下房产换取钱某的股权。钱某予以拒绝，并将股权转让给了孙某。

2020年6月，甲公司股东会会议决定，虽然2019年度公司盈利且符合利润分配条件，但是为了扩大再生产，2019年度的利润不作分配。赵某在该次股东会会议上投票反对，并于7月初请求甲公司收购其股权。

要求：

根据上述资料和公司法律制度的规定，不考虑其他因素，回答下列问题：

（1）甲公司拒绝赵某查阅公司账簿，是否符合法律规定？简要说明理由。

（2）钱某将股权转让给孙某而非赵某，是否符合法律规定？简要说明理由。

（3）赵某是否有权请求甲公司收购其股权？简要说明理由。

11.2 （2021年简答题）

2017年7月，赵某、钱某、孙某、李某拟设立甲有限责任公司（下称"甲公司"），四人认缴的出资分别是400万元、300万元、200万元和50万元，股东会会议决议按照认缴的出资比例行使表决权，7月5日，鉴于孙某组织能力比较强，由孙某召集和主持首次股东会会议。

2020年7月，甲公司召开股东会会议，决定公司不设董事会，由赵某担任执行董事，不设监事会，由李某担任监事。根据公司章程规定，由赵某任免钱某为经理，任免孙某为财务负责人。2021年3月，甲公司发生经营亏损，李某提议召开临时股东会，执行董事赵某认为李某持股比例未达十分之一，不符合召开临时股东会的条件，予以拒绝。

2021年7月，甲公司召开年度股东大会，李某认为四位股东均未实缴出资额，造成公司经营困难，提出修改公司章程，提高股东实缴的出资比例，钱某和孙某表示同意，赵某拒绝。

要求：

根据上述资料和公司法律制度的规定，不考虑其他因素，分析回答下列问题：

（1）7月5日孙某召集和主持首次股东会会议是否符合公司法律制度的规定？并说明理由。

（2）2021年3月，李某提议召开临时股东会是否符合公司法律制度的规定？并说明理由。

（3）2021年7月，李某提议修改公司章程的规定是否能通过？并说明理由。

11.3　（2020年简答题）

2019年4月，赵某、张某、李某三人设立甲有限责任公司（以下简称"甲公司"）。公司章程规定：赵某以现金100万元出资，在公司成立时一次足额缴纳；张某以专利技术作价100万元出资，在公司成立时转移专利技术；李某以现金100万元出资，在公司成立半年和一年时分两次等额缴纳。公司章程对股东出资事项未作其他规定。

赵某、张某在甲公司成立时按时履行了出资义务；甲公司成立半年时，李某以家庭出现经济困难为由，未按时缴纳出资。

2019年12月，赵某、张某要求李某按照公司章程规定履行出资义务并承担违约责任，李某拒绝。李某同时主张，张某用于出资的专利技术，虽然出资时经评估价值100万元，但目前因市场因素贬值为50万元，张某应当补足差额。2020年1月，甲公司按照公司章程规定召开股东会，决议李某在未按照公司章程规定履行出资义务前，不得行使利润分配请求权。

要求：

根据上述资料和公司法律制度的规定，不考虑其他因素，回答下列问题：

（1）赵某、张某要求李某按照公司章程规定履行出资义务并承担违约责任，是否符合法律规定？简要说明理由。

（2）李某要求张某补足出资差额，是否符合法律规定？简要说明理由。

（3）甲公司股东会作出的决议是否符合法律规定？简要说明理由。

11.4　（2019年简答题）

2016年，甲公司、乙公司与张某在A市共同出资设立丙卫浴有限责任公司（下称"丙公司"），注册资本为1 000万元。甲公司、乙公司、张某的出资比例为5∶4∶1。丙公司章程对股东表决权行使及股东会议事规则未作特别规定。股东会未授权董事会行使属于股东会的职权。2018年，丙公司发生如下事项：

（1）5月，张某申请丙公司为其个人住房贷款提供担保。为此丙公司召开股东会会议。甲公司、乙公司参加该事项的表决，甲公司同意，乙公司不同意，股东会遂通过为张某个人住房贷款提供担保的决议。

（2）下半年，产品销售额持续下降，丙公司调查发现：非职工代表担任的公司董事田某于2017年与朋友共同出资设立丁卫浴有限责任公司（下称"丁公司"），并负责丁公司的生产经营；由于丁公司的卫浴产品在款式、功能等方面与丙公司产品相差无几，致使丙公司产品销售额下降，丙公司董事会遂作出决议：①将田某从丁公司所得的收入收归丙公司所有；②撤销田某公司董事职务。

要求：

根据上述资料和公司法律制度的规定，不考虑其他因素，回答下列问题：

（1）丙公司股东会通过为张某贷款提供担保的决议是否符合法律规定？简要说明理由。

（2）丙公司董事会的决议①是否符合法律规定？简要说明理由。

（3）丙公司董事会的决议②是否符合法律规定？简要说明理由。

11.5 （2019年简答题）

2014年1月，周某、吴某、蔡某和其他十人共同出资设立甲有限责任公司（下称"甲公司"）。根据公司章程的记载，周某为第一大股东，出资550万元，占公司注册资本的55%；股东认缴的出资应当在公司成立后的6个月内缴足。公司章程对股权转让和议事规则未作特别规定。

2018年3月，蔡某认缴的出资经催告仍未足额缴纳，甲公司遂向人民法院提起诉讼，请求蔡某补足出资，并承担相应的责任。蔡某以甲公司的请求已过诉讼时效期间为由拒绝。

2018年4月，吴某拟将其持有的甲公司股权转让给股东以外的人李某，并书面通知其他股东。周某同意，其他股东反对。吴某认为周某代表的表决权已过半数，所以自己可以将股权转让给李某。吴某遂与李某签订股权转让合同。

2018年5月，为提高市场竞争力，甲公司拟与乙公司合并，并召开股东会会议进行表决，股东钱某投了反对票，其他人赞成，决议通过。钱某提出退出甲公司，要求甲公司以合理价格收购其持有的本公司股权，遭到拒绝。

要求：

根据上述资料和公司法律制度的规定，不考虑其他因素，回答下列问题：

（1）蔡某拒绝甲公司诉讼请求的理由是否符合法律规定？简要说明理由。

（2）吴某认为可以将股权转让给李某的理由是否符合法律规定？简要说明理由。

（3）甲公司是否有权拒绝收购钱某股权？简要说明理由。

11.6 （2018年简答题）

张某拟与王某、赵某共同投资设立甲有限责任公司（以下简称"甲公司"），因张某不愿以自己名义投资，遂与李某约定，李某为名义股东，张某实际出资并享有投资收益。后李某按照约定，认缴出资100万元，设立了甲公司。李某被记载于甲公司股东名册，并在公司登记机关登记。王某、赵某认缴的出资全部缴足，李某认缴的出资张某仅实际缴纳60万元。

甲公司经营期间，李某未经张某同意将其在甲公司的股权进行质押，并造成了损失。张某得知后，要求李某赔偿损失，遭到拒绝。

为防止李某继续损害自己的利益，张某要求甲公司将其变更为股东并记载于股东名册，遭到王某、赵某反对，双方发生争议。

在变更股东的争议未解决前，甲公司因资不抵债，破产清算。债权人郑某以李某未完全履行出资义务为由，要求李某承担补充赔偿责任，李某以其为名义股东为由抗辩。

要求：

根据上述资料和公司法律制度的规定，不考虑其他因素，回答下列问题：

（1）李某是否有权拒绝张某的赔偿请求？简要说明理由。

（2）张某未经王某、赵某同意能否变更为甲公司股东？简要说明理由。

（3）李某是否有权拒绝承担补充赔偿责任？简要说明理由。

11.7　（2018年简答题）

2015年9月，赵某、钱某、孙某、李某和周某五人共同出资设立甲有限责任公司。公司章程规定：

（1）公司注册资本500万元。

（2）赵某、钱某、孙某各以现金90万元出资；李某以自有房屋作价100万元出资；周某以专利权作价130万元出资；股东的货币出资在6个月内缴足，非货币出资财产转移手续在6个月内办理完毕。

（3）股东享有均等表决权。

公司成立后，李某按期办理了出资房屋所有权的转移手续，但一直未将房屋交付公司。2016年10月，甲公司召开临时股东会修改公司章程。赵某、钱某、孙某赞成，李某和周某反对。赵某认为，李某未将出资房屋交付公司，不得行使表决权。

要求：

根据上述资料和公司法律制度的规定，不考虑其他因素，回答下列问题：

（1）甲公司章程规定股东均等行使表决权是否符合法律规定？简要说明理由。

（2）赵某主张李某不得行使表决权是否符合法律规定？简要说明理由。

（3）甲公司修改公司章程的决议能否通过？简要说明理由。

11.8　（2017年综合题）

2015年6月，甲公司、乙公司、丙公司和陈某共同投资设立丁有限责任公司（以下简称"丁公司"）。丁公司章程规定：

（1）公司注册资本500万元。

（2）甲公司以房屋作价120万元出资；乙公司以机器设备作价100万元出资；陈某以货币100万元出资；丙公司出资180万元，首期以原材料作价100万元出资，余额以知识产权出资，2015年12月前缴足。

（3）公司设股东会，1名执行董事和1名监事。

（4）股东按照1∶1∶1∶1行使表决权。公司章程对出资及表决权事项未作其他特殊规定。

公司设立后，甲公司、乙公司和陈某按照公司章程的规定实际缴纳了出资，并办理了相关手续。丙公司按公司章程规定缴纳首期出资后，于2015年11月以特许经营权作价80万元缴足出资。

2017年6月，因股东之间经营理念存在诸多冲突且无法达成一致，陈某提议解散丁公司。丁公司召开股东会就该事项进行表决。甲公司、乙公司和陈某赞成，丙公司反对。于是股东会作出了解散丁公司的决议，丁公司进入清算程序。

清算期间，清算组发现如下情况：

（1）由于市场行情变化，甲公司出资的房屋贬值10万元。

（2）乙公司出资时机器设备的实际价额为70万元，明显低于公司章程所定价额100万元。

清算组要求甲公司补足房屋贬值10万元，甲公司拒绝。清算组要求乙公司和其他股东对乙公司实际出资价额的不足，承担相应的民事责任。

要求：

根据上述资料和公司法律制度的规定，不考虑其他因素，回答下列问题：

（1）指出丁公司股东出资方式中的不合法之处，并说明理由。

（2）丁公司设1名执行董事和1名监事是否合法？并说明理由。

（3）丁公司股东会作出解散公司的决议是否合法？并说明理由。

（4）甲公司拒绝补足房屋贬值10万元是否合法？并说明理由。

（5）对乙公司的实际出资价额的不足，乙公司和其他股东应分别承担什么民事责任？

二、涉及证券法知识

11.9　（2017年简答题改编）

甲股份有限公司（以下简称"甲公司"）于2009年1月成立，专门从事药品生产。张某为其发起人股东之一，持有甲公司股票1 000 000股，系甲公司第十大股东。王某担任总经理，未持有甲公司股票。2013年11月，甲公司公开发行股票并上市。

2015年5月，甲公司股东刘某在查阅公司2014年年度报告时发现：

（1）2014年9月，王某买入甲公司股票20 000股；2014年12月，王某将其中的5 000股卖出。

（2）2014年10月，张某转让了其持有的甲公司股票200 000股。

经查：该公司章程对股份转让未作特别规定；王某于2014年12月转让股票取得收益3万元归其个人所有；张某因急需资金不得已转让其持有的甲公司股票200 000股。

要求：

根据上述资料、公司法律制度和证券法律制度的规定，不考虑其他因素，回答下列问题：

（1）王某是否有权将3万元收益归其个人所有？简要说明理由。

（2）张某转让股票的行为是否合法？简要说明理由。

11.10 （2016年简答题）

甲股份有限公司于2014年3月上市，董事会成员为7人。2015年甲公司召开了3次董事会，分别讨论的事项如下：

（1）讨论通过了为其子公司一次性提供融资担保4 000万元的决议，此时甲公司总资产为1亿元；

（2）拟提请股东大会聘任乙公司的总经理刘某担任甲公司独立董事，乙公司为甲公司最大的股东；

（3）讨论向丙公司投资的方案。参加会议的6名董事会成员中，有4人同时为丙公司董事，经参会董事一致同意，通过了向丙公司投资的方案。

要求：

根据上述资料和公司法律制度的规定，不考虑其他因素，回答下列问题：

(1) 甲公司董事会是否有权作出融资担保决议？简要说明理由。

(2) 甲公司能否聘任刘某担任本公司独立董事？简要说明理由。

(3) 甲公司董事会通过向丙公司投资的方案是否合法？简要说明理由。

11.11 （2007年综合题）

甲股份有限公司（以下简称"甲公司"）成立于2001年9月3日，公司股票自2005年2月1日起在深圳证券交易所上市交易。公司章程规定，凡投资额在2 000万元以上的投资项目须提交公司股东大会讨论决定。

乙有限责任公司（以下简称"乙公司"）是一软件公司，甲公司董事李某为其出资人之一。乙公司于2005年1月新研发一高科技软件，但缺少3 000万元生产资金，遂与甲公司洽谈，希望甲公司投资3 000万元用于生产此软件。

2005年2月10日，甲公司董事会直接就投资生产软件项目事宜进行讨论表决。全体董事均出席董事会并参与表决。在表决时，董事陈某对此投资项目表示反对，其意见被记载于会议记录，赵某等其余8名董事均表决同意。随后，甲公司与乙公司签订投资合作协议，双方就投资数额、利润分配等事项作了约定。3月1日，甲公司即按约定投资3 000万元用于此软件生产项目。

2005年8月，软件产品投入市场，但由于产品性能不佳，销售状况很差，甲公司因此软件投资项目而损失重大。

2005年11月1日，甲公司董事李某建议其朋友王某抛售所持有的甲公司的全部股票。

2005年11月5日，甲公司将有关该投资软件项目而损失重大的情况向中国证监会和深圳证券交易所报送临时报告，并予以公告。甲公司的股票价格随即下跌。

2005年11月20日，持有甲公司2%股份的发起人股东郑某以书面形式请求公司监事会向人民法院提起诉讼，要求赵某等董事就投资软件项目的损失对公司负赔偿责任。但公司监事会拒绝提起诉讼，郑某遂以自己名义直接向人民法院提起诉讼，要求赵某等董事负赔偿责任。

此后，郑某考虑退出甲公司，拟于2005年12月20日将其所持有的甲公司全部股份转让给他人。

要求：

根据上述资料和公司法律制度的规定，不考虑其他因素，回答下列问题：

（1）董事李某是否有权对甲公司投资生产软件项目决议行使表决权？并说明理由。

（2）董事陈某是否应就投资软件项目的损失对甲公司承担赔偿责任？并说明理由。

（3）董事李某建议其朋友王某抛售甲公司股票是否符合法律规定？并说明理由。

（4）股东郑某以自己名义直接向人民法院提起诉讼是否符合法律规定？并说明理由。

（5）股东郑某是否可以于2005年12月20日转让全部股份？并说明理由。

三、涉及票据法知识

11.12 （2021年综合题）

2019年1月10日，甲有限责任公司（以下简称甲公司）与赵某、钱某、孙某、李某分别认缴出资300万元、350万元、280万元、100万元和20万元成立乙有限责任公司（以下简称乙公司）。乙公司章程规定公司设立董事会，不设立监事会；对股东会会议的议事方式、表决程序和对外担保等事项均未作特别规定。赵某、钱某和孙某担任董事，李某担任监事。董事会选举赵某为董事长。

2021年2月1日，甲公司因办公室装修需以一张票面金额为20万元的商业承兑汇票支付装修款。该汇票的出票人为丙公司，承兑人为丁公司，持票人为甲公司。应装修公司的要求，甲公司请求乙公司为其所持上述汇票提供担保。乙公司为此召开股东会会议，在表决时，赵某、钱某和孙某同意，李某未参加会议也未表决。乙公司随后在甲公司提供的上述汇票上以保证人的身份签章，但未记载被保证人。

2021年2月10日，李某得知上述担保决议后认为乙公司提供担保有损乙公司利益，遂提议召开股东会临时会议审议乙公司提供担保的合法性。董事长赵某认为李某持股比例尚未达到十分之一，无权提议召开股东会临时会议，遂拒绝了李某的提议。李某转而要求乙公司提供资产负债表、现金流量表等财务报表进行检查。赵某认为其无权查阅，亦予以拒绝。

2021年5月，李某认为其在乙公司的权益无法得到保护，遂将股权转让给股东孙某，同时向乙公司提出辞去监事职务。赵某认为李某转让股权无效，并要求其继续履行监事职务，理由是李某转让股权给孙某既未通知其他股东，也未经其同意。

要求：

根据上述资料和公司法律制度、票据法律制度的规定，不考虑其他因素，回答下列问题：

（1）乙公司股东会为甲公司提供担保的决议程序是否符合法律规定？说明理由。

（2）乙公司在甲公司提供的汇票上签章保证，该票据上的被保证人是谁？说明理由。

（3）赵某拒绝李某召开股东会临时会议的提议是否符合法律规定？说明理由。

（4）李某要求乙公司提供财务报表是否符合法律规定？说明理由。

（5）李某未经其他股东同意便将乙公司股权转让给孙某是否符合法律规定？说明理由。

（6）赵某要求李某继续履行监事职务是否符合法律规定？说明理由。

答案与解析

一、纯粹考查公司法

11.1 斯尔解析

（1）本题考查有限责任公司股东查阅权的行使。

甲公司拒绝赵某查阅公司账簿不符合规定。根据公司法律制度的规定，有限责任公司的股东有权要求查阅公司会计账簿。股东要求查阅公司会计账簿的，应当向公司提出书面请求，说明目的。公司有合理根据认为股东查阅会计账簿有不正当目的，可能损害公司合法利益的，可以拒绝提供查阅，并应当自股东提出书面请求之日起15日内书面答复股东并说明理由。据题述，甲公司以"赵某持股比例太低"拒绝其查阅，不属于法定"不正当目的"情形，不符合公司法律制度规定。

（2）本题考查有限责任公司股东对外转股通过标准、"优先购买权"中"同等条件"的界定。

钱某将股权转让给孙某符合规定。根据公司法律制度的规定，有限责任公司股东向股东以外的人转让股权，须经股东过半数同意。经股东同意转让的股权，在同等条件下，其他股东有优先购买权。据题述，孙某以现金形式支付，赵某以市场价格为120万元的房产换取股权，二者不构成同等条件（以现金方式支付优于"以房换股"）。因此，钱某将股权转让给孙某而非赵某符合法律规定。

（3）本题考查异议股东股份回购请求权行使条件。

赵某有权请求甲公司收购其股权。根据公司法律制度的规定，有限责任公司连续5年不向股东分配利润，而公司该5年连续盈利，并且符合法定利润分配条件的，对股东会该项决议投反对票的股东可以请求公司按照合理的价格收购其股权。据题述，甲公司连续7年盈利且符合法定利润分配条件但均未向股东分配利润，基于此，在股东会上投反对票的股东赵某享有请求公司按照合理的价格收购其股权的权利。

陷阱提示 "异议股东股份回购请求权"行使的前提条件为，股东或其代理人出席股东（大）会，就特定决议投反对票。若股东未出席，或者出席后就特定决议投赞成票，则该股东不得行使异议股东股份回购请求权。

11.2 斯尔解析

（1）本题考查首次股东会的召集和主持。

孙某召集和主持首次股东会会议不符合规定。根据公司法律制度的规定，首次股东会会议由出资最多的股东召集和主持。孙某（出资200万）不是出资最多的股东，不能因为"组织能力比较强"就召集和主持首次股东会会议。

（2）本题考查临时股东会的召开。

李某提议召开临时股东会符合规定。根据公司法律制度的规定，代表1/10以上表决权的股东、1/3以上的董事、监事会或者不设监事会的公司的监事提议召开股东会临时会议的，应当召开。据题述，李某虽持股比例未达1/10，但公司未设监事会，李某是监事，可以提议召开临时股东会会议。

（3）本题考查公司特别决议事项通过标准。

李某提议修改公司章程的规定不能通过。根据公司法律制度的规定，有限责任公司股东会作出修改公司章程决议，应当经代表（全体）2/3以上表决权的股东通过。据题述，李某、钱某和孙某所持表决权合计为（300+200+50）/（300+200+50+400）=57.89%，未达到2/3以上。因此，该修改公司章程决议不能通过。

11.3 斯尔解析

（1）本题考查股东未履行出资义务的责任。

赵某、张某要求李某按照公司章程规定履行出资义务并承担违约责任符合法律规定。根据公司法律制度的规定，股东不按照规定缴纳出资的，除应当向公司足额缴纳外，还应当向已按期足额缴纳出资的股东承担违约责任。李某需要承担的责任有二：①履行出资义务。②向张某、赵某承担违约责任。因此，赵某、张某要求李某按照公司章程规定履行出资义务并承担违约责任符合法律规定。

（2）本题考查出资后财产贬值，股东是否承担补足责任。

李某要求张某补足出资差额不符合法律规定。根据公司法律制度的规定，出资人以符合法定条件的非货币财产出资后，因市场变化或者其他客观因素导致出资财产贬值，公司、其他股东或者公司债权人请求该出资人承担补足出资责任的，人民法院不予支持，但当事人另有约定的除外。据题述，当事人之间没有其他约定，出资财产因市场变化贬值，张某无须承担补足责任。因此，李某要求张某补足出资差额不符合法律规定。

（3）本题考查对未履行出资义务的股东权利限制。

甲公司股东会作出的决议符合法律规定。根据公司法律制度的规定，股东未尽出资义务，公司可以根据公司章程或者股东会决议对其利润分配请求权、新股优先认购权、剩余财产分配请求权等股东权利作出合理限制。李某未履行出资义务，公司对其利润分配请求权作出限制符合法律规定。

11.4 斯尔解析

（1）本题考查公司"为股东提供担保"决议通过标准。

丙公司股东会通过为张某贷款提供担保的决议符合法律制度的规定。根据公司法律制度的规定，公司为公司股东或者实际控制人提供担保的，必须经股东会或者股东大会决议。接受担保的股东或者受实际控制人支配的股东，不得参加上述规定事项的表决。该项表决由出席会议的其他股东所持表决权的过半数通过。题述情况下，拟接受担保的是丙公司股东张某，因此，张某本人不得参与该次股东会会议表决。剩余股东中，甲公司持有的表决权超过半数，因此，甲公司在该次股东会会议中同意上述事项后，公司即可对张某提供该笔担保。

（2）本题考查董事的"忠实"义务。

丙公司董事会的决议①符合法律规定。根据公司法律制度的规定，未经股东会或者股东大会同意，公司董事不得利用职务便利为自己或者他人谋取属于公司的商业机会，自营或者为他人经营与所任职公司同类的业务。公司董事因违反该规定取得的收入归公司所有。题述情况下，董事田某违反上述规定投资设立丁公司并经营与丙公司同类的业务，因此其取得的收入应归丙公司所有，丙公司有权收取。

（3）本题考查股东（大）会/董事会职权的判断。

丙公司董事会的决议②不符合法律规定。根据公司法律制度的规定，股东会有权选举和更换非由职工代表担任的董事。题述情况下，田某系丙公司非职工董事，且丙公司股东会并未授权董事会行使其职权，因此，董事会无权直接撤销田某的董事职务。

11.5 斯尔解析

（1）本题考查股东出资是否适用诉讼时效规定。

蔡某拒绝甲公司诉讼请求的理由不符合法律规定。根据公司法律制度的规定，公司股东未履行或者未全面履行出资义务或者抽逃出资，公司或者其他股东请求其向公司全面履行出资义务或者返还出资。被告股东以诉讼时效为由进行抗辩的，人民法院不予支持。因此，蔡某不得以诉讼时效届满为由对抗甲公司对其提出的要求其补足出资的请求。

（2）本题考查有限责任公司股东对外转股通过标准。

吴某认为可以将股权转让给李某的理由不符合法律规定。根据公司法律制度的规定，有限责任公司股东向股东以外的人转让股权，应当经其他股东过半数同意。题述情况下，吴某拟对外转让股权，本次转让须由其余9名股东过半数同意（不问其持有表决权之多少）方可实施。同意本次转让的只有周某，虽然其持有表决权过半，但同意人数并未达到其余股东的一半。因此，吴某尚不能将其股权转让给李某。

（3）本题考查异议股东股份回购请求权的行使。

甲公司无权拒绝收购钱某股权。根据公司法律制度的规定，公司合并的，对股东会该项决议投反对票的股东可以请求公司按照合理的价格收购其股权，退出公司。题述情况下，甲公司拟与乙公司合并，且钱某对此事项投反对票，钱某可以据此行使异议股东回购请求权，请求甲公司以合理价格收购其股权。

11.6 斯尔解析

（1）本题考查名义股东的赔偿责任。

李某无权拒绝张某的赔偿请求。根据公司法律制度的规定，名义股东将登记于其名下的股权转让、质押或者以其他方式处分，造成实际出资人损失，实际出资人请求名义股东承担赔偿责任的，人民法院应予支持。题述情况下，名义股东李某擅自质押登记于其名下的股权，给实际出资人张某造成损失，应向其赔偿。

（2）本题考查实际出资人"转正"的标准。

张某不能变更为甲公司股东。根据公司法律制度的规定，实际出资人未经公司其他股东半数以上同意，请求公司变更股东、签发出资证明书、记载于股东名册、记载于公司章程并办理公司登记机关登记的，人民法院不予支持。题述情况下，须由王某、赵某两位股东中半数以上同意，才能将张某变更为甲公司股东。

（3）本题考查"名义股东"是否就未出资的部分向债务人承担补充赔偿责任。

李某无权拒绝承担补充赔偿责任。根据公司法律制度的规定，公司债权人以登记于公司登记机关的股东未履行出资义务为由，请求其对公司债务不能清偿的部分在未出资本息范围内承担补充赔偿责任，股东不得以其仅为名义股东为由进行抗辩。题述情况下，李某为名义股东，应承担上述补充赔偿责任。

11.7 斯尔解析

（1）本题考查有限责任公司股东表决权的行使。

甲公司章程规定股东均等行使表决权符合规定。根据公司法律制度的规定，有限责任公司的股东按照出资比例行使表决权，但公司章程另有规定的除外。

（2）本题考查股东出资义务。

赵某主张李某不得行使表决权符合规定。根据公司法律制度的规定，出资人以房屋、土地使用权或者需要办理权属登记的知识产权等财产出资，出资人已经就前述财产出资，办理权属变更手续但未交付给公司使用，公司或者其他股东主张其向公司交付，并在实际交付之前不享有相应股东权利的，人民法院应予支持。题述情况下，李某尚未将用于出资的房屋交付公司，赵某作为其他股东有权主张李某在交付该房屋前不享有股东权利（包括不得行使表决权）。

（3）本题考查有限责任公司特别决议事项通过标准。

甲公司修改公司章程的决议可以通过。根据公司法律制度的规定，有限责任公司股东会会议作出修改公司章程的决议，必须经代表2/3以上表决权的股东通过。题述情况下，李某不享有表决权，享有表决权的4人中有3人同意，即代表3/4以上表决权的股东同意该事项，其比例超过2/3，故该决议能够通过。

11.8 斯尔解析

（1）本题考查股东出资。

丙公司以特许经营权出资不合法。根据公司法律制度的规定，股东不得以劳务、信用、自然人姓名、商誉、特许经营权或者设定担保的财产等作价出资。

（2）本题考查有限责任公司董事会和监事会的设置。

丁公司设1名执行董事和1名监事合法。根据公司法律制度的规定，股东人数较少或者规模较小的有限责任公司，可以设1名执行董事、1～2名监事，不设立董事会、监事会。

（3）本题考查有限责任公司特别决议事项通过标准。

丁公司股东会作出解散公司的决议合法。根据公司法律制度的规定，公司解散属于股东会的特别决议事项，必须经代表2/3以上表决权的股东通过方可实施；有限责任公司的股东按照出资比例行使表决权，公司章程另有规定的除外。题述情况下，丁公司章程规定股东按照1∶1∶1∶1行使表决权，该规定合法；此外，丁公司章程并未对其股东出资及表决权事项作其他规定。在此基础上，由于甲公司、乙公司和陈某赞成解散公司，他们代表表决权的比例达到3/4，超过2/3，丁公司股东会作出解散公司的决议合法。

（4）本题考查出资后财产贬值，股东是否承担补足责任。

甲公司拒绝补足房屋贬值10万元合法。根据公司法律制度的规定，出资人以符合法定条件的非货币财产出资后，因市场变化或者其他客观因素导致出资财产贬值，公司、其他股东或者公司债权人请求该出资人承担补足出资责任的，人民法院不予支持。但是，当事人另有约定的除外。题述情况下，当事人之间未有其他约定，甲公司已经按照公司章程规定实际缴纳出资，其用于出资的房产是在出资后因为市场行情变化发生贬值，因此，甲公司无须补足贬值部分。

（5）本题考查股东未履行出资义务相关人员的责任。

根据公司法律制度的规定：①对于股东不按照规定缴纳出资的，除该股东应当向公司足额缴纳外，还应当向已按期足额缴纳出资的股东承担违约责任（包含出资不足部分的本息）；②股东在公司设立时未履行或者未全面履行出资义务，发起人与被告股东承担连带责任。题述情况下，乙公司出资不足，对丁公司应补足出资，并应对其他已按期足额缴纳出资的股东就其出资不足部分的本息承担违约责任。此外，丁公司其他股东应就乙公司出资不足的情况对外承担连带责任。

二、涉及证券法知识

11.9 斯尔解析

（1）本题考查短线交易。

王某无权将3万元收益归其个人所有。根据证券法律制度规定，上市公司董事、监事、高级管理人员以及持有上市公司股份5%以上的股东，将其持有的该公司的股票在买入后6个月内卖出，或者在卖出后6个月内又买入，由此所得收益归上市公司所有，上市公司董事会应当收回其所得收益。题述情况下，王某在2014年12月转让的股票系其于2014年9月买入，买卖时间间隔在6个月以内，王某因此取得的收入应归属于公司，王某无权将该3万元收入收归个人。

（2）本题考查上市公司股份转让的限制。

张某转让股票的行为不合法。根据公司法律制度的规定，公司公开发行股份前已发行的股份，自公司股票在证券交易所上市交易之日起1年内不得转让。甲公司于2013年11月公开发行股票并上市，张某于2014年10月转让其持有的甲公司在上市前已发行的股份（发起人股份），转让时间距甲公司上市时间不满1年，属于违法行为。

11.10 斯尔解析

（1）本题考查上市公司股东大会特别决议事项。

甲公司董事会无权作出融资担保决议。根据证券法律制度规定，上市公司在1年内购买、出售重大资产或者担保金额超过公司资产总额30%的，应当由股东大会作出决议，并经出席会议的股东所持表决权的2/3以上通过。题述情况下，甲公司对外担保金额（4 000万元）超过了资产总额（1亿元）的30%，该事项应由股东大会审议批准。

（2）本题考查不得担任独立董事情形。

甲公司不能聘任刘某担任独立董事。根据证券法律制度规定，在直接或者间接持有上市公司已发行股份5%以上的股东单位或者在上市公司前5名股东单位任职的人员及其直系亲属，不得担任该上市公司的独立董事。题述情况下，乙公司为甲公司最大（在前5名内排名第1）的股东，而刘某在乙公司任职，不得担任甲公司的独立董事。

（3）本题考查上市公司关联董事表决权排除。

甲公司董事会通过向丙公司投资的方案不合法。根据证券法律制度规定，上市公司董事与董事会会议决议事项所涉及的企业有关联关系的，不得对该项决议行使表决权，也不得代理其他董事行使表决权。如果出席董事会的无关联关系董事人数不足3人的，应将该事项提交上市公司股东大会审议。题述情况下，待议事项与丙公司直接相关，因此丙公司派出的4名董事应回避表决；回避后，出席董事会的无关联关系董事仅为2人，不足3人，该事项应提交股东大会审议。

11.11 斯尔解析

（1）本题考查上市公司关联董事表决权排除。

董事李某无权就该事项的决议行使表决权。根据证券法律制度规定，上市公司董事与董事会会议决议事项所涉及的企业有关联关系的，不得对该项决议行使表决权。题述情况下，甲公司拟投资的对象乙公司为甲公司董事李某投资的公司，因此，李某应在董事会审议该事项时回避。

（2）本题考查董事承担赔偿责任的情形。

董事陈某无须承担赔偿责任。根据公司法律制度的规定，股份公司董事会的决议违反公司章程，致使公司遭受严重损失的，参与决议的董事对公司负赔偿责任。但经证明在表决时曾表明异议并记载于会议记录的，该董事可以免除责任。题述情况下，该笔投资金额达到3 000万元，已超过2 000万元；根据甲公司章程的规定，该笔投资应提交甲公司股东大会表决。甲公司董事会审议该事项后即加以实施，并未经股东大会表决，该行为违反了甲公司章程的规定。由于董事陈某对此投资项目表示反对，且其意见被记载于会议记录，其无须对甲公司董事会上述违规行为给甲公司造成的损失承担赔偿责任。

（3）本题考查内幕交易。

董事李某建议其朋友王某抛售甲公司股票不符合法律规定。根据证券法律制度规定，证券交易内幕信息知情人员在内幕信息公开前，不得建议他人买卖该证券。题述情况下，甲公司就本次投资损失重大的情况发布临时公告，说明该事项已构成重大事项，亦属于内幕消息。甲公司董事李某在该内幕消息公开前建议王某抛售甲公司股票，构成内幕交易行为，属于法律禁止的交易行为。

（4）本题考查股份有限公司股东代表诉讼。

股东郑某以自己名义直接向人民法院提起诉讼符合法律规定。根据公司法律制度的规定，股份有限公司的董事执行公司职务时违反公司章程的规定，给公司造成损失的，股份有限公司连续180日以上单独或合计持有公司1%以上股份的股东，可以书面请求监事会向人民法院提起诉讼。在遭到监事会拒绝后，有权以自己名义直接向人民法院提起诉讼。题述情况下，郑某持有甲公司股票的比例超过1%，持股时间超过180天，可以依据上述规定以自己的名义直接向法院起诉。

（5）本题考查股份有限公司股东转让股份的限制。

股东郑某不可以于2005年12月20日转让全部股份。根据公司法律制度的规定，公司公开发行股份前已发行的股份，自公司股票在证券交易所上市交易之日起1年内不得转让。2005年12月20日距甲公司上市时间（2005年2月1日）不满1年，郑某不得转让其作为甲公司发起人持有的甲公司在公开发行股票前已发行的股份。

三、涉及票据法知识

11.12 斯尔解析

（1）本题考查公司为股东提供担保决议程序。

乙公司股东会为甲公司提供担保的决议程序符合法律规定。根据公司法律制度的规定，有限责任公司为公司股东提供担保的，必须经股东会决议。接受担保的股东，不得参加该事项的表决。该项表决由出席会议的其他股东所持表决权的过半数通过。本题中，该事项由出席会议的其他股东赵某、钱某和孙某一致同意，因此乙公司股东会为甲公司提供担保的决议程序符合法律规定。

（2）本题考查票据保证相对记载事项。

该票据上的被保证人是丁公司。根据票据法律制度规定，保证人在汇票或者粘单上未记载被保证人名称的，已承兑的汇票，承兑人为被保证人；未承兑的汇票，出票人为被保证人。

（3）本题考查股东会临时会议的召开条件。

赵某拒绝李某召开股东会临时会议的提议不符合法律规定。根据公司法律制度的规定，有限责任公司代表1/10以上表决权的股东、1/3以上的董事、监事会或者不设监事会的监事有权提议召开股东会临时会议。据题述，乙公司章程对表决权未作特别规定，李某出资比例不足1/10，不能作为股东提议召开临时股东会。但李某作为乙公司监事则可以提议召开临时股东会，因此赵某拒绝李某召开股东会临时会议的提议不符合法律规定。

（4）本题考查有限责任公司股东查阅权行使范围。

李某要求乙公司提供财务报表符合法律规定。根据公司法律制度的规定，有限责任公司股东有权查阅、复制公司财务会计报告，因此，李某要求乙公司提供财务报表符合法律规定。

（5）本题考查有限责任公司股东对内转股的相关规定。

李某未经其他股东同意便将乙公司股权转让给孙某符合法律规定。根据公司法律制度的规定，有限责任公司的股东之间可以相互转让其全部或者部分股权。公司章程对股权转让另有规定的，从其规定。据题述，公司章程对此未作特别规定，李某将乙公司股权转让给股东孙某无须征得其他股东同意。因此李某未经其他股东同意便将乙公司股权转让给孙某符合法律规定。

（6）本题考查监事的履职。

赵某要求李某继续履行监事职务符合法律规定。根据公司法律制度的规定，有限责任公司监事任期届满未及时改选，或者监事在任期内辞职导致监事会成员低于法定人数的，在改选出的监事就任前，原监事仍应当依照法律、行政法规和公司章程的规定，履行监事职务。据题述，乙公司仅李某一名监事，因此在改选出的监事就任前，李某仍应当依照法律、行政法规和公司章程的规定，履行监事职务。

专题三 合伙企业法律制度

合伙企业法律制度在主观题中一般仅以简答题的方式考查，但在2020年综合题中也以合伙企业为依托考查合同相关内容。考点相对集中，一般仅涉及财产份额的转让/出质、合伙事务的执行、合伙人在执行合伙事务时的权利和义务以及合伙企业的损益承担等规则。在记忆时，要注意普通合伙企业和有限合伙企业在上述方面的区别。

12.1 （2016年简答题）

2013年5月，张某、王某、李某共同出资设立了甲普通合伙企业（以下简称"甲企业"），合伙协议约定由张某执行合伙企业事务，且约定超过10万元的支出张某无权自行决定。合伙协议就执行合伙事务的其他事项未作特别约定。

2014年3月，张某的朋友刘某拟从银行借款8万元，请求张某为其提供担保。张某自行决定以甲企业的名义为刘某提供了担保。

2015年4月，张某以甲企业的名义与赵某签订一份买卖合同，价款为15万元。合同签订后，甲企业认为该合同是张某超越权限订立的，合同无效。赵某向法院起诉。经查，赵某知悉张某超越合伙协议对其权限的限制仍签订了该合同。王某、李某认为张某签订买卖合同的行为不妥，决定撤销张某对外签订合同的资格。

要求：

根据上述资料和合伙企业法律制度的规定，不考虑其他因素，回答下列问题：

（1）张某是否有权自行决定以合伙企业的名义为刘某提供担保？简要说明理由。

（2）甲企业主张买卖合同无效是否成立？简要说明理由。

（3）王某、李某是否有权撤销张某对外签订合同的资格？简要说明理由。

12.2 （2016年简答题）

赵某、钱某、孙某、李某共同出资设立甲普通合伙企业（以下简称"甲企业"）。合伙协议约定：

（1）赵某、孙某、李某以货币各出资10万元，钱某以房屋作价出资10万元。

（2）合伙人向合伙人以外的人转让其在甲企业中的全部或者部分财产份额时，须经半数以上合伙人同意。

（3）合伙人以其在甲企业中的财产份额出质的，须经2/3以上的合伙人同意。

甲企业成立后，接受郑某委托加工承揽一批产品，郑某未向甲企业支付5万元加工费。由于钱某在购买出资房屋时曾向郑某借款3万元一直未偿还，甲企业向郑某请求支付5万元加工费时，郑某认为钱某尚欠其借款3万元，故主张抵销3万元，只付甲企业2万元。

要求：

根据上述资料和合伙企业法律制度的规定，不考虑其他因素，回答下列问题：

（1）合伙协议（2）中的约定是否合法？简要说明理由。

（2）合伙协议（3）中的约定是否合法？简要说明理由。

（3）郑某主张抵销的理由是否成立？简要说明理由。

12.3 （2019年简答题）

李某、王某、林某、郑某于2017年12月共同出资设立甲有限合伙企业（下称"甲企业"），合伙协议约定：李某为普通合伙人；王某、林某、郑某为有限合伙人；李某执行合伙企业事务。合伙协议对有限合伙人的权利未作限制性约定。

2019年甲企业发生下列事项：

（1）1月，王某未经其他合伙人同意，将其在甲企业中的财产份额出质给乙商业银行，借款20万元。

（2）3月，李某发现林某投资设立了一个一人有限责任公司，从事与甲企业同类的业务，挤占了甲企业的市场份额。李某要求林某不得从事与甲企业相竞争的业务，遭到林某拒绝。

（3）4月，郑某因个人原因退伙，从甲企业取得退伙结算财产5万元。8月，丙公司要求甲企业偿还2018年12月所欠的到期货款30万元。因无力清偿，甲企业要求郑某承担其中5万元的债务。郑某以其已经退伙为由拒绝。

要求：

根据上述资料和合伙企业法律制度的规定，不考虑其他因素，回答下列问题：

（1）王某将其在甲企业中的财产份额出质给乙商业银行是否合法？简要说明理由。

（2）李某要求林某不得从事与甲企业相竞争的业务是否合法？简要说明理由。

（3）郑某拒绝承担5万元债务是否合法？简要说明理由。

12.4 （2010年简答题）

甲、乙、丙拟设A有限合伙企业（以下简称"A企业"）。A企业合伙协议约定：甲为普通合伙人，以实物作价出资3万元；乙、丙为有限合伙人，各以5万元现金出资，丙自企业成立之日起2年内缴纳出资；甲执行A企业事务，并由A企业每月支付报酬3 000元；A企业定期接受审计，由甲和乙共同选定承办审计业务的会计师事务所；A企业的盈利在丙未缴纳5万元出资前全部分配给甲和乙。

要求：

根据上述资料和合伙企业法律制度的规定，不考虑其他因素，回答下列问题：

（1）合伙协议可否约定每月支付甲3 000元的报酬？简要说明理由。

（2）合伙协议有关乙参与选择承办审计的会计师事务所的约定可否被视为乙在执行合伙企业事务？简要说明理由。

（3）合伙协议可否约定A企业的利润全部分配给甲和乙？简要说明理由。

答案与解析

12.1 斯尔解析

（1）本题考查合伙企业"重大事项一致同意"情形。

张某无权自行决定以合伙企业的名义为刘某提供担保。根据合伙企业法律制度规定，除合伙协议另有约定外，以合伙企业名义为他人提供担保，应当经全体合伙人一致同意。题述情况下，甲企业的合伙协议就对外担保事项并无特别约定，因此，甲企业对外担保须经所有合伙人一致同意方可为之，张某作为合伙人之一无权自行决定以合伙企业名义为刘某提供担保。

（2）本题考查合伙人执行合伙事务的限制。

甲企业主张买卖合同无效成立。根据合伙企业法律制度规定，合伙企业对合伙人执行合伙事务以及对外代表合伙企业权利的限制，不得对抗善意第三人。题述情况下，赵某知悉执行事务合伙人张某的行为超越合伙企业内部权限，因此赵某并不属于善意第三人，上述内部约定可以对抗赵某。因此，甲企业主张买卖合同无效成立。

（3）本题考查合伙事务的执行。

王某、李某有权撤销张某对外签订合同的资格。根据合伙企业法律制度规定，受委托执行合伙事务的合伙人不按照合伙协议或者全体合伙人的决定执行事务的，其他合伙人可以决定撤销该委托。

12.2 斯尔解析

（1）本题考查合伙人对外转让合伙企业财产份额。

合伙协议（2）中的约定合法。根据合伙企业法律制度规定，除合伙协议另有约定外，普通合伙人向合伙人以外的人转让其在合伙企业中的全部或者部分财产份额时，须经其他合伙人一致同意。由此可见，法律允许合伙协议就普通合伙人所持财产份额的转让规则另行约定，因此合伙协议（2）中的约定合法。

（2）本题考查合伙人财产份额出质。

合伙协议（3）中的约定不合法。根据合伙企业法律制度规定，普通合伙人以其在合伙企业中的财产份额出质的，必须经其他合伙人一致同意。从该规定的表述看，法律并不允许合伙协议就普通合伙人所持财产份额的出质规则另行约定，因此合伙协议（3）中的约定不合法。

（3）本题考查合伙人的债务清偿与合伙企业的关系。

郑某主张抵销的理由不成立。根据合伙企业法律制度规定，合伙人发生的与合伙企业无关的债务，相关债权人不得以其债权抵销其对合伙企业的债务。题述情况下，郑某的债权系对合伙人钱某产生，且该债权与甲企业无关，因此郑某不得以此债权抵销其对甲企业的债务。

12.3 斯尔解析

（1）本题考查合伙人财产份额出质。

王某将其在甲企业中的财产份额出质给乙商业银行合法。根据合伙企业法律制度规定，有限合伙人可以将其在有限合伙企业中的财产份额出质；但是，合伙协议另有约定的除外。题述情况下，甲企业的合伙协议对于有限合伙人财产份额的出质并无特别约定，因此，王某作为有限合伙人，有权在不经过其他合伙人同意的情况下将其在甲企业中的财产份额出质给乙商业银行。

（2）本题考查普通合伙人的义务。

李某要求林某不得从事与甲企业相竞争的业务不合法。根据合伙企业法律制度规定，有限合伙人可以自营或者同他人合作经营与本有限合伙企业相竞争的业务；但是，合伙协议另有约定的除外。题述情况下，甲企业的合伙协议对于有限合伙人经营与本企业相竞争的业务之事宜并无特别规定，因此，林某作为有限合伙人，有权经营该等业务，李某对其提出的要求不合法。

（3）本题考查有限合伙人退伙后责任承担。

郑某拒绝承担5万元债务不合法。根据合伙企业法律制度规定，有限合伙人退伙后，对基于其退伙前的原因发生的有限合伙企业债务，以其退伙时从有限合伙企业中取回的财产承担责任。题述情况下，甲企业的30万元债务系因为郑某退伙前的原因发生，且郑某退伙时从甲企业取回的财产为5万元。因此，郑某作为有限合伙人，应就上述30万元债务在5万元的限度内承担责任，其拒绝承担该债务不合法。

12.4 斯尔解析

（1）本题考查合伙人执行合伙事务报酬。

合伙协议可以约定每月支付甲3 000元的报酬。根据合伙企业法律制度规定，有限合伙企业由普通合伙人执行合伙事务，执行事务合伙人可以要求在合伙协议中确定执行事务的报酬及报酬提取方式。

（2）本题考查有限合伙人可以参与合伙企业事务。

"乙参与选择承办审计的会计师事务所"不视为执行合伙企业事务。根据合伙企业法律制度规定，有限合伙人参与选择承办有限合伙企业审计业务的会计师事务所，不视为执行合伙事务。

（3）本题考查有限合伙企业利润分配。

合伙协议可以约定A企业的利润全部分配给甲和乙。根据合伙企业法律制度规定，有限合伙企业不得将全部利润分配给部分合伙人；但是，合伙协议另有约定的除外。A企业合伙协议就该有限合伙企业的利润分配事宜作出特别约定，属于合法约定。

专题四 票据法律制度

票据法律制度在主观题中通常以简答题的方式考查。且考点相对集中，一般围绕各类票据行为的形式展开，要求考生记住各类绝对/相对记载事项及缺少该等事项的后果。此外，还经常考查追索相关规则，除了常规的知识（如追索的条件、金额、对象）外，还要注意票据抗辩切断制度（人的抗辩）、前手记载"不得转让"字样等情况对追索权行使的限制。但在2021年考试中，出现票据与公司法律制度结合考查的情况，可见票据法律制度在主观题中的考法，呈现出综合性、多元化的趋势。

13.1 （2021年简答题）

2021年2月10日，甲公司向乙公司签发了一张50万元的商业承兑汇票，汇票到期日为8月10日。

甲公司的母公司作为承兑人在汇票上签章，3月10日，乙公司将该汇票背书转让给丙公司，用于支付货款，并在汇票上注明货物验收合格后生效，后丙公司的货物因存在严重质量问题未能通过验收。4月10日，丙公司将该汇票背书转让给丁公司，并在汇票上记载"不得转让"字样。5月10日，丁公司将该汇票背书转让给戊公司。

8月11日，戊公司向承兑人提示付款，承兑人以资金紧张为由拒绝付款。戊公司遂向甲公司、乙公司、丙公司及丁公司进行追索，均遭拒绝。其中，丙公司拒绝的理由是，本公司在汇票上记载有不得转让字样；乙公司拒绝的理由是，丙公司的货物未通过验收，不符合乙公司在汇票上注明的转让生效条件。

要求：

根据上述资料和票据法律制度的规定，不考虑其他因素，回答下列问题：

（1）乙公司所作的货物验收合格后生效的记载是否具有票据法上的效力？简要说明理由。

（2）丙公司拒绝戊公司追索的理由是否成立？简要说明理由。

（3）乙公司拒绝戊公司追索的理由是否成立？简要说明理由。

13.2 （2020年简答题）

2019年1月10日，甲公司为支付50万元货款，向乙公司背书转让了一张商业承兑汇票，并在汇票上记载"不得转让"字样，汇票上记载的付款日期为2019年4月30日。该汇票为甲公司通过其前手背书转让而取得。

2019年2月10日，乙公司为履行付款义务，将该汇票背书转让给丙公司，同时在汇票上记载丙公司必须在2月15日之前交货。丙公司实际于2月16日交货。

2019年5月5日，丙公司持该汇票请求承兑人付款。承兑人认为甲公司前手的签章系伪造，该汇票无效，拒绝付款。丙公司向甲公司追索，甲公司以已记载"不得转让"字样为由拒绝承担票据责任。

要求：

根据上述资料和票据法律制度的规定，不考虑其他因素，回答下列问题：

（1）承兑人拒绝付款是否符合法律规定？简要说明理由。

（2）乙公司拒绝付款是否符合法律规定？简要说明理由。

（3）甲公司拒绝付款是否符合法律规定？简要说明理由。

13.3　（2019年简答题）

甲公司根据合同约定向乙公司销售价值270万元建筑材料，乙公司向甲交付一张经丙公司承兑的商业汇票，该汇票距到期日尚有3个月。甲公司持有票据一个月后，因资金紧张，将其贴现给丁银行。丁银行在汇票到期日向丙公司提示付款时，遭拒付。丙公司拒付的理由是：乙公司来函告知，甲公司的建筑材料存在严重质量问题，对该汇票应拒付，请协助退回汇票。丁银行认为，丙公司已承兑汇票，不得拒绝付款。丙公司坚持拒付。丁银行遂请求丙公司出具拒绝证明，以便向甲公司行使追索权。

要求：

根据上述资料和票据法律制度的规定，不考虑其他因素，回答下列问题：

（1）乙公司能否以建筑材料存在严重质量问题为由通知丙公司拒付该汇票？简要说明理由。

（2）丁银行认为丙公司不得拒绝付款的理由是否成立？简要说明理由。

（3）丁银行是否有权向甲公司行使追索权？简要说明理由。

13.4　（2019年简答题）

2018年5月20日，甲公司为支付货款，向乙公司签发一张6个月后付款且经丙公司承兑的商业汇票。

（1）6月20日，乙公司为支付技术服务费将该汇票背书转让给丁公司，乙公司背书时在汇票上记载了"不得转让"字样。

（2）7月20日，丁公司为支付货款又将该汇票背书转让给戊公司。戊公司要求提供担保，己公司作为保证人在汇票的正面记载"保证"字样并签章，但未记载被保证人的名称。

（3）11月25日，戊公司向丙公司提示付款，丙公司以其与甲公司发生经济纠纷为由拒绝付款，并出具了拒绝证明。考虑到乙公司实力最为雄厚，戊公司首先向乙公司发出追索通知，乙公司拒绝。

（4）11月27日，戊公司又向己公司发出追索通知，己公司仅同意支付汇票金额，拒绝支付利息和发出通知书的费用。

要求：

根据上述资料和票据法律制度的规定，不考虑其他因素，回答下列问题：

（1）乙公司拒绝戊公司追索是否合法？简要说明理由。

（2）该汇票的被保证人是谁？简要说明理由。

（3）己公司拒绝支付利息和发出通知书的费用是否合法？简要说明理由。

13.5 （2018年简答题）

2018年5月16日，甲公司签发一张转账支票交付给同城的乙公司，该支票记载了付款日期，但未记载票面金额和收款人名称。乙公司收到该支票后，其财务人员（按照甲公司的授权）对票面金额和收款人名称进行了补记，补记后的票面金额为20万元。乙公司在5月25日向甲公司开户行提示付款，遭到退票。甲公司开户行退票理由如下：

（1）支票上票面金额和收款人名称记载与其他内容记载的字体不一致，显然不是出票人所记载；

（2）支票上记载了付款日期。

要求：

根据上述资料和票据法律制度的规定，不考虑其他因素，回答下列问题：

(1) 甲公司开户行的退票理由（1）是否成立？简要说明理由。

(2) 甲公司开户行的退票理由（2）是否成立？简要说明理由。

13.6 （2018年简答题）

2018年7月14日，甲公司从乙公司购买了办公设备，合计20万元，双方约定以商业汇票结算付款。7月15日，乙公司签发了一张以甲公司为付款人、以乙公司的债权人丙公司为收款人、期限为2个月的20万元商业承兑汇票。甲公司经提示在汇票上签章承兑。该汇票在交付给丙公司时，丙公司要求甲公司提供保证。

甲公司遂请求丁公司提供保证，丁公司提出需以甲公司设定抵押为保证生效条件，甲公司同意，丁公司便以保证人身份在汇票上签章，并注明"该保证以甲公司提供抵押为生效条件"。丁公司保证时未记载被保证人名称和保证日期。

票据到期后，丙公司获悉甲公司财务状况不佳，遂直接向保证人丁公司请求付款，丁公司拒绝付款，理由如下：

（1）汇票未记载被保证人名称和保证日期，保证无效；

（2）甲公司没有提供抵押，保证不生效。

要求：

根据上述资料和票据法律制度的规定，不考虑其他因素，回答下列问题：

(1) 丁公司拒绝承担票据保证责任的理由（1）是否成立？简要说明理由。

(2) 丁公司拒绝承担票据保证责任的理由（2）是否成立？简要说明理由。

答案与解析

13.1 斯尔解析

（1）本题考查附条件背书的效力。

"乙公司所作的货物验收合格后生效的记载"属于背书时附条件，该记载不具有票据法上的效力。根据票据法律制度规定，背书不得附有条件，背书时附有条件的，所附条件不具有汇票上的效力。

（2）本题考查背书时记载"不得转让"字样的效力。

丙公司拒绝戊公司追索的理由成立。根据票据法律制度规定，背书人（丙公司）在汇票上记载不得转让字样，其后手再背书转让的，原背书人（丙公司）对其后手的被背书人（戊公司）不承担保证责任。

（3）本题考查"人的抗辩"。

乙公司拒绝戊公司追索的理由不成立。根据票据法律制度规定，票据债务人不得以自己与持票人的前手之间的抗辩事由，对抗持票人。但是，持票人明知存在抗辩事由而取得票据的除外。据题述，乙公司与丙公司之间存在直接债权债务关系，乙公司不得就与戊公司前手丙公司"交付质量不合格的货物"的抗辩事由来对抗持票人戊公司。因此，乙公司拒绝戊公司追索的理由不成立。

13.2 斯尔解析

（1）本题考查票据伪造。

承兑人拒绝付款不符合法律规定。根据票据法律制度规定，票据上有伪造签章的，不影响票据上其他真实签章的效力。承兑人的签章为真实签章，应当承担票据责任。因此，承兑人拒绝付款不符合法律规定。

（2）本题考查"人的抗辩"。

乙公司拒绝付款符合法律规定。根据票据法律制度规定，票据债务人可以对不履行约定义务的与自己有直接债权债务关系的持票人进行抗辩。乙公司与丙公司之间有直接债权债务关系，丙公司违反合同约定，乙公司可以拒绝承担票据责任。因此，乙公司拒绝付款符合法律规定。

（3）本题考查背书时记载"不得转让"字样的效力。

甲公司拒绝付款符合法律规定。根据票据法律制度规定，背书人在汇票上记载"不得转让"字样，其后手再背书转让的，原背书人（甲公司）对其后手的被背书人（丙公司）不承担票据责任。因此，甲公司拒绝付款符合法律规定。

13.3 斯尔解析

（1）本题考查"人的抗辩"。

乙公司不得以建筑材料存在严重质量问题为由通知丙公司拒付该汇票。根据票据法律制度规定，票据债务人不得以自己与出票人或者与持票人的前手之间的抗辩事由对抗持票人，但是，持票人明知存在抗辩事由而取得票据的除外。题述情况下，丙公司已承兑该商业汇票，即成为该汇票上的主债务人。而甲公司为持票人丁银行的前手。因此，

182

乙公司不得以其与丁银行的前手甲公司之间的抗辩事由（即建筑材料存在严重质量问题）对抗持票人丁银行而主张拒付。

（2）本题考查票据承兑效力。

丁银行认为丙公司不得拒绝付款的理由成立。由于丙公司已经承兑该汇票，即成为该汇票上的主债务人，应该在票据到期后无条件支付相关款项。

（3）本题考查票据追索。

丁银行可以向甲公司行使追索权。题述情况下，丁银行被汇票上的主债务人（承兑人）丙公司拒付，可以行使追索权，甲公司作为丁银行在该汇票上的前手背书人，已在票据上签章，丁银行可以向甲公司追索。

13.4 斯尔解析

（1）本题考查票据追索权的行使。

乙公司拒绝戊公司追索合法。根据票据法律制度规定，背书人在汇票上记载"不得转让"字样，其后手再背书转让的，原背书人对其后手的被背书人不承担票据责任。题述情况下，乙公司在将该汇票背书给丁公司时记载"不得转让"，丁公司又将其背书给戊公司后，乙公司对戊公司不承担票据责任，所以其有权拒绝戊公司的追索。

（2）本题考查"保证"相对记载事项。

该汇票的被保证人是丙公司。根据票据法律制度规定，保证人在汇票或者粘单上未记载被保证人的名称的，已承兑的汇票，以承兑人为被保证人；未承兑的汇票，以出票人为被保证人。题述情况下，己公司为该汇票提供保证时并未记载保证人名称，且该汇票已经被丙公司承兑，因此，被保证人应为承兑人丙公司。

（3）本题考查追索金额。

己公司拒绝支付利息和发出通知书的费用不合法。根据票据法律制度规定，持票人行使追索权，可以请求被追索人支付的金额和费用包括：①被拒绝付款的汇票金额；②汇票金额自到期日或者提示付款日起至清偿日止，按照中国人民银行规定的同档次流动资金贷款利率计算的利息；③取得有关拒绝证明和发出通知书的费用。因此，己公司作为被追索人拒绝支付利息和发出通知书的费用不合法。

13.5 斯尔解析

（1）本题考查支票授权补记事项。

退票理由（1）不成立。根据票据法律制度规定，支票上的金额和收款人名称可以由出票人授权补记。因此，该等事项非由出票人记载并不能构成退票的理由。

（2）本题考查支票记载事项。

退票理由（2）不成立。根据票据法律制度规定，支票限于见票即付，不得另行记载付款日期。另行记载付款日期的，该记载无效，但支票仍有效（依然为见票即付的票据）。

13.6 斯尔解析

（1）本题考查保证的相对记载事项。

理由（1）不成立。根据票据法律制度规定：①保证人在汇票或者粘单上未记载被保证人名称的，保证有效；已承兑的汇票，承兑人为被保证人；未承兑的汇票，出票人为被保证人。②保证人在汇票或者粘单上未记载保证日期的，保证有效，以出票日期为保证日期。因此，汇票未记载被保证人名称和保证日期，并不会导致该次保证无效。

（2）本题考查附条件保证的法律效力。

理由（2）不成立。根据票据法律制度规定，保证不得附有条件；附有条件的，不影响对汇票的保证责任。

小斯有话说:

做完不代表做对,做对不代表都会,认真回顾做题过程,总结掉坑经验,下次可千万别再犯同样的错误啦!

学员: